# RÉPERTOIRE

### DES INSTRUCTIONS CONCERNANT

## LA COMPTABILITÉ DES DOUANES.

PAR

ÉMILE FOUCART,

COMMIS A LA DIRECTION DES DOUANES DE MONTPELLIER.

---

MONTPELLIER,
RICARD FRÈRES, IMPRIMEURS DE LA PRÉFECTURE,
PLAN D'ENCIVADE, N° 3.

1857.

# RÉPERTOIRE

DES INSTRUCTIONS CONCERNANT

# LA COMPTABILITÉ DES DOUANES.

PAR

ÉMILE FOUCART,

COMMIS A LA DIRECTION DES DOUANES DE MONTPELLIER.

MONTPELLIER,
RICARD FRÈRES, IMPRIMEURS DE LA PRÉFECTURE,
PLAN D'ENCIVADE, N° 3.

1857.

# A M. ITIER,

OFFICIER DE LA LÉGION D'HONNEUR,
Chevalier des Ordres de S<sup>t</sup>-Maurice et de S<sup>t</sup>-Lazare du Piémont,
Directeur des Douanes et des Contributions indirectes,
à Montpellier.

*Hommage respectueux et reconnaissant.*

É<small>MILE</small> FOUCART.

Montpellier, 1<sup>er</sup> Mai 1857.

# RÉPERTOIRE

### DES INSTRUCTIONS CONCERNANT

## LA COMPTABILITÉ DES DOUANES.

### PREMIÈRE PARTIE.
#### CONTRIBUTIONS ET REVENUS PUBLICS.

DROITS ET PRODUITS APPARTENANT A L'ÉTAT.

RESPONSABILITÉ DES COMPTABLES.

Tous les comptables ressortissants au Ministère des finances sont responsables des mouvements des droits liquidés sur les redevables et dont la perception leur est confiée ; en conséquence, ils sont et demeurent chargés, dans leurs écritures et leurs comptes annuels, de la totalité des rôles ou des états de produits qui constatent le montant de ces droits, et ils doivent justifier de leur entière réalisation avant l'expiration de l'année qui suit celle à laquelle les droits se rapportent (1).

(Art. 1er de l'ordonnance du 8 Décembre 1832.)

---

(1) C'est-à-dire à l'expiration de l'époque fixée pour la clôture des exercices, qui est, pour les Administrations financières, le 31 Juillet de la deuxième année.

Il sera dressé, avant l'expiration de la seconde année de chaque exercice, des états par branche de revenus, et par comptable, présentant les droits et produits restant à recouvrer, avec la distinction des créances qui devront demeurer à la charge des comptables, de celles qu'il y aura lieu d'admettre en reprise à l'exercice suivant, et de celles dont les Receveurs seraient dans le cas d'obtenir la décharge.

Le montant des droits et produits tombés en non-valeurs, ou à porter en reprise, figurera distinctement dans les comptes des Receveurs, et il en sera justifié à la Cour des comptes.

Le Ministre des finances statuera sur les questions de responsabilité, sauf l'appel au Conseil d'État.

( Art. 4 de la même ordonnance. )

Les Comptables en exercice verseront immédiatement dans leurs caisses le montant des droits dont ils auront été déclarés responsables; s'ils sont hors de fonctions, le recouvrement en sera poursuivi contre eux, à la diligence de l'agence judiciaire du Trésor public.

( Art. 5 de la même ordonnance. )

Toute perception d'une somme supérieure à celle fixée par la loi est réputée concussion.

( Art. 29 du titre 13 de la loi du 22 Avril 1791. )

La régie sera non recevable à former aucune demande en paiement de droits un an après que lesdits droits auront dû être payés, le tout à moins qu'il n'y ait eu avant lesdits termes, soit pour la régie, soit pour les parties, contrainte décernée et signifiée, demande formée en justice, condamnation prononcée, convention ou obligation particulière et spéciale relativement à l'objet qui sera répété.

( Art. 7 du titre 12 de la loi du 22 Avril 1791. )

Toutes les marchandises étrangères qui sont importées

pour les approvisionnements de la marine, de la guerre et autres départements, doivent être assujetties, sans aucune exception, au paiement effectif des droits, sauf remboursement aux fournisseurs et agents du Gouvernement, sur les fonds des Ministères respectifs, en représentant les acquits de paiement des marchandises réellement employées pour le compte de l'État.

(Décret du 6 Juin 1807, *Collection de Lille*, t. VI, p. 73.)

## Exercice précédent.

CHAPITRE UNIQUE. — DROITS ET PRODUITS.

### ARTICLE 4.

*Amendes et confiscations.*

Sommes recouvrées en vertu de condamnations pécuniaires ou par suite de transactions.

Les droits acquis au Trésor, par suite de contraventions, doivent être appliqués à l'exercice qui prend son nom de l'année pendant laquelle les droits sont constatés.

Au bordereau n° 4 (ancien n° 2), les recouvrements sur l'exercice précédent sont portés sur une ligne qui est placée au-dessus des mots *Exercice courant*, et à laquelle il est donné le titre suivant : *Sommes recouvrées en vertu de condamnations pécuniaires ou par suite de transactions.*

(Circulaire de la Comptabilité générale, du 31 Décembre 1838, n° 163-35.)

**Exercice courant.**

## CHAPITRE UNIQUE. — DROITS ET PRODUITS.

### ARTICLE 1er.

Droits de douanes { à l'importation. { Marchandises diverses. Tabacs de santé ou d'habitude. Sucres { des colonies françaises. exotiques { étrangers. } à l'exportation.

Les Receveurs doivent s'assurer si les liquidations qui leur sont remises sont bien établies, c'est-à-dire si elles ne renferment pas d'erreurs de calcul, si le Vérificateur a fait l'exacte application du tarif, s'il a tenu compte des bénéficiements de tares, des priviléges de provenances, etc., etc.

Le Visiteur, substitué au Contrôleur pour la liquidation, partage la responsabilité du Receveur dans les perceptions inexactes. L'employé supérieur, appelé à vérifier les états sur lesquels ces perceptions sont relatées, sera solidaire avec ces deux préposés pour les erreurs que l'Administration y remarquera et qui ne pourront pas être réparées.

(Circulaire du 12 Mars 1797, *Collection de Lille*, t. II, p. 267).

Chaque liquidation concernant les droits d'importation est inscrite sans retard au régistre série E, n° 17.

(Circulaire lithographiée du 25 Septembre 1833.)

L'acquit de paiement est ensuite libellé.

Il doit y avoir concordance journalière entre les résultats du registre de liquidation et ceux du régistre de recette. (Série M, n° 40, ou série T, n°s 5 ou 6.) (Circulaire manuscrite de la Comptabilité générale, du 29 Août 1836.)

Les états de développement des droits liquidés (série C, n° 93) doivent présenter un rapport exact entre les bases et le montant de la perception ; et, s'il en était autrement, il serait essentiel que les causes qui auraient altéré cette concordance fussent expliquées.

(Circulaire de la Comptabilité générale, du 12 Décembre 1834, n° 78-29.)

Afin que la Cour des comptes puisse reconnaître qu'il a été fait une juste application du tarif, l'état détaillé des droits d'importation doit indiquer le mode d'importation et la provenance lorsqu'elle détermine un droit différentiel.

D'après la contexture de l'état des droits liquidés (C, n° 90), et de celui de développement des droits d'importation et d'exportation dont il vient d'être parlé, et qui est l'annexe de celui-ci, il doit être fait un article distinct pour chaque espèce d'unités soumise à un droit de quotité différente; et quand le rapport qui, en général, doit régner entre le nombre d'unités, la quotité du droit et le montant des perceptions n'existe pas, il y a nécessité d'expliquer les différences, soit qu'elles proviennent de réfactions de droits par suite d'avaries (Circulaire de l'Administration, du 10 Novembre 1829, n° 1190), de l'infériorité du produit des marchandises vendues pour le compte du Trésor, comparativement au montant des droits dont elles étaient passibles, ou de toute autre cause.

Les réfactions de droits doivent être justifiées par des états qui en présentent les décomptes appuyés : 1° des actes de vente des marchandises avariées ; 2° du bulletin officiel du prix-courant des mêmes marchandises à l'état sain, sur la place où la vente a été effectuée, et, à défaut, sur la place la plus voisine, ou de certificats délivrés, pour suppléer à ces bulletins, par les Chambres syndicales des courtiers ou par les Chambres de commerce. Ces diverses justifications devront être transmises à la Comptabilité générale des finances en même temps que les états de développement.

( Circulaire de la Comptabilité générale, du 22 Janvier 1841, n° 204-37.)

Les Comptables produiront encore à l'appui de l'état précité, avec les procès-verbaux des courtiers de commerce et autres pièces, un bordereau présentant le détail des différents lots qui composent le total de chacun des articles inscrits sur l'état général.

Ce travail préparatoire abrégera la vérification que les Directeurs sont tenus de faire avant l'envoi des pièces à la Comptabilité générale des finances, attendu qu'il leur suffira, pour reconnaître l'exactitude des résultats prononcés sur l'état des réfactions, d'appliquer, par article, la proportion suivante :

*La valeur totale des marchandises à l'état sain* est à *la valeur totale dépréciée par suite d'avaries*, comme *le montant du droit intégral* est au *montant du droit réduit.*

Il est bien entendu que les deux premiers termes de la proportion doivent être homogènes, en ce sens que la valeur des marchandises saines et celle des marchandises avariées doivent toutes deux comprendre le paiement du droit d'entrée, ou ne le comprendre ni l'une ni l'autre. Or, les marchandises avariées étant toujours vendues comme *acquittées*, c'est-à-dire y compris le droit qui reste à la charge du vendeur, les formules des états de réfaction sont établies en prévision de cet usage.

Dans le cas où il s'agirait de marchandises provenant d'épaves, que la marine fait quelquefois vendre à charge par les acquéreurs de payer les droits de douanes en sus du prix d'adjudication, il conviendrait — afin de pouvoir faire usage de la proportion sus-énoncée — que les Comptables indiquassent cette circonstance sur l'état. Ils ne devraient pas comprendre le droit dans le chiffre des valeurs.

(Circulaire de la Comptabilité générale, du 17 Octobre 1853, n° 518-62.)

Les actes constatant les ventes faites au profit du Trésor, — pour les marchandises abandonnées volontairement par les propriétaires, ou pour celles dont la déclaration n'a pas eu lieu dans les délais prescrits —, devront désormais être joints par les Comptables aux bordereaux de situation (C, n° 4, ancien F B, n° 2) du mois pendant lequel il a été fait usage du produit des ventes, sans attendre, pour les fournir, qu'il en soit fait une demande spéciale. Les actes dont il s'agit seront accompagnés des pièces justificatives des frais à prélever, ainsi que du décompte du produit net des objets vendus.

L'Inspecteur certifie, sur le procès-verbal de vente, que le Receveur principal s'est porté en recette le sous le n° de son livre-journal, de la somme nette de

(Circulaire de la Comptabilité générale, du 22 Janvier 1841, n° 204-37.)

Les états C, 89 et 90 (anciens 7 et 8) doivent présenter la totalité des droits acquis et constatés au profit du Trésor : ainsi, en ce qui concerne les amendes et confiscations pour infractions aux lois et règlements, ces états présenteront toutes les sommes qui étaient à recouvrer. La récapitulation des divers droits offrira, en outre, les recouvrements, remises et non-valeurs qui ont eu lieu sur ces droits, et fera ressortir les restes à recouvrer, lesquels ne peuvent porter que sur les droits résultant de condamnations pécuniaires ou de transactions, puisque tous les autres droits sont inscrits en recette comme étant réalisés au moment où ils sont acquis au Trésor. Toutes les sommes qui figureront dans la colonne des recouvrements sont les seules qui doivent être portées dans les comptes des Receveurs, aux chapitres des contributions et revenus publics.

(Circulaire de la Comptabilité générale, du 30 Octobre 1838, sans numéro.)

### ARTICLE 2.

#### DROITS DE NAVIGATION.

##### Francisation des navires.

Ainsi que sa dénomination l'indique, le droit de francisation affecte exclusivement les navires français et ceux de construction étrangère qui sont admis au bénéfice de la francisation dans les circonstances prévues et déterminées par la loi.

Le droit de francisation se perçoit au moment de la délivrance du brevet, signé par le Ministre des finances, qui constate la nationalité du navire, ou de l'acte *provisoire* que les Douanes sont autorisées à remettre, dans certains cas, aux capitaines pour tenir lieu de ce brevet.

La quotité du droit de francisation varie en raison du tonnage, plus ou moins élevé, des navires.

(Tarif des droits de navigation.)

---

Entrée des navires. { Droit et demi-droit de tonnage.
Droit spécial sur les navires américains.

Le droit de tonnage est un droit d'abord. Il est dû par le seul fait de l'entrée du navire dans un port, la situation ne fût-elle que de quelques heures.

Le droit de tonnage se paie dans les vingt jours de l'arrivée et avant le départ du bâtiment.

Il est perceptible proportionnellement sur la fraction du tonneau incomplet.

C'est le tarif en vigueur au moment de l'entrée du navire qui est applicable.

( Tarif des droits de navigation.)

---

### Expédition des navires.

Le droit d'expédition affecte exclusivement le corps du navire. Il est indivisible, comme le droit de tonnage, nonobstant le double fait de l'*entrée* et de la *sortie*.

Ce droit, de même que le droit de tonnage, est dû par le seul fait *de l'entrée* dans un port de France. Il doit être perçu dans les vingt jours de l'arrivée et avant le départ du navire.

( Tarif des droits de navigation.)

---

Sortie des navires. { Congés des bâtiments français. Passe-ports des bâtiments étrangers.

Aucun navire français ne peut sortir d'un port de France sans être muni d'un congé, qui est valable pour un an.

Lorsque le congé a plus d'une année de date, il doit être renouvelé avant le départ du navire, s'il se trouve dans un port français. Quand, au contraire, le navire est à l'étranger, le congé, quelle qu'en soit la date, est valable jusqu'à son retour.

Le passe-port a pour objet de constater que le navire, qui sort du port, a produit les pièces justificatives de son origine, et qu'il a satisfait à toutes les obligations imposées par la loi. C'est, en d'autres termes, un permis de sortie pour le navire.

( Tarif des droits de navigation.)

## ACQUITS, PERMIS ET CERTIFICATS RELATIFS AUX CARGAISONS DES NAVIRES.

Le droit d'*acquit* n'est dû que lorsque le navire est passible de l'un des droits *principaux* de navigation, c'est-à-dire du droit de tonnage ou du droit d'expédition.

Le droit *de permis* se paie pour chaque embarquement ou débarquement de marchandises.

Il est perceptible lors même que, pour quelque cause que ce soit, le bâtiment est affranchi du droit de tonnage.

Le droit *de certificat* n'est exigible que pour les certificats qui sont destinés à être produits en justice.

Ce droit n'affectant que les *cargaisons*, les certificats de jauge, qui se rapportent aux navires, n'en sont point passibles.

Les états de développement des droits liquidés (nos 90 et 92, anciens F B, nos 8 et 10) doivent présenter séparément chaque taxe différentielle. C'est donc à tort que quelques Receveurs portent quelquefois sur une seule ligne les bâtiments étrangers traités comme bâtiments français, bien qu'en raison de leur tonnage et des ports d'où ils viennent, ces bâtiments soient soumis à des taxes différentes. Cette manière d'opérer empêche de reconnaître le rapport qui doit exister entre le montant des liquidations et le nombre de bâtiments, de tonneaux (ou de toutes autres unités), multiplié par la quotité du droit applicable à chaque espèce d'unité.

( Circulaire de la Comptabilité générale, du 22 Novembre 1831, n° 20. )

Les états dont il s'agit doivent présenter aussi les renseignements nécessaires sur la quotité des droits de tonnage et d'expédition à appliquer aux paquebots affectés au transport des voyageurs, d'après les dispositions de la circulaire de l'Administration du 5 Mai 1849, n° 2326.

( Circulaire de la Comptabilité générale, du 29 Novembre 1849, n° 422-54.

Taxes locales ( à dénommer ).

Les taxes locales de navigation sont celles qui sont perçues, dans quelques ports, sous le titre de droits de bassins, de péage, etc.

La diversité de ces taxes ne permettant pas de les détailler sur les états de développement des droits liquidés ( C n° 90 ), les Receveurs en donneront le détail sur des cadres séparés qu'ils dresseront à la main et qui seront annexés aux états n° 90. Les développements dont il s'agit seront vérifiés et certifiés par les Inspecteurs, et visés par les Directeurs.

( Circulaire de la Comptabilité générale, du 28 Décembre 1842., n° 228-39. )

## ARTICLE 3.

### RECETTES ACCESSOIRES.

Droits à l'entrée des voitures de voyageurs. { Quart des consignations reçues en garantie de leur réexportation. Trois quarts des mêmes consignations, lorsque la réexportation n'a pas eu lieu dans les délais prescrits.

Les voitures, prohibées par la loi du 10 Brumaire an II, ne sont admises qu'à charge par les voyageurs d'en garantir le renvoi à l'étranger dans le délai de trois ans, en consignant le tiers de leur valeur réelle. ( Article 18 de la loi du 27 Juillet 1822. )

Le quart de la somme consignée est porté immédiatement en recette à l'article 3 du chapitre des contributions et revenus publics, sous le titre *quart des consignations reçues en garantie de la réexportation des voitures de voyageurs.* (Circulaire de la Comptabilité générale, du 20 Mai 1826, n° 5. )

Les autres trois quarts sont portés au même chapitre six mois après l'expiration des délais fixés pour la réexportation des voitures. (Circulaire de la Comptabilité générale, du 20 Mai 1826, n° 5, et circulaire de l'Administration, du 28 Mai 1832, n° 1326.)

### Droit à la réexportation des entrepôts.

Les denrées coloniales et marchandises étrangères, que l'on extrait des entrepôts réels et fictifs pour en effectuer la réexportation *par mer*, sont soumises à un droit spécial qui est de 51 c. par 100 kilos brut, ou de 15 c. par 100 fr. de valeur, au choix du redevable. (Article 4 de la loi du 7 Décembre 1815.)

Ce droit n'est exigible qu'à l'égard des marchandises qui, sortant d'un entrepôt, sont réexportées directement, par mer, du port où cet entrepôt est situé. (N° 222 des observations préliminaires du tarif.)

### Droit à la réexportation des marchandises invendues à l'étranger.

Les marchandises nationales invendues à l'étranger peuvent être réadmises en vertu d'autorisations spéciales, sous paiement d'un simple droit de retour, lorsque l'exportation de France en est authentiquement justifiée, et que ces marchandises sont d'ailleurs de la nature de celles dont l'origine nationale ne peut être mise en doute.

Les acquits de paiement émanés des douanes de l'intérieur ne sont admis, comme titres justificatifs de l'exportation, que lorsqu'ils sont revêtus d'un certificat de la douane de sortie constatant le passage à l'étranger des marchandises pour lesquelles ils ont été délivrés.

Aucune demande de retour ne peut être accueillie après l'expiration des deux années qui suivent la date de l'exportation des marchandises.

Les autorisations en réimportation de marchandises ne sont accordées qu'à charge de payer le droit de retour, soit 50 c. par 100 kilos ou de 15 c. par 100 fr. de la valeur au choix du redevable. Ces autorisations sont toujours subordonnées, lorsqu'il s'agit de marchandises de la nature de celles auxquelles il est accordé une prime de sortie, à la condition de rembourser une somme égale à la prime allouée, laquelle est légalement présumée avoir été touchée.

( Observations préliminaires du tarif. )

---

Droit de timbre des expéditions et des commissions d'emploi.

Les expéditions délivrées par l'Administration des Douanes sont revêtues d'un timbre particulier dont le prix, fixé à 75, à 25 ou à 05 c., n'est pas passible du décime.

Ces dispositions ne concernent pas les actes judiciaires dressés par les agents des Douanes : ces actes sont assujettis au timbre ordinaire.

( Article 19 de la loi du 28 Avril 1816. )

Lorsque, par suite d'une erreur dans l'application du tarif, on est dans le cas d'opérer une perception supplémentaire, il n'y a pas lieu de faire payer au redevable le timbre de la nouvelle quittance. Le montant en est porté en non-valeur, et l'on doit annoter sur la souche de la quittance le motif pour lequel le droit de timbre n'a pas été perçu.

( N° 229 des observations préliminaires du tarif. )

Le prix du timbre doit être exigé pour toutes les quittances de perceptions supplémentaires qui ne sont pas le résultat d'une erreur des employés.

( Décision administrative du 1er Mars 1845. )

Chaque Receveur principal, au moyen d'états nominatifs arrêtés mensuellement et certifiés par les Directeurs, fera le recouvrement du timbre des commissions des employés de tous grades dont il paie les appointements, et en comprendra le montant dans ses écritures courantes. Les mêmes états serviront, en outre, à contrôler les recettes de l'espèce, et seront, à cet effet, présentés à toutes réquisitions, tant aux Inspecteurs des finances qu'aux Inspecteurs des Douanes, surtout lorsque ces derniers auront à certifier les états des droits liquidés n[os] 89 et 90 ( série C. )

Pour assurer la rentrée du prix du timbre des commissions délivrées à des sujets nouvellement admis, les Directeurs pourront, lorsqu'ils le jugeront nécessaire, charger les Receveurs de leurs résidences de faire le recouvrement des timbres au moment même de leur admission.

( Circulaires de la Comptabilité générale des 25 Août 1834 et 15 Décembre 1836, n[os] 70-28 et 112-31. )

Ces sommes sont alors transférées, par la voie des virements, dans les écritures des recettes principales dont dépendent les préposés qui viennent d'être admis.

Recouvrement du prix des brevets de francisation des navires.

Le droit de francisation ( 68 c. par acte ) doit être perçu et porté en recette lorsqu'on délivre, soit le brevet définitif, soit l'acte qui le remplace provisoirement.

( Circulaires de l'Administration du 5 Août 1836, n° 1559, et de la Comptabilité générale du 10 Janvier 1833, n° 24-23. )

#### Droits de sortie des colonies françaises, perçus en France.

C'est à cet article que l'on porte les droits perçus dans la métropole sur les marchandises importées des colonies françaises, et pour lesquelles on ne représente pas la quittance des taxes de sortie qui ont dû être payées auxdites colonies.

Ces droits, qui se perçoivent sur la valeur des marchandises importées, sont de 2 p. % pour celles qui sont arrivées du Sénégal, et de 1/2 p. % pour celles qui sont venues de la Guyane.

Les marchandises provenant des autres colonies sont exemptes de tous droits.

(Circulaire du 30 Mars 1849, n° 2317; et Règlement publié en 1838 par le département de la marine.)

---

#### Fonds reçus des communes pour subvenir aux frais d'exercice des entrepôts.

L'État a, par la loi du 10 Août 1839, pris en charge les frais concernant les entrepôts intérieurs qui existaient à cette époque.

Ceux qui ont été établis depuis sont soumis aux règlements généraux; c'est-à-dire que tous les frais relatifs au service de ces établissements, tant pour les bâtiments que pour le salaire des employés chargés des écritures, de la garde, de la surveillance et de la perception, sont à la charge des villes où sont établis les entrepôts.

Ces frais, qui sont payés habituellement un mois à l'avance, donnent lieu, de la part des Receveurs des Douanes qui reçoivent les fonds, à la délivrance de quittances qui sont détachées du registre série M, n° 44 bis.

### Droits de magasinage et de dépôt.

On entend par droits de magasinage et dépôt certaines taxes particulières que la loi a établies, soit dans le but d'amener le commerce à fournir sans retard les déclarations exigées, ou de restreindre, dans quelques cas, le nombre et la durée des dépôts de marchandises, soit enfin d'indemniser l'État des frais de construction ou de loyer des locaux affectés à leur emmagasinement.

(Circulaire du 15 Avril 1819, n° 513.)

Le droit de magasinage est, selon les cas, de 1 p. % ou de 1/2 p. % de la valeur de l'objet emmagasiné.

Le droit de garde est de 1 c. 1/4 par jour et par 50 kil. ou pour chaque colis au-dessous de ce poids, sans que jamais il puisse excéder 1 p. % de la valeur.

Ni l'un ni l'autre de ces droits ne sont passibles du décime par franc.

Ils ne doivent être perçus qu'à partir du neuvième jour de l'inscription du dépôt sur le registre de la Douane. Toutefois, dans les cas prévus par l'article 22 de la loi du 9 Février 1832, ils sont exigibles à partir du jour même où le dépôt a été constitué.

Les objets devenus la propriété de l'État par suite d'abandon ou par toute autre cause, et qui sont vendus à son profit, sont affranchis de ces taxes.

(N°s 223 et 224 des observations préliminaires du tarif.)

Le droit de magasinage n'est exigible que dans le cas où les marchandises restent déposées dans les magasins de la Douane. Lorsque, à défaut d'emplacement dans ces magasins, elles sont placées dans le local de l'entrepôt réel, l'Administration de l'entrepôt perçoit directement, d'après ses tarifs, le prix du magasinage.

(Circulaire de l'Administration du 27 Décembre 1850, n° 2418.)

## RECETTES ACCIDENTELLES (1).

#### Portion attribuée au Trésor dans la remise sur les crédits.

La remise que les Receveurs des Douanes sont autorisés à exiger des redevables auxquels ils accordent le crédit reste fixée à 1/3 p. %.

Le produit de cette remise ne sera alloué aux Receveurs que dans la proportion suivante :

1/3 p. % sur les deux premiers millions ;
1/4 de deux à quatre millions ;
1/5 de quatre à cinq millions ;
1/6 de cinq à six millions ;
1/10 de six à onze millions ;
1/20 au-dessus de onze millions.

L'excédant de produit sera attribué au Trésor pour le couvrir, au besoin, des non-valeurs qui, en définitive, pourraient rester à sa charge.

Aussitôt que les crédits accordés dans le courant de l'année par un Receveur auront dépassé deux millions, ce Comptable devra constater, au tableau 6 du sommier n° 3, l'excédant de produit attribué au Trésor, d'après la base proportionnelle fixée par l'arrêté précité. Il remplira, en outre, sur les bordereaux mensuels n° 4 ( page 6 ) le cadre qui s'y trouve établi. La part afférente au Trésor ressortant du susdit décompte, devra être inscrite aux recettes accidentelles sous le titre de : *Portion attribuée au Trésor dans la remise sur les crédits.*

( Arrêté du Ministre des finances du 6 Juin 1848, circulaire de l'Administration du 9 du même mois, n° 2254, et circulaire de la Comptabilité générale du 17 Avril 1849, n° 409-53.)

Les Receveurs qui se trouveront dans le cas prévu

(1) Nous avons indiqué les recettes qui se présentaient le plus souvent.

par le susdit arrêté fourniront, en fin de gestion, à l'appui de l'état C, n° 90 (ancien F B, n° 8), un décompte justificatif de cette recette sur lequel ils auront soin d'indiquer la quotité décroissante de remise qui leur est allouée d'après l'arrêté ministériel précité, à mesure de l'augmentation des crédits de droits accordés au commerce.

(Circulaire de la Comptabilité générale du 29 Novembre 1849, n° 422-54.)

Valeur de marchandises prohibées introduites en fraude par transit.

Les sommes qui, — dans toutes contraventions en matière de transit du prohibé — représentent, soit intégralement par suite d'acquiescement ou de jugement, soit partiellement par suite de transaction, la simple valeur des marchandises prohibées, doivent figurer aux *recettes accidentelles*, sous le titre : *Valeur de marchandises prohibées introduites en fraude par transit.*

Lorsque la recette égale la valeur intégrale des marchandises, on produit, comme justification, une copie de la décision administrative et un extrait de l'acquit-à-caution. Lorsqu'il y a eu transaction, on fournit, indépendamment des pièces ci-dessus, une copie de l'acte de transaction.

(Circulaire de la Comptabilité générale du 20 Novembre 1850, n° 450-56.)

Remboursement de primes pour des marchandises françaises réimportées.

Les marchandises pour lesquelles il est alloué une prime à la sortie ne sont réadmises que moyennant le remboursement préalable d'une somme égale à cette prime.

Les Receveurs principaux doivent produire, à l'appui de l'état C, n° 90, des états détaillés et dûment certifiés indiquant la nature de la prime, le numéro, la date et le montant de la liquidation, le mois pendant lequel la dépense a été faite, les noms des négociants qui ont restitué les primes et les motifs pour lesquels ces restitutions ont eu lieu.

(Circulaire de la Comptabilité générale du 18 Juin 1852, n° 490-59.)

Prix de diverses marchandises abandonnées en douane depuis plus d'un an.

Le produit des marchandises vendues d'office par les agents des Douanes est versé immédiatement *dans les caisses du Trésor*, porté au chapitre des *Recettes accessoires*, titre des *Recettes accidentelles* : 1° en cas d'abandon volontaire de la marchandise par le propriétaire ; 2° quand la déclaration en détail à l'entrée en douane n'a pas eu lieu dans les délais déterminés.

(Circulaire du 6 Septembre 1827, n° 1059, et de la Comptabilité générale du 31 Janvier 1828, n° 12.)

### ARTICLE 4.

VENTE DES MARCHANDISES ET DES MOYENS DE TRANSPORT SAISIS, ET PRODUIT DES PRÉEMPTIONS EXERCÉES AU COMPTE DE L'ÉTAT.

Sommes recouvrées en vertu de condamnations pécuniaires ou par suite de transactions.

Les Receveurs des Douanes ne doivent se charger en recette au chapitre des contributions et revenus publics (amendes et confiscations) que du produit de la vente des objets saisis, de celui des préemptions exercées au compte de l'État, et du montant des sommes reçues en vertu de jugement définitif ou d'une décision administrative. Ils doivent se conformer aux dispositions de la circulaire de la Comptabilité générale du 30 Novembre 1845, n° 291-43, en ce qui concerne les objets sujets à dépérissement provenant également de saisies. (Voir le chapitre des fonds particuliers de divers.)

Les sommes consignées pour obtenir la main-levée des marchandises ou moyens de transport saisis sont soumises aux mêmes écritures provisoires que celles auxquelles donnent lieu les consignations effectuées pour assurer l'exécution des transactions.

(Circulaire de la Comptabilité générale du 10 Décembre 1856, n° 612-72.)

Les sommes afférentes aux préposés des Douanes dans les saisies faites à la requête des autres Administrations, les primes de capture, les remboursements de frais, enfin les droits d'entrée compris dans le prix d'adjudication des objets saisis, vendus pour la consommation intérieure, toutes ces sommes ne figurent pas au présent article. Elles sont immédiatement classées selon leur destination et ne sont pas comprises dans les droits constatés.

(Instruction du sommier.) (Voir les *droits constatés*.)

C'est le montant *brut* des préemptions qui doit figurer dans les écritures. La Comptabilité générale a improuvé l'usage où étaient quelques Receveurs de porter provisoirement aux opérations de trésorerie (*compte fonds particuliers de divers*) le montant brut des préemptions auxquelles donnent lieu les fausses déclarations de marchandises taxées à la valeur, et de n'inscrire le produit aux recettes publiques qu'après défalcation de la somme remise au déclarant ou au propriétaire de la marchandise saisie. Par suite, ils ne comprenaient en dépense, à l'article des répartitions, que les frais de vente et la somme répartie aux saisissants. La Comptabilité a également trouvé vicieuse la manière de procéder de quelques autres Receveurs qui, sans avoir préalablement recours au susdit compte, *fonds particuliers*, agissaient de même pour le classement aux recettes et aux dépenses publiques des opérations dont il s'agit, et elle a rappelé (circulaire du 15 Octobre 1852, n° 498-60) que *le mode de compter du produit des saisies doit être appliqué à celui des préemptions exercées au compte de l'État.*

Le montant de la somme comptée au déclarant, pour la valeur des marchandises préemptées, doit être compris en dépense dans les frais de saisie. Il en est justifié par la production, sur papier timbré, de la quittance de la partie prenante. (Même circulaire.)

Le montant des deux décimes qui se trouve compris dans les droits recouvrés pour amendes et confiscations ne peut être déterminé qu'à l'époque de la mise en répartition du produit des affaires contentieuses. Les Receveurs principaux devront donc établir sur l'état C, n° 90 (ancien n° 8), au-dessous du tableau de développement des amendes et confiscations, le chiffre distinct de chacun de ces deux décimes, d'après les états de répartition présentés en compte pendant l'année ou pendant la gestion en cas de mutation de comptable.

(Circulaire de la Comptabilité générale du 20 Décembre 1855, n° 585-68.)

### ARTICLE 5.

#### PLOMBAGE ET ESTAMPILLAGE.

**Produit des taxes.** — Produit de la vente des vieux plombs.

Le prix du plomb est, suivant les cas, de 50 c., de 25 c., ou de 10 c.

Le prix des estampilles est de 05 c.

Les sommes de l'espèce doivent être inscrites, jour par jour, sur le registre série E, N° 64.

Il ne sera pas indispensable d'enregistrer les perceptions expédition par expédition. Il suffira, surtout dans les grandes douanes, de porter en bloc le produit de toutes les expéditions d'un même registre, sauf à indiquer les numéros de la première et de la dernière expédition relevées dans la journée.

(Instruction pour la tenue du registre, série E, N° 64.)

Le produit des taxes de plombage et d'estampillage ayant été classé dans les contributions et revenus publics, figurera sur le relevé C 89 ou 90 (ancien F B 7 ou 8), ainsi que celui des vieux plombs, qui y sera présenté distinctement. Ce dernier produit sera, en outre, appuyé des actes qui, d'après la décision du Ministre des finances, du 11 Août 1838, en auront fixé le montant selon le mode d'adjudication qui aura été suivi conformément à l'article 17 du règlement du 25 Juin 1827. Les procès-verbaux de vente des vieux plombs seront annexés aux états de répartition.

(Circulaire de la Comptabilité générale du 1er Septembre 1838, n° 156-34.)

Les procès-verbaux de vente doivent être timbrés et enregistrés

Voici un modèle de ces actes :

L'an mil huit cent    le    à    heures du    , au bureau des Douanes à    nous soussigné (nom et prénoms), Receveur principal, assisté de MM. (noms et prénoms), Sous-Inspecteur et Vérificateur audit bureau, certifions qu'en suite de l'arrêté de M. le Ministre des finances, du 24 Août 1833, nous avons procédé publiquement à la vente, au plus offrant et dernier enchérisseur, de (en toutes lettres) kilogr. vieux plombs dénaturés et fondus en notre présence, à charge, par l'acquéreur, de payer comptant le prix de son adjudication et les frais de la vente.

Après enchères, le sieur            demeurant à            ayant fait la dernière offre qui s'est élevée à (en toutes lettres) les 100 kilogr., nous lui avons adjugé lesdits plombs pour la somme de (en toutes lettres), qu'il a immédiatement versée entre nos mains, ainsi que les frais de la vente.

Fait et clos à la Douane de            les jour, mois et an que dessus, à            heures du            le présent acte de vente qui a été signé après lecture par nous, nos témoins et l'acquéreur.

---

### ARTICLE 6.

#### TAXE DES CONSOMMATION DE SELS.

Le droit de 10 fr. par 100 kilogr. établi par la loi du 28 Décembre 1848 sera inscrit au sommier, dans une colonne spéciale, sur le tableau N° 6. Des colonnes sont réservées pour les recettes qui pourraient être effectuées en vertu de l'ordonnance du 26 Février 1846.

(Circulaire de l'Administration du 7 Avril 1846, n° 2106, et circulaire lithographiée de la Comptabilité générale du 10 Octobre suivant.)

---

### ARTICLE 7.

#### DROITS SANITAIRES.

Les Receveurs principaux des Douanes encaisseront le généralité des droits sanitaires, soit qu'ils aient été recouvrés directement par eux ou par les Receveurs particuliers de leur principalité, soit que la perception en ait été faite par les Receveurs spéciaux du service sanitaire qui sont établis dans quelques ports.

Les perceptions effectuées directement par les Receveurs principaux ou particuliers des Douanes ont lieu sur des bulletins de liquidation établis par les agents des Administrations sanitaires.

Les Receveurs spéciaux du service sanitaire, dans les ports où il en sera établi, feront le recouvrement des droits sanitaires de toute nature, et en verseront le montant à la caisse du Receveur principal du même port, au moins tous les dix jours.

Les agents intermédiaires chargés, pour les convenances du commerce, d'opérer la perception des droits de quarantaine des personnes dans les lazarets, etc., comptent, jour par jour, des droits qu'ils ont recouvrés, soit aux Receveurs spéciaux du service sanitaire dans les ports où il en existe, soit aux Receveurs principaux ou particuliers des Douanes dans les autres ports.

( Règlement du 5 Décembre 1843. )

Les Receveurs des Douanes enliasseront par ordre et conserveront les bulletins de liquidation des droits qu'ils auront perçus, pour les représenter aux Inspecteurs des Douanes et des finances, lorsqu'ils en seront requis.

Ils veilleront à ce que les agents intermédiaires de perception et les Receveurs spéciaux du service sanitaire comptent des sommes qu'ils ont recouvrées, et effectuent exactement leurs versements aux époques fixées.

Quant aux Receveurs particuliers des Douanes, ils verseront à la recette principale dont ils dépendent les droits sanitaires recouvrés par eux, en même temps que les produits de leurs autres recettes. Mais le versement de ces droits sera l'objet de récépissés spéciaux qui seront détachés du registre série N, n° 22.

Sous le rapport de la perception des droits, les relations

des Receveurs spéciaux du service sanitaire avec les Receveurs principaux des Douanes seront analogues à celles qui existent entre ceux-ci et les Receveurs particuliers de leur principalité.

Tous les droits sanitaires recouvrés en Décembre entreront dans les comptes de l'année à laquelle appartient ce mois, même ceux dont le versement n'aurait été fait que dans les premiers jours de l'année suivante aux Receveurs principaux des Douanes, lesquels devront faire écriture de ces versements par supplément à l'année expirée, ainsi que cela se pratique pour les produits de douanes perçus en Décembre dans les bureaux particuliers.

(Circulaire de la Comptabilité générale du 27 Décembre 1843, n° 250-40.)

Les Receveurs principaux ne doivent pas comprendre le montant des droits sanitaires dans les avis mensuels de recettes qu'ils adressent au Ministère des finances et à l'Administration.

(Circulaire lithographiée de la Comptabilité générale du 6 Décembre 1853, n° 976.

La circulaire de l'Administration du 11 Juillet 1850, n° 2395, avait posé en principe que les Receveurs des Douanes, soit qu'ils perçussent eux-mêmes les taxes sanitaires, soit qu'ils ne fussent appelés qu'à encaisser les recouvrements effectués par les agents sanitaires, étaient personnellement responsables de l'exacte application du tarif.

Il a été décidé depuis, par le Ministre, que, dans le dernier des cas ci-dessus indiqués, la responsabilité du service des Douanes serait mise à couvert par la réalisation après contrôle du montant des liquidations établies par les agents sanitaires.

(Circulaire du 2 Mars 1851, n° 2435.)

Les quittances de droits sanitaires sont affranchies du timbre.

(Circulaire de l'Administration du 7 Février 1850, n° 2366.)

### ARTICLE 8.

#### RETENUES ET AUTRES PRODUITS AFFECTÉS AU SERVICE DES PENSIONS CIVILES.

Les traitements ou allocations passibles des retenues qui sont acquittés par les comptables du Trésor sont portés pour le brut dans les ordonnances et mandats, et il y est fait mention spéciale des retenues à exercer pour les pensions.

Les comptables chargés du paiement de ces ordonnances ou mandats les imputent en dépense pour leur montant intégral, et ils constatent en recette les retenues opérées au crédit du budget de chaque exercice et à un compte distinct intitulé : *Retenues et autres produits affectés au service des pensions civiles*.

(Article 5 du décret du 9 Novembre 1853, et circulaire lithographiée de la Comptabilité générale du 6 Décembre 1853.)

Les sommes portées au présent article doivent toujours former le montant des retenues comprises en dépense sur les états de frais de régie, les répartitions de saisies, etc.

(Circulaire de la Comptabilité générale du 17 Octobre 1853, n° 518, 62.)

Les produits concernant le service des pensions civiles ne doivent pas entrer dans les avis mensuels de recette qui sont fournis au Ministère des finances et à l'Administration par les Receveurs principaux.

(Circulaire lithographiée de la Comptabilité générale du 6 Décembre 1853, n° 976.)

---

ARTICLE 9.

REVERSEMENTS SUR DÉPENSES PUBLIQUES.

Toute dépense publique rejetée des comptes de l'année précédente, et appartenant à un exercice non encore clos, doit être portée en recette à cet article.

Si la dépense appartient à un exercice clos, la recette de la somme reversée doit figurer à l'article des *recettes accessoires*, sous le titre de *recettes accidentelles*.

Il est bien entendu d'ailleurs que si les dépenses rejetées avaient été présentées en compte dans la gestion courante, on opérerait par voie de réduction.

(Instruction pour la tenue du sommier.)

Les reversements sur les dépenses publiques de l'exercice précédent ont été ajoutés à la récapitulation de l'état C, n° 90 (ancien F B, n° 8), afin que le total des recettes soit conforme à celui qui figure sur le bordereau définitif de Décembre et sur le compte annuel.

(Circulaire de la Comptabilité générale du 29 Novembre 1849, n° 422-54.)

# PREMIÈRE PARTIE.

## DÉPENSES PUBLIQUES.

### CHAPITRE Ier.

#### FRAIS DE RÉGIE, DE PERCEPTION ET D'EXPLOITATION DES IMPÔTS ET REVENUS PUBLICS.

##### PERSONNEL.

###### ARTICLE 1er.

TRAITEMENTS D'ACTIVITÉ.

Les appointements (1) des agents des deux services sont payés le premier jour du mois qui suit celui auquel ils se rapportent. Ceux de Décembre sont, par exception, payés le 31 de ce mois. Ils sont portés en dépense au brut, à charge de faire recette immédiate des prélèvements effectués pour la caisse des pensions civiles.

(Circulaire de la Comptabilité générale du 26 Novembre 1855, n° 583-67.)

Chaque mois, quel que soit le nombre de jours dont il se compose, compte pour trente jours; le trente-

---

(1) Les appointements des employés sont garantis de toute saisie arbitraire. Leurs créanciers ne peuvent faire opposition au paiement de leur traitement qu'en vertu d'un titre légal et dans la proportion suivante : un cinquième sur les premiers 1,000 fr. ; un quart sur les 5,000 fr. suivants; un tiers sur la partie excédant 6,000 fr.

(Loi du 21 Ventôse an IX, circulaire du 17 Germinal de la même année, et décret du 18 Août 1807.)

unième jour d'un mois est négligé, tandis qu'il est ajouté un ou deux jours au mois de Février.

(Article 90 du règlement de la Comptabilité générale du 26 Janvier 1846.)

Les traitements affectés aux emplois vacants doivent être restitués intégralement au Trésor, et cessent dès lors de supporter la retenue de 5 %, exercée jusqu'ici au profit de la caisse des pensions.

(Circulaire de la Comptabilité générale du 3 Juin 1828, n° 13.)

Les Receveurs ne devront plus faire dépense que des sommes dont le paiement pourra être justifié par la production de la quittance des ayants droit (1).

Les rôles et les autres états collectifs présenteront toujours le décompte des sommes revenant à chaque ayant droit, et, pour avoir la somme à porter en dépense, on défalquera du total de la colonne *net à payer* les parts dont le paiement n'aura point eu lieu au moment où l'on passera écriture de ces dépenses.

(Circulaire de la Comptabilité générale du 25 Août 1834, n° 70-28.)

Les Receveurs ne doivent porter dans la colonne des *sommes non payées* les parts qui n'auraient pas été soldées à défaut d'émargement ou de quittance, et arrêter définitivement le pied des rôles d'appointements, qu'au moment même où il devient nécessaire de les comprendre au nombre des pièces justificatives qu'ils produisent à l'appui de leur comptabilité mensuelle. Les Capitaines

---

(1) Les quittances jointes aux rôles pour tenir lieu d'émargements doivent toujours être délivrées à la décharge du Receveur qui doit en faire emploi dans ses comptes, sauf à indiquer le préposé qui aura effectué le paiement.

(Circulaire de la Comptabilité générale du 30 Décembre 1826, n° 9.)

de brigades ont été invités, en conséquence, à indiquer seulement au crayon, dans la colonne des sommes non payées, les sommes pour lesquelles il n'a été fourni ni émargement ni quittance, et à se borner à arrêter le pied de rôle au total formé de la colonne des traitements nets et du report des prélèvements pour les pensions.

Les retenues sur les appointements des employés en congé doivent s'exercer proportionnellement sur les mois pendant lesquels l'absence a eu lieu.

Il n'y a point d'acquit à exiger d'un titulaire sur le mandat individuel délivré pour le premier mois de traitement dévolu à la caisse des pensions, ou sur l'état collectif d'émargement portant décompte de la retenue de ce premier mois au profit de ladite caisse. Il suffit au comptable, pour justifier la dépense, de mentionner, sur le mandat ou sur l'état, qu'il s'est d'office chargé en recette du montant de la retenue.

(Règlement du 26 Janvier 1846, n° 174.)

Les rôles doivent mentionner les congés accordés aux employés avec ou sans retenue, et indiquer à partir de quelle époque il en a été fait usage.

Lorsqu'un employé en congé obtient une augmentation de traitement, la retenue pour absence doit être basée sur le traitement attribué à l'emploi dont il est titulaire durant son absence; mais comme il ne doit pas toucher moins qu'il ne lui serait revenu s'il n'avait pas eu d'augmentation, la retenue du premier douzième n'a lieu qu'en proportion du traitement dont il conserve la jouissance, sauf à la compléter les mois suivants.

Si, par exemple, un employé à 1,000 fr. qui est resté en congé le mois entier, avec retenue de la moitié de ses appointements, obtient une augmentation de 200 fr., son décompte devra être établi ainsi qu'il suit:

```
5 %..................     5    »  ⎫
1er 12me ..............    7   92  ⎬ 100 fr.
Congés................    47   50  ⎪
Traitement net lui revenant.. 39 58 ⎭
```

(Circulaire de la Comptabilité générale du 15 Février 1840, n° 189-36.)

Il est de règle que lorsqu'un employé reçoit un changement pendant qu'il est en congé, l'effet de ce congé, quant à la retenue de la moitié du traitement, cesse à partir du jour de l'avis de la nomination délivrée par l'Administration; mais cette règle comporte nécessairement une exception si la nomination est anticipée, et alors la retenue doit être combinée avec la durée du délai qui aurait été accordé à l'employé pour joindre sa nouvelle destination.

(Lettre de l'Administration du 24 Décembre 1851.)

La suppression des fractions de centimes sur le douzième du traitement brut annuel ne donnera plus lieu d'augmenter les centimes d'une unité ; quelle que soit la valeur de la fraction supprimée, chacun des divers prélèvements pour la caisse des pensions, lorsqu'ils seront fractionnaires, sera forcé de ce qui manque à la fraction pour compléter un centime.

A l'égard des portions de traitement tombées en vacance, on les déterminera en retranchant du douzième du traitement brut la partie du traitement dû par le Trésor à raison du nombre de jours pendant lesquels l'emploi a été occupé dans le mois ; les fractions de centimes seront négligées dans cette opération.

(Circulaire de la Comptabilité générale du 15 Février 1840, n° 189-36.)

Pour faciliter la vérification des prélèvements exercés au profit du Trésor et de la caisse des pensions, les rôles devront indiquer d'une manière positive les époques auxquelles ont commencé les vacances (1), et faire connaître, pour tout emploi où il y a eu mutation dans le mois, le traitement dont jouissait le nouvel employé, le poste auquel il était attaché, la principalité ou la capitainerie, ainsi que la direction dont ce poste dépend. Afin de compléter les moyens de vérification à l'égard des premiers mois d'appointements et des premiers douzièmes d'augmentation de traitement, les Directeurs joindront chaque mois, aux pièces justificatives de dépenses, un état nominatif (C n° 79) des employés de tous grades arrivés pendant cette période dans les différents postes de leur direction.

(Circulaire lithographiée de la Comptabilité générale du 26 Décembre 1825.)

Les mandats de paiements délivrés pour les traitements d'activité devront comprendre et présenter distinctement le montant des prélèvements dont ils seront passibles au profit de la caisse des pensions.

Lorsque des états de traitement déjà arrêtés seront susceptibles d'être modifiés, ces modifications s'opéreront, par voie d'addition ou de soustration, sur les résultats du rôle rapportés à cet effet sur un certificat C n° 12. Ce certificat, revêtu des mêmes visa que le rôle auquel il se rattachera, sera appuyé des décisions qui auront donné lieu aux modifications.

(Circulaire de la Comptabilité générale du 26 Décembre 1833, n° 59-27.)

En matière de retenues après réintégration, les dispositions contenues dans les circulaires de l'Administration n°s 902 et 1991, dispositions reproduites dans l'instruc-

---

(1) Il ne doit être fait ni dépense ni recette des traitements bruts des emplois vacants.

Ils ne figurent en dépense dans les écritures que *pour mémoire*.

tion du 11 Avril 1854 n° 205 (nouvelle série), n'ont pas été abrogées. Tout employé réadmis, après avoir été éloigné forcément de ses fonctions, par exemple, pour obéir à la loi du recrutement, pour soigner une maladie contractée au service ou pour toute autre cause de force majeure, n'a donc pas à supporter, lors de sa rentrée en exercice, la retenue du premier douzième de son traitement au profit de la caisse générale des retraites.

(Lettre de l'Administration du 2 Avril 1857.)

Le fonctionnaire qui, par mesure disciplinaire ou par mutation volontaire d'emploi, est descendu à un traitement inférieur, subit la retenue du premier douzième des augmentations ultérieures.

(Article 25 du décret du 9 Novembre 1853.)

Le fait qu'un employé a joui précédemment d'un traitement égal ou même supérieur à celui qui lui est actuellement conféré ne suffit pas pour l'exonérer de la retenue du premier douzième de l'augmentation actuelle. La règle générale est que la retenue du premier douzième doit être faite.

(Comparer le traitement nouveau avec le traitement précédent.)

Des exceptions peuvent être autorisées pour le cas où la réduction éprouvée antérieurement sur le traitement n'a pas été la suite d'une mesure disciplinaire ou d'une mutation volontaire du fait de l'employé, mais où, au contraire, elle a eu des causes de force majeure telles que des suppressions d'emploi, des réorganisations générales de service, etc. Ces exceptions doivent être proposées à l'Administration, qui seule peut connaître pour quels motifs, dans le passé, le traitement de l'employé avait été réduit.

La retenue du douzième du premier traitement et la retenue du premier douzième des augmentations doivent être exercées sur les premiers trente jours de jouissance.

Les employés qui passent d'un service à un autre, qui viennent d'une autre Administration, d'un autre ministère, ne subissent pas de retenue s'ils arrivent avec le même traitement; et, dans tous les cas, ils ne la subissent que si le traitement qu'ils viennent prendre est supérieur à celui dont ils jouissaient. Le premier mois du traitement n'est versé qu'une fois lorsqu'il n'y a pas interruption d'activité, et qu'il n'y a qu'un simple changement de ministère ou de service.

(Circulaire de l'Administration du 11 Mai 1854, n° 205, nouvelle série.)

Les employés ne peuvent obtenir chaque année un congé ou une autorisation d'absence de plus de quinze jours sans subir une retenue. Toutefois un congé d'un mois sans retenue peut être accordé à ceux qui n'ont joui d'aucun congé et d'aucune autorisation d'absence pendant trois années consécutives.

(Article 16 du décret du 9 Novembre 1853.)

Pour les congés de moins de trois mois, la retenue est de la moitié au moins et des deux tiers au plus du traitement.

(Même article.)

Après trois mois de congé consécutifs ou non, dans la même année, l'intégralité du traitement est retenue, et le temps excédant les trois mois n'est pas compté comme service effectif pour la pension de retraite.

(Même article.)

La durée du congé avec retenue de la moitié au moins et des deux tiers au plus du traitement peut être portée à quatre mois pour les employés exerçant hors de France, mais en Europe ou en Algérie, et à six mois pour ceux qui sont attachés au service colonial hors d'Europe.

(Même article.)

Sont affranchies de toute retenue les absences ayant pour cause l'accomplissement d'un des devoirs imposés par la loi.

(Même article.)

En cas d'absence pour cause de maladie dûment constatée, le fonctionnaire ou l'employé peut être autorisé à conserver l'intégralité de son traitement pendant un temps qui ne peut excéder trois mois. Pendant les trois mois suivants, il peut obtenir un congé avec la retenue de la moitié au moins et des deux tiers au plus du traitement.

(Même article.)

Si la maladie est déterminée par l'une des causes exceptionnelles prévue aux premier et deuxième paragraphes de l'article 11 de la loi du 9 Juin 1853 (1), le fonctionnaire peut conserver l'intégralité de son traitement jusqu'à son rétablissement ou jusqu'à sa mise à la retraite.

(Même article.)

L'employé qui s'est absenté ou qui a dépassé la durée de son congé, sans autorisation, peut être privé de son traitement pendant un temps double de celui de son absence irrégulière.

Une retenue qui ne peut excéder deux mois de traitement peut être infligée par mesure disciplinaire dans le cas d'inconduite, de négligence ou de manquement au service.

(Article 17 du même décret.)

---

(1) Le premier paragraphe de l'article 11 de la loi du 9 Juin 1853 concerne les employés qui auront été mis hors d'état de continuer leur service, soit par suite d'un acte de dévouement dans un intérêt public, ou en exposant leurs jours pour sauver la vie d'un de leurs concitoyens, soit par suite de lutte ou combat soutenu dans l'exercice de leurs fonctions.

Le deuxième paragraphe se rapporte aux employés qu'un accident grave, résultant notoirement de l'exercice de leurs fonctions, met dans l'impossibilité de les continuer.

L'Administration seule statue sur l'application des peines pécuniaires et autres dont il s'agit. Les Directeurs se bornent à suspendre, pour le temps de l'absence irrégulière, le paiement de tout traitement aux retardataires, et à présenter des propositions à l'Administration en lui rendant un compte particulier des faits et en lui fournissant les explications écrites données par les employés. Jusqu'à la décision de l'Administration, le montant des appointements est inscrit dans la colonne des sommes restées sans emploi.

Si la prolongation irrégulière se rapporte à un congé de faveur, le paiement des appointements est suspendu pour un nombre de jours égal à la durée totale de l'absence.

Les peines encourues en cas d'absence irrégulière peuvent être appliquées à l'employé qui, changé de résidence, ne se rend pas à son poste dans le délai fixé.

Si le retard ne s'est pas assez prolongé pour rendre nécessaire l'emploi d'un moyen de rigueur tel que le refus d'installation, et si, pourtant, les explications de l'employé ne paraissent pas plausibles, les Directeurs, sur les rapports des chefs divisionnaires, suspendent tout paiement d'appointements pour un temps égal au retard, et rendent compte à l'Administration qui prononce définitivement.

Le montant des retenues ainsi ordonnées par l'Administration appartient au service des pensions.

(Article 3 de la loi du 9 Juin 1853.)

Aucun chef, sans en exempter les Directeurs, ne doit, même sous la réserve de l'assentiment de l'Administration, prononcer, par mesure disciplinaire, une retenue quelconque de traitement. Il est rendu compte des faits à l'Administration.

Toutefois il est bien entendu que le droit de suspension

qui, dans certains cas graves, est attribué par les instructions générales aux employés supérieurs, reste entier.

(Circulaire de l'Administration du 11 Mai 1854, n° 205.)

En cas de suspension de traitement par suite de mesure disciplinaire, la retenue de 5 p. % pour le traitement brut n'en continue pas moins d'être dévolue à la caisse des pensions pendant tout le temps de la suspension.

Quant au montant net du traitement, il ne doit pas être constaté dans les écritures.

(Article 51 du Règlement du 26 Janvier 1846.)

Pour les employés envoyés d'Europe en Algérie ou dans les colonies, le traitement normal assujetti aux retenues prescrites par la loi du 9 Juin 1853 (art. 3) (1), est fixé, dans chaque grade, d'après le traitement de l'emploi correspondant ou qui lui est assimilé en France. Dans les emplois qui se divisent en plusieurs classes en France, et qui ne sont pas soumis à cette classification dans les colonies, le traitement normal est réglé d'après celui de la première classe du grade en France. Le surplus constitue le supplément de traitement colonial qui est exempt de la retenue.

(Article 22 du même décret.)

Les appointements d'un employé démissionnaire doivent lui être payés jusques et y compris le jour de sa démission.

Les héritiers d'un employé décédé ont droit au traite-

---

(1) C'est-à-dire :

1° A la retenue de 5 p. % sur les sommes payées à titre de traitement fixe ou éventuel ;

2° A la retenue du premier mois d'appointements et du douzième de toute augmentation ultérieure ;

3° Aux retenues pour cause de congés et d'absences, ou par mesure disciplinaire.

ment de cet employé jusques et y compris le jour de son décès.

Tout employé qui abandonne son poste, sans qu'au préalable il ait obtenu un congé ou donné sa démission, perd le droit à son traitement à compter du jour même de son absence.

(Règlement du 26 Janvier 1846.)

Quand un décompte a pour objet les appointements d'un employé décédé, et que le mandat est délivré au nom des héritiers de cet employé, outre cette pièce revêtue d'acquit, l'acte de décès et les titres d'hérédité doivent être produits pour justifier le paiement, à moins que l'ordonnateur n'ait dispensé la partie prenante de remplir cette formalité et motivé cette dispense.

(Circulaire de la Comptabilité générale du 30 Décembre 1826, n° 9.)

Le paiement du prorata revenant à des préposés décédés, pour le mois pendant lequel le décès a eu lieu, continuera à s'opérer sur les simples quittances des veuves et des enfants, sans aucune production de titres d'hérédité; mais ces quittances devront énoncer la qualité des parties prenantes, c'est-à-dire celles de veuve, de fils ou de fille du défunt, et relater le fait du décès avec sa date. Quant aux certificats des Capitaines de brigades dont les quittances seront toujours revêtues, ils devront porter expressément sur l'exactitude de ces déclarations.

(Circulaires de la Comptabilité générale du 30 Décembre 1826, n° 9, et du 12 Novembre 1832, n° 20-22.)

Quand les héritiers d'un employé du service administratif ont été exemptés, par le Directeur, de la production des titres de propriété, la quittance qu'ils fournissent doit l'indiquer.

En cas de non-dispense, produire :

1º Acte de décès de l'employé ;
2º Titres d'hérédité ou de propriété ;
3º Quittance motivée relatant en vertu de quel titre ils agissent.

Dans le cas où des états de traitement sont émargés d'avance et où quelques-uns des signataires sont décédés avant d'avoir acquis des droits au traitement intégral auquel s'applique leur émargement, il faut justifier des déductions opérées, par suite desquelles les états produits ne sont pas employés pour leur montant, au moyen de certificats explicatifs fournis par les agents chargés de toucher ces états, et qui mettent à même de juger de l'exactitude des déductions.

Dans les mêmes cas, on ne doit pas admettre d'états dans lesquels, par des grattages et des surcharges irrégulières, on aurait substitué les sommes revenant réellement aux titulaires décédés à celles pour lesquelles ils ont émargé, sauf à procéder comme il est dit ci-dessus.

(Circulaire de la Comptabilité générale du 26 Décembre 1833, nº 59-27.)

Aucune personne ne sera recevable à former, contre l'Administration des Douanes, des demandes en paiement d'appointements deux ans après l'époque où les sommes réclamées auraient dû être payées.

(Art. 25 du titre 13 de la loi du 22 Août 1791.)

Les pouvoirs d'émarger que donnent, en cas d'absence et par forme de lettre, conformément à l'article 1985 du Code civil, les employés et préposés des Douanes, sont dispensés du timbre et de l'enregistrement.

(Arrêté ministériel du 8 Novembre 1826.)

## ARTICLE 2.

### INDEMNITÉS ET GRATIFICATIONS.

La remise de 2 p. % sur le produit net de l'impôt du sel est remplacée, à partir de l'exercice 1826, par un fonds spécial sous le titre de : *Indemnités et gratifications*.

(Circulaire lithographiée de la Comptabilité générale du 26 Décembre 1825.)

Les agents appelés à prendre part à la distribution de ce fonds sont ceux qui sont chargés de la garde des marais salants et fabriques de sel, de l'exercice de la surveillance dans le rayon déterminé par le décret du 25 Janvier 1807, et de la vérification des sels dans les marais salants, dans les fabriques de sel, dans les ports d'embarquement et de débarquement, dans les entrepôts maritimes de l'intérieur ou dans les ateliers de salaison.

(Circulaire du 19 Décembre 1843, n° 2000.)

Les agents dont le traitement excède 3,000 fr. n'ont pas droit à la gratification.

(Même circulaire.)

Les propositions à présenter à l'Administration, par les Directeurs, devront lui parvenir avant la fin du premier mois de chaque année.

(Même circulaire.)

Ces allocations sont affranchies des retenues prescrites par l'article 3 de la loi du 9 Juin 1853 sur les pensions civiles.

(Décret du 9 Novembre 1853.)

# CHAPITRE Ier.

## FRAIS DE RÉGIE, DE PERCEPTION ET D'EXPLOITATION DES IMPÔTS ET REVENUS PUBLICS.

### Matériel.
### ARTICLE 3.

#### RÈGLES GÉNÉRALES.

L'Administration n'autorise de travaux de construction ou de réparation, soit pour les bureaux ou corps-de-garde, soit pour les embarcations, que sur des devis estimatifs établis par les entrepreneurs et revêtus des certificats des chefs de service attestant la nécessité des ouvrages et la modération des prix. Les devis doivent être dressés sur papier timbré lorsque la dépense qu'ils mentionnent s'élève à plus de 50 fr.

(Règlement du 26 Janvier 1846 sur la Comptabilité générale.)

Les devis d'estimation doivent indiquer : 1° les bureaux ou brigades pour le service desquels sont proposés les travaux ou fournitures ; 2° l'inspection, la principalité ou la capitainerie dont dépendent ces bureaux et brigades ; ils doivent spécifier distinctement, par article, la nature des travaux ou fournitures proposés, et le prix demandé pour chaque objet.

Un certificat doit être inscrit au pied du devis pour attester que les objets compris sont indispensables, que les prix en ont été discutés avec tout le soin possible, et qu'ils n'excèdent pas ceux du cours. Ce certificat doit être donné par le Receveur principal si la dépense est destinée pour le service des bureaux, et par le Capitaine si elle concerne le service des brigades : dans l'un et l'autre cas, il doit être visé et approuvé par l'Inspecteur, puis visé par le Directeur. En ce qui concerne le visa de l'Inspecteur, il a toujours été entendu dans la pratique que cette approbation serait donnée non au moyen d'une simple formule, mais en termes exprès établissant l'opportunité de la fourniture ainsi que la modération de la dépense.

(Lettre de l'Administration du 30 Septembre 1844.)

On doit toujours faire connaître si les objets livrés sont de fourniture nouvelle, ou s'ils remplacent des objets de même nature réformés pour une cause quelconque. Ce renseignement est indispensable pour la tenue des feuilles inventaires qui se trouvent au bureau central.

(Lettre de l'Administration du 6 Mars 1844.)

Les mémoires doivent présenter, quant aux localités, à la nature des travaux ou fournitures, au service qu'ils ont pour objet et à leurs prix, les mêmes indications que les devis estimatifs; ils doivent porter l'attestation que les ouvrages ou fournitures qui y sont détaillés ont eu lieu, et qu'ils ont été reconnus bien confectionnés. Cette attestation doit être délivrée et signée par les mêmes chefs qui sont appelés à certifier les devis estimatifs; puis elle est visée par le Directeur.

(Suivre, pour la rédaction des mémoires et des devis, le modèle donné par la circulaire de l'Administration du 16 Mai 1846, n° 2113.)

On ne doit présenter sur un même devis que des dépenses se rapportant à un même article du budget. Ainsi quand, par exemple, une partie de la dépense doit être imputée sur les fonds pour *constructions*, et l'autre sur les fonds pour *achat de meubles,* il faut établir deux devis distincts.

Il y a lieu, toutes les fois qu'une clause pénale, en cas de retard dans l'exécution des travaux, du service fait ou dans la livraison des fournitures a été insérée dans un devis, de produire, avec les autres pièces justificatives, l'ordre de commencer les travaux, le service, ou de livrer les fournitures, afin que la Cour des comptes puisse exercer son contrôle sur l'application de la clause sus-énoncée.

(Circulaire de la Comptabilité générale du 18 Juin 1852, n° 490-59.)

La durée de la période pendant laquelle doivent se consommer tous les faits de dépense de chaque exercice se prolonge :

Jusqu'au 1er Février de la deuxième année pour achever, dans la limite des crédits ouverts, le service du matériel dont l'exécution n'aurait pu, d'après une déclaration de l'ordonnateur énonçant les motifs de ces cas spéciaux, être terminée avant le 31 Décembre ;

Jusqu'au 31 Juillet de cette seconde année pour compléter les opérations relatives à la liquidation, à l'ordonnancement et au paiement des dépenses.

(Art. 4, 90 et 91 de l'ordonnance du 31 Mai 1838, et circulaire du 1er Octobre 1850, n° 2407.)

La déclaration de l'ordonnateur énonçant les motifs qui ont empêché de constater la dépense au 31 Décembre ne doit se rapporter qu'à des circonstances tout-à-fait exceptionnelles, par exemple, s'il s'est agi d'un travail urgent, d'un ouvrage d'art ou de toute autre dépense qui, ayant été ordonnée et commencée pendant la première année de l'exercice, pour être terminée au 31 Décembre, n'aurait pu l'être, par des raisons de force majeure, que dans le premier mois de l'année suivante.

Cette déclaration motivée est produite à l'appui de la dépense.

(Règlement du 26 Janvier 1846.)

Les devis doivent être enregistrés au droit fixe de 2 fr.

toutes les fois que, portant soumission ou engagement de la part des entrepreneurs, ces actes ont le caractère de marchés.

(Circulaire lithographiée du 14 Septembre 1852.)

Afin d'éviter l'application à chacun des souscripteurs des devis du droit d'enregistrement, on devra s'attacher, autant que possible, à ne faire souscrire les devis que par un seul entrepreneur qui prendra la responsabilité des travaux dans leur ensemble.

(Note jointe à la Circulaire lithographiée du 14 Septembre 1852.)

On devra, lorsqu'il y aura lieu de produire des devis, établir ces actes dans la forme d'états de proposition *arrêtés à la somme de* et signés par l'entrepreneur, toutes les fois que, d'après l'importance ou la nature des travaux, il ne paraîtra pas nécessaire de leur donner le caractère d'un marché, en les faisant suivre d'une soumission qui entraîne la formalité de l'enregistrement.

( Même note. )

D'après les dispositions de l'ordonnance du 14 Septembre 1822, rappelées dans celle du 31 Mai 1838, une dépense ne peut appartenir qu'à l'exercice de l'année pendant laquelle le travail qui s'y rapporte a été fait.

Les circulaires de la Comptabilité générale des finances du 26 Décembre 1833 et 18 Juin 1852, nos 59-27 et 490-59), et celles de l'Administration des Douanes du 4 Avril 1836, n° 1436, ont, par suite, prescrit d'indiquer, dans les mémoires et quittances, la date précise des travaux faits avec obligation de terminer, autant que possible, ces travaux dans l'année où ils ont été commencés.

La conséquence de ces diverses prescriptions est que les demandes relatives aux dépenses soient faites aussitôt, et aussi exactement que possible, et que les travaux commencés immédiatement après l'approbation de l'Administration, soient promptement exécutés; car, s'il en était autrement, il arriverait, à raison de la délimitation des exercices, que des dépenses, se rapportant à des travaux non exécutés en temps utile, devraient être scindées, et que des portions notables de crédit resteraient sans emploi quand, d'autre part, l'exercice à peine commencé se trouverait déjà surchargé de dépenses qui n'auraient pas été faites dans les délais voulus.

(Circulaire lithographiée du 24 Juillet 1845.)

Les mémoires doivent indiquer non-seulement la date du commencement des travaux, mais encore celle de leur achèvement.

(Même circulaire et circulaires de la Comptabilité générale du 26 Décembre 1833 et 18 Juin 1852, nos 59-27 et 490-59.)

Il importe que les dépenses importantes, comme celles de constructions et radoubs d'embarcations ou de travaux de maçonnerie, celles, en un mot, qui doivent donner lieu à une main-d'œuvre prolongée pendant plusieurs mois, soient prévues et proposées à l'Administration, dès les premiers mois de chaque année, afin qu'elles puissent être en cours d'exécution dès le commencement de la belle saison.

(Même circulaire.)

Les mémoires doivent toujours, lorsqu'ils montent à plus de 10 fr., être faits sur papier timbré; le coût du timbre doit être acquitté par les fournisseurs ou entrepreneurs.

Pour les dépenses n'excédant pas 10 fr., les comptables ne doivent pas exiger la production de mémoires ou factures, mais simplement une quittance détaillée des objets fournis ou des travaux exécutés.

(Circulaire de la comptabilité générale du 18 Juillet 1851, no 468-57.)

Il est nécessaire que les Directeurs transmettent à l'Administration des copies sur papier libre des mémoires de toutes les dépenses. Ces copies seront transmises pour les dépenses au-dessus de 50 fr., en même temps que les mémoires timbrés, et pour celles de 50 fr. et au-dessous, avec les états mensuels. Série E, n° 99.

(Circulaire du 16 Mai 1846, n° 2113.)

Les Directeurs peuvent autoriser, sous leur propre responsabilité, les travaux d'entretien ou de réparation qui n'excèdent pas 50 fr.; l'Administration se réserve de rejeter la dépense si elle n'était pas reconnue faite dans l'intérêt du service.

(Circulaire du 14 Mai 1832, n° 1318.)

Lorsque la dépense doit s'élever à plus de 50 fr., ils adressent le devis à l'Administration. Les travaux ne doivent pas être commencés avant l'autorisation de l'Administration.

(Circulaire du 17 Janvier 1825, n° 897.)

Un récollement général du mobilier d'un bureau, d'une embarcation, d'un corps-de-garde ou d'une caserne, doit être fait à chaque mutation survenant, soit parmi les Receveurs à qui le mobilier des bureaux est confié, soit parmi les Capitaines, qui ont la garde de celui des embarcations, corps-de-garde ou casernes.

En ce qui concerne les emplois qui peuvent rester pendant un grand nombre d'années entre les mains du même titulaire, un récollement devra être annuellement fait, à l'époque du 1er Octobre, par les chefs locaux.

(Circulaire lithographiée du 8 Juin 1852.)

## Constructions, entretien et réparations de bureaux, corps-de-garde embarcations.

Les travaux de construction, de réparations ou d'entretien des bureaux, corps-de-garde et autres établissements reconnus indispensables par l'Administration sur les rapports des chefs de service, sont mis en adjudication (1) au rabais, par les soins du Directeur local, dans

---

(1) Voici le modèle d'un procès-verbal d'adjudication.

L'an      le      à      heures du      par suite des dispositions de la lettre de M. le Directeur des Douanes à en date du      il a été procédé au bureau principal des Douanes à      par le Receveur principal, en présence de MM. Inspecteur et Capitaine à      à l'adjudication des embarcations neuves pour le poste de      et des réparations et fournitures à faire à autres embarcations de la capitainerie de telles qu'elles sont décrites dans le devis dressé le

Une seule soumission cachetée ayant été déposée, il a été reconnu qu'elle était souscrite par le sieur (nom, prénoms, profession et demeure du soumissionnaire), qui offre de faire les constructions, fournitures et réparations mises en adjudication, pour le prix et aux conditions indiquées dans ledit devis.

Aucun autre concurrent ne s'étant présenté, l'adjudication a été dévolue audit sieur      qui s'est engagé à faire les travaux qui en sont l'objet dans le délai de      à dater de en se conformant au cahier des charges dont il a pris connaissance, s'obligeant à payer les frais d'enregistrement du présent, dans le cas où, faute par lui d'en remplir les conditions, il deviendrait nécessaire de le faire enregistrer. Enfin, le sieur      a présenté pour caution le sieur (indiquer les nom, prénoms, profession et demeure de la caution), qui s'oblige conjointement et solidairement avec lui à remplir tous les engagements stipulés au présent acte.

Fait en trois originaux, dont l'un a été remis au sieur (le soumissionnaire), le second au sieur (la caution), et le troisième est resté entre les mains du Receveur principal des Douanes.

A      les jour, mois et an que dessus, et avons signé après lecture.

les formes suivies par les travaux publics et sous la réserve de l'approbation du Ministre de finances.

(Règlement du 26 Janvier 1846.)

Quand les travaux sont de peu d'importance ou de nature à ne pouvoir être mis en adjudication, l'Administration les autorise, sur la production d'un devis estimatif arrêté par un entrepreneur, et sur lequel les chefs locaux certifient et constatent la nécessité des travaux et la modération des prix.

(Même règlement.)

Dans les cas énoncés aux deux paragraphes précédents, l'autorisation de la dépense à faire est déférée, soit au Ministre des finances, soit au Directeur général de l'Administration, selon que les travaux doivent ou non dépasser la somme de 3,000 fr.

L'approbation de la dépense faite est toujours réservée à l'Administration.

(Même règlement.)

Il est de principe, surtout en matière de constructions et de réparations de corps-de-garde ou d'embarcations, de faire former des devis supplémentaires de tous les travaux imprévus que l'on n'a pas compris primitivement sur les devis estimatifs, et d'attendre, sans suspendre les premiers travaux autorisés, pour faire procéder aux seconds, d'en avoir reçu l'autorisation. Il n'y a d'exception à cette règle que dans les cas prévus par la circulaire du 15 Nivôse an XII, c'est-à-dire si des coups de vent avaient dégradé une ouverture, si l'eau pénétrait dans les magasins et que le bâtiment ne fût pas habitable, si quelques agrès essentiels d'embarcation avaient été brisés, et qu'ils dussent être remplacés sur-le-champ. Mais ces cas sont rares, et les Directeurs sont d'ailleurs seuls autorisés à les invoquer.

Ainsi, lorsqu'il s'agira de réparations urgentes dûment

démontrées et de l'espèce de celles indiquées au paragraphe précédent, le Capitaine ou le Receveur principal devra faire rédiger un procès-verbal, le transmettre à l'Inspecteur par lettre spéciale, et, sur la demande de ce chef, le Directeur pourra en autoriser l'exécution avant la production des devis.

Les dépôts en numéraire à fournir par les soumissionnaires avant les adjudications continueront d'être reçus à Paris, à la caisse des dépôts, et, dans les départements, aux caisses des Receveurs des finances en leur qualité de préposés au Trésor.

(Arrêté du Ministre des finances du 1er Juin 1839.)

Ces dépôts provisoires seront, en ce qui concerne les soumissionnaires devenus adjudicataires, constatés à titre de cautionnement dans les écritures de la caisse des dépôts et consignations, après que les adjudicataires auront justifié de leur qualité, et après la déclaration d'usage faite par la partie versante sur le registre spécial des déclarations de consignations.

( Même arrêté. )

Les intérêts de ces cautionnements seront servis à raison de 3 p. % l'an de 360 jours, par la caisse des dépôts et consignations, à partir du 61me jour de la date du versement à titre de consignation, *c'est-à-dire de la date de la déclaration faite par les titulaires et destinée à constater la conversion de leurs dépôts provisoires de soumission en cautionnements définitifs.*

(Même arrêté.)

Les soumissionnaires doivent être informés à l'avance de ces dispositions. On devra donc, pour toutes les adjudications auxquelles il sera procédé, faire insérer, dans le cahier des charges, une clause qui, également relatée dans les affiches destinées à annoncer l'adjudication, pourra être ainsi conçue :

« Les soumissionnaires, aux termes de l'arrêté du
» Ministre des finances du 1er Juin 1839, sont tenus,
» lorsqu'ils sont devenus adjudicataires, de faire immé-
» diatement, à la Recette générale ou particulière de
»           une déclaration de conversion de leurs
» dépôts provisoires en cautionnements définitifs, et les
» intérêts de ces cautionnements ne commenceront à
» courir qu'à partir du 61me jour après la date de cette
» déclaration. »

Pour obtenir le remboursement des sommes consignées par eux, les soumissionnaires doivent produire :

1º Le récépissé du versement ;

2º Un certificat du Directeur des Douanes constatant la réception des ouvrages et portant mention que l'adjudicataire ayant exactement rempli les conditions qui lui avaient été imposées, rien ne s'oppose à ce qu'il retire le cautionnement qu'il avait fourni à titre de garantie des travaux dont il s'était chargé ;

3º Un certificat de non opposition délivré par le greffier du Tribunal civil dans le ressort duquel les travaux ont été exécutés ;

4º Quittance sous seing-privé de la partie prenante ou des bailleurs de fonds.

(Article 121 de l'Instruction générale du 1er Décembre 1851.)

S'il est stipulé dans les marchés que des à-comptes seront payés, ils ne peuvent être mandatés que sur la production et après la vérification du mémoire sommaire de la portion des travaux exécutés : les à-comptes ne doivent jamais excéder les 5/6 des droits reconnus.

(Règlement du 26 Janvier 1846.)

Il est d'usage d'exiger des entrepreneurs de travaux exécutés pour le compte de l'État qu'ils souscrivent l'engagement de livrer lesdits travaux dans un délai fixé, sous peine d'une retenue sur le prix convenu.

Une indemnité de 1 p. o|o pour chaque période de dix jours de retard, ou de 5 p. o/o d'une manière absolue, est une garantie suffisante contre la négligence des entrepreneurs.

C'est celle qui est habituellement stipulée dans les devis.

Les honoraires des architectes, lors de leur concours dans les travaux de construction des bâtiments civils, ont été établis ainsi qu'il suit, par un arrêté du Conseil des bâtiments civils près le Ministère de l'intérieur, en date du 12 Pluviôse an VII.

Savoir :

Pour la composition des plans et devis.... 1 1/2 %

Pour la formation des devis estimatifs devant servir de base aux marchés à forfait........ 1

Pour la conduite, direction et surveillance des travaux............................. 2 1/2

Total............ 5 %

Il n'est dû qu'un et demi pour cent pour le simple règlement des mémoires, et deux pour cent seulement pour le règlement avec vérification des travaux.

(Décision de l'Administration, du 20 Février 1841.)

Les acquisitions de maisons ou de terrains que peut nécessiter le service des bureaux et des corps-de-garde doivent être préalablement autorisées par le Ministre des finances. Elles sont réalisées avec le concours des préposés de l'Administration des Domaines, soit de gré à gré, soit par la voie de l'expropriation forcée pour cause d'utilité publique.

(Règlement du 26 Janvier 1846.)

Pour recevoir le prix des terrains qu'ils auraient vendus à l'État pour l'établissement de bureaux, corps-de-garde ou casernes de Douanes, les vendeurs doivent fournir la preuve officielle que les formalités hypothécaires prescrites par les articles 16, 17 et 19 de la loi du 3 Mai 1841, ont été remplies (1).

Les justifications à produire à l'appui du mandat sont :

1° Une copie de la décision administrative ;
2° Une copie de l'acte d'acquisition ;
3° La quittance du prix de vente.

(Règlement du 26 Janvier 1846.)

Lorsque des faits nouveaux tels que l'agrandissement des ports, l'ouverture des voies de communication, la construction d'entrepôts, etc., doivent donner lieu à des modifications dans l'organisation du service, et par suite à un accroissement de dépenses, il est indispen-

---

(1) L'article 16 combiné avec l'article 19 de la loi du 3 Mai 1841, veut que l'acte d'achat soit transcrit au bureau des hypothèques.

L'article 17 prescrit aux créanciers de se faire inscrire dans la quinzaine de la transcription.

L'article 19 se borne à permettre à l'Administration de payer, sans formalités hypothécaires, les achats qui ne dépassent pas 500 fr.

Lorsque le certificat du Conservateur des hypothèques, délivré quinze jours après la transcription, constate l'existence d'hypothèques judiciaires ou conventionnelles, l'Administration, au lieu de faire aux créanciers inscrits les notifications indiquées par l'article 2183 du Code civil, enjoint au vendeur de rapporter mainlevée de toutes les inscriptions existantes dans les quatre-vingt-dix jours de la date du contrat ; à défaut de quoi, elle dépose son prix à la caisse des dépôts et consignations, après avoir purgé les hypothèques légales. Pour cet effet, la consignation sans offres réelles préalables doit toujours être stipulée par une clause expresse du contrat.

(Règlement du 26 Janvier 1846.)

sable d'en informer l'Administration à l'origine ou au moins au mois de Septembre, époque de la préparation des éléments du budget.

(Décision du 19 Février 1848.)

Aux termes du § 563 de la nomenclature annexée au règlement du 26 Janvier 1846, les pièces à produire pour les travaux adjugés sont :

1º Le procès-verbal d'adjudication appuyé du cahier des charges ;

2º Le certificat de réalisation du cautionnement ;

3º L'approbation de l'Administration ;

4º Le procès-verbal de réception des travaux ;

5º Le mémoire de l'entrepreneur, dûment réglé et arrêté.

---

Achat et entretien de poids, balances et ustensiles de bureaux.

(Voir à la page 45, les règles générales qui concernent le matériel, et la circulaire de l'Administration nº 2113 du 16 Mai 1846, pour la rédaction des devis et des mémoires.)

Les nécessités du service commandent souvent de faire procéder immédiatement aux réparations des ustensiles de visite, afin de ne pas suspendre les opérations. Dans ce cas, le Receveur doit, avant tout, entretenir l'Inspecteur de l'état des choses par rapport spécial, et réclamer la sanction de la mesure qu'il va prendre, sauf à adresser, quelques jours après, le devis justificatif de la dépense.

Dans toute douane dont le travail est régulier et bien surveillé, la vérification des poids et mesures employés doit être faite fréquemment par les employés eux-mêmes qui, à cet effet, doivent comparer les poids en usage avec ceux qui sont conservés avec soin comme étalons. Dès qu'un poids présente quelques défectuosités, il est ajusté, sur-le-champ, de la manière la plus économique, par des ouvriers au choix de l'Administration, et la reconnaissance des Vérificateurs des poids et mesures ne sert ainsi qu'à constater leur justesse. Dans ce dernier cas, ces agents ne sont en droit d'exiger aucun salaire pour prix de leur opération qui se réduit à une simple inspection.

(Circulaire du 9 Novembre 1821, n° 682.)

Aux termes des circulaires de l'Administration, n° 1634, 2113 et 2439, et de la Comptabilité générale du 18 Juillet 1851, n° 468-57, les objets hors de service doivent être livrés aux Domaines ou bien être vendus ou cédés par l'Administration, mais à charge de faire recette du prix de vente ou de cession au compte du Trésor (2e partie du bordereau chapitre 1er, article 6. — *Recouvrements pour des tiers*). Par suite de cette disposition, quand, par exemple, sur un mémoire qui s'élève à 32 fr., il est cédé des objets hors de service pour une somme de 2 fr., il y a lieu de porter en dépense la somme totale de 32 fr., montant du mémoire dont il s'agit. L'acquit du fournisseur doit aussi être donné pour la somme de 32 fr., mais en spécifiant tant en espèces, tant en valeur d'objets repris.

Les Directeurs des Douanes, dans les départements, sont autorisés à consentir les dépenses désignées au présent titre, lorsqu'elles n'excèdent pas 50 fr. Ils agissent alors sous leur responsabilité, l'Administration se réservant de rejeter celles de ces dépenses qu'elle ne jugerait pas régulièrement faites ou justifiées.

Les Directeurs peuvent également autoriser, sous leur responsabilité, les dépenses qui présenteraient un véritable caractère d'urgence, à la charge d'en rendre immédiatement compte à l'Administration, en justifiant du motif d'urgence.

Pour la dépense de plus de 50 fr., l'autorisation préalable de l'Administration est nécessaire; elle est accordée au vu d'un devis des travaux à exécuter ou d'un bordereau des achats à consommer, accompagné du certificat du chef du service local, attestant la nécessité des dépenses et la modération du prix.

(Règlement du 26 Janvier 1846.)

Quand on adresse à l'Administration un devis pour la confection de balances à plateaux, on doit toujours faire connaître exactement le poids du fléau, des chaînes et de la ferrure des plateaux de chaque balance neuve. Ce renseignement, généralement exigé, est aujourd'hui fort utile comme point de comparaison.

(Lettre de l'Administration du 21 Novembre 1842.)

En général, l'achat et l'entretien des rideaux doivent rester à la charge des Receveurs qui jouissent d'allocations pour frais de loyer, de bureaux, etc.

(Lettre de l'Administration du 11 Mars 1842.)

Les mémoires et les diverses pièces justificatives des dépenses qui excèdent 50 fr., sont adressés à l'Administration, qui, après examen de ces pièces, liquide la dépense et adresse l'arrêté de la liquidation au Directeur local qui délivre les mandats de paiement.

(Règlement du 26 Janvier 1846.)

---

Frais de transport de fonds, de paquets, ballots et échantillons.

L'Administration autorise les Receveurs des Douanes à effectuer eux-mêmes le versement des fonds qui excèdent leurs dépenses.

Les frais que ces versements entraînent leur sont payés sur des états établis en conséquence et appuyés des quittances qui s'y rapportent.

Les quittances données par les employés doivent relater le chiffre de la somme versée.

Lorsqu'un Receveur principal des Douanes n'a que des mandats à verser au Receveur des finances, il peut, afin d'éviter des frais inutiles au Trésor, les lui adresser par la poste. Il reçoit également par la même voie les récépissés de ce dernier comptable.

Le Receveur des Douanes qui a effectué le versement peut, d'ailleurs, en se conformant aux dispositions des articles 47 et 48 de l'ordonnance du 17 Novembre 1844, faire charger au bureau des postes le paquet renfermant les mandats, afin de mettre sa responsabilité entièrement à couvert. Il est entendu que ce mode de transmission de mandats ne doit être employé que quand le Receveur n'a pas de numéraire à verser.

(Lettre de l'Administration du 10 Juillet 1841.)

Les agents du Trésor devront, lorsqu'ils seront dans la nécessité de requérir des escortes, s'adresser à l'Autorité locale, c'est-à-dire aux Préfets, Sous-Préfets et même aux Maires, suivant les localités, pour faire faire ces réquisitions ou *viser* celles qu'ils auraient eux-mêmes rédigées et signées.

(Circulaire du 11 Juin 1825, n° 948.)

Les transports de paquets, ballots et échantillons se divisent en deux catégories :

1° Les transports de Paris aux chefs-lieux des directions de Douanes dans les départements ;

2° Les transports dans l'étendue territoriale des directions.

Un marché est passé avec une entreprise de roulage à Paris, pour les envois destinés aux départements; ce marché doit être soumis à l'approbation du Ministre. Les expéditions arrivent sans frais à payer à leur réception : c'est l'Administration qui, sur la production des mémoires de l'entreprise des transports dûment arrêtés, et au vu des pièces justificatives de l'exécution du service, liquide la dépense, et le Directeur général qui la mandate. Chaque envoi est accompagné d'un acquit-à-caution tenant lieu de lettre de voiture. Lorsque les envois ne sont pas parvenus dans le délai fixé, il y a lieu de faire les retenues prescrites par le traité passé par le Ministre des finances avec les Compagnies des chemins de fer (voir la Circulaire de l'Administration du 29 Décembre 1856, n° 439), sauf justification légale des retards pour cause de force majeure. Ces retenues pour les envois qui ne sont pas payables à destination sont exercées à Paris sur les mémoires au vu des récépissés que, *pour tous les envois indistinctement*, les destinataires doivent détacher de l'acquit-à-caution et transmettre dûment remplis à l'Administration (2me *Division*, 4me Bureau).

(Lettre de l'Administration du 4 Février 1857.)

Quant aux transports dans l'intérieur des directions, les frais en sont acquittés comme dépense d'urgence, par les Receveurs des Douanes, entre les mains des voituriers et sur la production de lettres de voiture ou de quittances : ces paiements, inscrits sur-le-champ en dépense définitive, dans les écritures des comptables, sont immédiatement régularisés au moyen de mandats que délivrent les Directeurs, d'après la demande des Receveurs. Les pièces justificatives de ces dépenses sont adressées, dans les premiers jours du mois suivant, à l'Administration qui, après en avoir reconnu la régularité et la validité, liquide les dépenses et joint ces arrêtés de liquidation aux pièces qu'elle envoie dans les bureaux de la Comptabilité générale.

(Règlement du 26 Janvier 1846.)

#### DÉPENSES DIVERSES ET IMPRÉVUES.

Les dépenses diverses et imprévues sont soumises aux mêmes modes d'administration, de comptabilité et de paiement que celles relativement à l'achat et à l'entretien des poids, balances et ustensile des bureaux.

(Règlement du 26 Janvier 1846.)

### ARTICLE 4.

#### DÉPENSES DIVERSES. DÉPENSES FIXES ABONNÉES.
##### Loyer des bureaux et des corps-de-garde.

Pour tous les bureaux tant principaux que particuliers occupés en vertu de baux passés au nom de l'Administration, les propriétaires bailleurs seront portés comme parties prenantes sur les états de frais de loyer, lesquels seront appuyés des quittances de ces mêmes bailleurs, ou de leurs émargements quand il s'agira d'une somme n'excédant pas dix francs.

L'émargement des Receveurs ne sera plus admis que pour les seules sommes qui continueront à leur être allouées à titre d'abonnement dans les localités où il n'aurait pas encore été fait de baux au nom de l'Administration. Il sera aussi justifié des titres en vertu desquels les loyers auront été payés; les Receveurs indiqueront, à cet effet, dans une colonne ouverte sur l'état des frais de loyer, la nature de ces titres et la production qui en a été faite, soit en originaux pour les certificats de locations verbales, soit en copies dûment certifiées pour les baux. A l'égard des sommes allouées pour abonnement, il suffira de la mention qui sera faite sur l'état de cette espèce d'allocation.

Par suite de ces dispositions, les comptables seront dispensés de renouveler annuellement la production des copies des baux; une seule suffira pour toute la durée du bail.

(Circulaire de la Comptabilité générale du 20 Décembre 1841, n° 214-38.)

Les baux relatifs au loyer des corps-de-garde sont valables par la seule approbation du Directeur, sans que ce chef soit tenu d'en référer à l'Administration, toutes les fois que le prix sera conforme à l'allocation portée en l'état de frais de régie, à moins cependant qu'il n'y ait quelque clause d'une nature tout-à-fait exceptionnelle.

(Circulaire du 14 Février 1833, n° 1373.)

Les dépenses pour passages d'eau et autres dépenses par abonnement seront réunies aux loyers des bureaux pour ce qui concerne le service administratif et de perception, et aux loyers des corps-de-garde pour ce qui regarde le service des brigades.

(Circulaire lithographiée de la Comptabilité générale du 9 Novembre 1844.)

Les paiements pour frais de loyer sont effectués par trimestre ou par semestre, selon les conditions portées dans les baux, lorsqu'il en a été passé au nom de l'Administration; mais pour un grand nombre de bureaux particuliers, les frais de loyer ne résultent point de semblables actes; ils sont payés à titre d'abonnement par trimestre.

Aux époques de paiement, des états des droits acquis, soit aux propriétaires, soit aux agents des douanes responsables du paiement des loyers, sont formés et arrêtés par les Receveurs principaux, tant pour les bureaux de la direction et les bureaux de perception, que pour les corps-de-garde. Ces états sont certifiés par les Inspecteurs ou par les Sous-Inspecteurs, et visés par les Directeurs.

(Règlement du 26 Janvier 1846.)

Aucune personne ne sera recevable à former contre l'Administration des Douanes de demande en paiement de loyers, deux ans après l'époque où les sommes réclamées auraient dû être payées.

(Art. 25 du titre XIII de la loi du 22 Août 1791.)

L'Administration n'a à supporter le prix du loyer que pour les locaux réellement affectés à l'usage de corps-de-garde, et non des pièces voisines qui, dans certaines localités, peuvent servir à l'habitation personnelle des préposés ou de leurs familles.

(Circulaires du 26 Novembre 1817 et du 14 Février 1833, n° 1373.)

Les parties des bâtiments possédés ou loués par l'Administration qui servent de bureaux, de magasins, etc., sont exemptes de la contribution des portes et fenêtres.

(Art. 5 de la loi du 4 Frimaire an VII. Circulaire de l'Administration du 22 Octobre 1835, n° 1511.)

L'Administration doit rester étrangère à tout paiement de contributions; car la contribution foncière est de plein droit à la charge du propriétaire qui loue son bâtiment à l'Administration, et la contribution personnelle et mobilière, qui est de plein droit à la charge des locataires, est, d'après l'article 15 de la loi du 21 Avril 1832, imposée nommément aux fonctionnaires et employés qui ont le logement gratuit aux frais de l'État.

(Circulaire du 22 Octobre 1835, n° 1511.)

Tout bail à loyer qui sera passé au nom de l'Administration devra contenir la clause suivante: « Il est » entendu que le propriétaire n'aura rien à payer pour » contributions des portes et fenêtres. » Toute autre stipulation relative aux contributions est superflue dans les mêmes baux et doit être écartée.

(Même circulaire.)

En cas d'incendie des bâtiments loués par l'Administration, sa responsabilité serait mise parfaitement à couvert si les baux passés en son nom mentionnaient la clause suivante :

« Le bailleur, par dérogation aux articles 1733 et 1734
» du Code civil, renonce, pour lui et ses ayants droit, à
» exercer, en cas d'incendie, aucune espèce de recours ou
» action, soit contre l'Administration, soit contre ses
» agents. »

(Circulaire du 5 Septembre 1843, n° 1986.)

Il serait désirable aussi que les baux continssent une clause ainsi conçue :

« En cas de suppression ou de déplacement du bureau
» (ou de la brigade), le bail pourra être résilié sans autre
» indemnité que le paiement du trimestre commencé,
» nonobstant tout usage local. »

(Lettre de l'Administration du 12 Septembre 1851.)

Les baux passés au nom de l'Administration doivent être enregistrés gratis.

(Circulaire du 27 Septembre 1823, n° 820.)

Le timbre de ces actes est aussi gratis.

(Circulaire manuscrite de l'Administration du 14 Septembre 1833.)

On doit s'occuper du renouvellement des baux passés au nom de l'Administration un an ou dix-huit mois avant leur expiration.

(Circulaire lithographiée de l'Administration du 23 Janvier 1847.)

Les lois des 5 Novembre 1790 (art. 4) et 22 Avril 1791 (titre 13, article 4), ainsi que les arrêtés des 29 Frimaire et 9 Prairial an VI, concèdent à l'Administration des

Douanes la faculté d'obtenir, au besoin, par voie de réquisition, et sous certaines conditions, la jouissance des maisons ou parties des maisons nécessaires au service, soit pour l'installation des bureaux et corps-de-garde, soit pour le logement des employés.

Ces lois et ces arrêtés sont toujours en vigueur.

C'est à l'autorité municipale, c'est-à-dire au Maire, et sur son refus à l'autorité départementale, c'est-à-dire au Préfet, qu'il appartient de statuer sur les réquisitions ayant pour objet la désignation de maisons ou de parties de maisons à affecter au service des Douanes (1). Ces

---

(1) Voici un modèle de réquisition qu'il serait désirable de voir adopter par les Maires, de manière à prévenir toute difficulté.

Le Maire de la commune de            département de

Vu les lois du 5 Novembre 1790, article 4, et du 22 Avril 1791, titre III, article 4, ainsi que les arrêtés du Gouvernement des 21 Frimaire et 9 Prairial an VI.

Sur la demande du sieur (nom et grade) des Douanes, portant qu'il y a impossibilité de se procurer à l'amiable l'emplacement nécessaire pour installer le bureau de cette Administration en cette commune, ou pour loger le sieur (nom et grade), de la brigade de cette résidence (ayant avec lui une femme et    enfants), et que l'Administration des Douanes doit recourir à l'autorité municipale, afin de pourvoir à ce besoin d'utilité publique, requiert le sieur propriétaire en cette commune, de mettre à la disposition dudit sieur     (receveur ou préposé)     pièces de sa maison, savoir :

au rez-de-chaussée         , à l'étage supérieur, etc.

En cas de dissentiment sur le prix de location, il sera statué par M. le Préfet du département, conformément à la loi.

La présente réquisition, exécutoire, immédiate et d'urgence, nonobstant toute opposition et pourvoi, sera notifiée au sieur propriétaire, par le sieur (désigner les noms et qualités) lequel demeure chargé d'en assurer l'exécution en se faisant assister au besoin de la force publique.

Fait en Mairie, à           le

réquisitions, faites par écrit, doivent toujours être précédées d'une démarche personnelle du Receveur et du Capitaine (selon qu'il s'agit de bureaux ou de brigades), ou mieux encore, s'il est possible, de l'Inspecteur auprès du Maire, afin d'entrer préalablement avec lui dans les explications convenables. S'il y a, de sa part, refus d'obtempérer à la réquisition, lequel refus doit être donné par écrit, l'intervention du Préfet devient nécessaire, et elle doit être réclamée par l'intermédiaire du Directeur. Dans le cas, peu probable d'ailleurs, où le Préfet élèverait quelques objections, il devrait en être rendu compte immédiatement à l'Administration. Quand, au contraire, ainsi que cela se produira le plus habituellement, l'arrêté portant désignation des logements frappés de réquisition aura été rendu sans difficulté par l'une des autorités compétentes, et que cet arrêté aura été dûment notifié (1) aux propriétaires ou locataires, il arrivera de deux choses l'une : ou l'arrêté recevra son exécution pure et simple, du consentement des propriétaires ou locataires, ou bien ils se refuseront à vider les lieux. Dans cette dernière hypothèse, comme l'autorité administrative, agissant dans la sphère qui lui est propre, a reçu de son institution même le pouvoir de faire exécuter ses arrêtés, le Préfet ou même le Maire peut employer la force armée pour obtenir du propriétaire la cession de la partie de sa maison frappée de réquisition ou pour évincer un locataire récalcitrant. Il n'y a pas d'autre marche à suivre, car c'est dans cette forme que

---

(1) En matière administrative, les notifications sont faites par un agent de l'autorité ou de la force publique. Aussi, il est inutile d'employer le ministère d'un huissier ; la notification peut être faite par un gendarme, un sergent de ville, le garde champêtre de la commune.

s'exécutent les décisions administratives lorsqu'elles rencontrent de l'opposition. Il suffirait donc, dans l'espèce, que l'arrêté de désignation de l'autorité compétente fût remis par elle en bonne forme, avec un réquisitoire, à la gendarmerie, pour qu'elle eût à installer les employés dans les logements désignés.

Bien loin de faire intervenir l'autorité judiciaire, comme on en a eu quelquefois la pensée, il conviendrait, si le propriétaire ou le locataire auquel aurait été notifiée une réquisition, introduisait un référé devant cette autorité, de décliner sa compétence, avec demande de renvoi à la juridiction administrative, sauf à la partie intéressée à se pourvoir près du Ministre de l'intérieur et ensuite près du Conseil d'État, sans que ce recours puisse toutefois entraîner un ajournement dans l'exécution provisoire. Dans le cas où l'autorité judiciaire ferait difficulté de reconnaître son incompétence, le Directeur aurait à se concerter avec le Préfet, afin que le conflit fût élevé.

Une autre hypothèse est à prévoir, celle où il s'agirait, à défaut de toute autre habitation disponible dans la commune, de faire maintenir un employé des Douanes en jouissance du logement qu'il occupe et dont il lui aurait été donné congé. Dans l'espèce, le mode de procéder à adopter est le même que celui qui vient d'être indiqué.

Enfin, pour ce qui concerne le prix des loyers, la loi veut que s'il ne peut être réglé à l'amiable, il soit fixé par le Préfet, soit d'après les baux existants ou l'usage, soit à dire d'experts convenus ou nommés d'office par le même fonctionnaire. Ici encore tout est du domaine administratif, à l'exclusion du pouvoir judiciaire. Aussi, en cas de contestation, la connaissance devrait-elle en appartenir au Conseil de Préfecture, d'abord, et ensuite, s'il y avait pourvoi, au Conseil d'État.

( Circulaire lithographiée de l'Administration du 4 Février 1847. )

Les contrats passés au nom de l'État ou des Administrations qui le représentent doivent être rédigés sur papier libre. En effet, ils sont enregistrés gratis par le motif que l'État ne peut se payer d'impôt à lui-même, et le visa gratis pour timbre est la conséquence de cet enregistrement gratuit.

(Lettre de l'Administration du 6 Septembre 1844.)

---

Chauffage et éclairage des bureaux et des corps-de-garde.

Les Receveurs principaux et particuliers et les brigadiers buralistes émargent pour les sommes qui leur reviennent.

Les Capitaines de brigades touchent les sommes allouées pour frais de chauffage et d'éclairage aux corps-de-garde dépendant de leurs arrondissements.

L'usage s'est établi de lui-même, dans beaucoup de directions, que les Capitaines, après avoir touché à chaque terme les allocations pour bois et lumière, remissent à chaque brigadier la somme afférente à son poste, et que celui-ci tînt sur un carnet spécial le compte de ses recettes et de ses dépenses. Cet usage doit être généralisé.

Les Capitaines et les Lieutenants vérifieront les dépenses faites et l'existence des fonds restant disponibles.

A la fin de l'année, le relevé total des recettes et des dépenses sera dressé par le Capitaine pour tous les corps-de-garde de sa division et soumis à l'Inspecteur.

(Circulaire du 14 Février 1833, n° 1373.)

Les sommes allouées pour chauffage et éclairage des bureaux et des corps-de-garde sont payées par trimestre et à l'avance.

La liquidation, l'ordonnancement et le paiement ont lieu suivant le mode établi pour les frais de loyer.

(Règlement du 26 Janvier 1846.)

## ARTICLE 5.

#### DÉPENSES ADMINISTRATIVES.

**Indemnités de tournée et de déplacement des Inspecteurs et Sous-Inspecteurs divisionnaires.**

Les allocations de l'espèce sont payées par semestre.

Chaque année, dans le courant des mois de Janvier et de Juillet, la Direction fait connaître à l'Administration, au moyen d'un état auquel doivent être joints les rapports sommaires pour les mois de Décembre et de Juin précédents (décision de l'Administration du 21 Février 1850), les agents qui ont droit à ces indemnités. Celle-ci en fixe le taux et établit un état général qu'elle soumet au Ministre; lorsqu'elle a obtenu l'approbation de ce dernier, elle extrait de cet état général ce qui concerne chaque Direction; elle en forme des états particuliers qu'elle adresse aux Directeurs avec autorisation d'en faire payer le montant.

Il est de principe que les allocations attribuées aux chefs divisionnaires pour indemnités de tournées ne leur sont acquises que du jour de leur entrée en fonctions. C'est, en effet, à cet instant seulement que commencent pour eux les frais dont ces allocations sont destinées à les couvrir.

( Lettre de l'Administration du 18 Avril 1847. )

Les frais de tournées se rapportent au temps même de leur durée, et grèvent le budget de chacune des années pendant lesquelles les services qui les occasionnent ont été exécutés.

( Règlement du 26 Janvier 1846. )

**Frais de fourrage des brigades de cavalerie.**

Les indemnités allouées aux préposés de brigades à cheval pour fourrage et entretien de leurs chevaux sont payées par mois sur des rôles ou états nominatifs arrêtés par les Capitaines de brigades, certifiés par les Inspecteurs et visés par les Directeurs.

(Règlement du 26 Janvier 1846.)

---

**Indemnités de résidence aux préposés placés dans les grandes villes.**

Ces indemnités n'étant pas attachées à la personne, mais à la résidence, doivent être affranchies de la retenue du 5 % et de celle du premier douzième.

En ce qui concerne la retenue de moitié en cas de congé, il est à considérer que la cherté du loyer est une des considérations principales qui ont motivé la concession de l'indemnité, et que, dans les grandes villes, les agents subalternes des brigades sont, pour la plupart, des hommes mariés dont l'absence ne diminue en rien les charges de famille. Il y a lieu, par ces motifs, de dispenser également de cette retenue les indemnités allouées aux employés de cette classe pour cause de cherté de loyers à la résidence.

(Circulaire du 23 Décembre 1841, n° 1892.)

Les excédants restés disponibles sur les délégations concernant les indemnités de résidence, soit par suite de vacances d'emploi, soit à cause de fractions de centimes négligées dans les décomptes individuels de l'année, doivent être répartis en Décembre et le crédit employé pour ce mois devra balancer cette différence.

(Lettre de l'Administration du 2 Décembre 1851.)

#### Indemnités de premier établissement aux sous-officiers admis dans le service actif des Douanes.

Tout sous-officier de l'armée, ayant contracté un réengagement et présenté à l'Administration par le Ministère de la guerre, sur la désignation de son régiment et la recommandation des Inspecteurs généraux d'armes, est placé, à son début, dans une brigade de ville ou ambulante, au traitement de 650 fr. ou même de 700 fr., suivant les localités.

Quant à ses frais de premier établissement, il y sera pourvu au moyen d'une mesure concertée entre les départements de la guerre et des finances, et par suite de laquelle un fonds de 2,000 fr. est ouvert chaque année au budget sous le titre rappelé ci-dessus.

Lorsqu'un sous-officier de la catégorie dont il s'agit aura été admis et commissionné, sur la proposition du Ministère de la guerre, et d'après l'ordre de l'Administration, une somme de 100 fr. sera prélevée en sa faveur sur ledit fonds de 2,000 fr.; sur ces 100 fr., 60 seront versés comme première mise à sa masse d'habillement et d'équipement, ce qui ne dispensera pas d'y verser aussi sa masse militaire, et 40 fr. lui seront comptés à son arrivée à son poste, afin qu'il puisse vivre en attendant la solde du second mois d'exercice. Le Receveur principal se fera délivrer une quittance motivée de la somme de 100 fr., et imputera la dépense sur le fonds de 2,000 fr. alloué au budget.

(Circulaire de l'Administration du 6 Avril 1847, n° 2167.)

---

#### Indemnité représentative de la taxe de plombage et d'estampillage dont le commerce est exonéré en matière de cabotage et de mutation d'entrepôt.

La taxe de plombage, à raison de 50 c. par plomb, cessera d'être perçue à l'égard des marchandises expédiées d'un port à un autre port de France, sous le régime du cabotage, des mutations d'entrepôt et des transbordements, bien que ces marchandises demeurent assujetties à la formalité du plombage dans les cas déterminés par la loi du 2 Juillet 1836 (articles 20 et 21).

(Décret du 21 Mars 1852.)

Un crédit de 460,000 fr., destiné à tenir lieu, pour les employés des Douanes, du complément de traitement qui, en vertu des lois et règlements antérieurs, leur était assuré dans le produit du plombage, est ouvert chaque année au budget.

Voici le mode à suivre pour l'application d'une partie de ce fonds spécial à la portion des frais afférents au plombage gratuit, et pour la distribution aux employés de l'excédant qui leur est destiné.

Le nombre et le prix des plombs apposés gratuitement devront être inscrits, jour par jour, et pour chaque expédition, sur un registre, série E, n° 64, ouvert spécialement à cet effet. A la fin du mois, ce registre, dûment totalisé, offrira ainsi les éléments d'appréciation nécessaires pour les opérations ultérieures.

En ce qui touche les frais, les dépenses qu'ils occasionneront figureront provisoirement, comme par le passé, aux avances à recouvrer; mais deux modes de procéder différents seront suivis pour la régularisation définitive de ces avances, selon que, pendant le mois, il aura été apposé des plombs de cabotage et de mutation d'entrepôt seulement, ou qu'indépendamment de ces plombs il en aura été appliqué d'autres payés par le commerce.

Dans le premier cas, la totalité des frais sera imputée sur le fonds de 460,000 fr., et les pièces justificatives, appuyées d'un mandat du Directeur, feront l'objet d'une liquidation administrative.

Dans la seconde hypothèse, le prélèvement s'effectuera au prorata du nombre de plombs afférent à chaque catégorie. Par exemple, s'il existe 100 fr. de frais et qu'il ait été apposé 1000 plombs, dont 700 gratuits et 300 acquittés par le commerce, on imputera 70 fr. sur le crédit spécial de 460,000 fr. au moyen d'une liquidation, et 30 fr., dans la même forme qu'aujourd'hui, sur le produit des taxes recouvrées. Les justifications concernant la dépense entière accompagneront l'état mensuel de répartition de ces taxes, et on le revêtira d'une annotation ainsi conçue :

« Les frais dont il est justifié par les pièces ci-jointes
» s'élèvent à 100 fr., mais ils ne seront compris ci-dessus
» que pour 30 fr., le surplus, soit 70 fr., figurant aux
» dépenses administratives. » La liquidation relative à cette dernière partie des frais devra être appuyée d'un mandat délivré par le Directeur, et d'un certificat de renvoi établi par le comptable, conformément au modèle faisant suite à la présente (1).

Quant à la portion du fonds de 460,000 fr. revenant aux employés, pour mettre l'Administration en mesure

---

(1)

DIRECTION
d

PRINCIPALITÉ
d

BUREAU
d

Le Receveur principal des Douanes soussigné, certifie que pendant le mois de                18
il a été apposé au bureau de
            plombs, dont            aux frais du commerce
et            gratuitement, conformément au décret du 21 Mars 1852. Par suite, selon les prescriptions de la circulaire n° 23, une somme totale de
à laquelle s'élèvent les frais,            fr. ont été imputés sur les taxes de plombage et            fr. font l'objet de la liquidation à laquelle est annexé le présent certificat. Les pièces justificatives de la dépense dans son ensemble, sont jointes à la chemise C, n° 45 (ancienne série F B, n° 98) comprise dans la comptabilité du mois de
                A            le            18

Vu par l'Inspecteur

d'en effectuer la distribution, les Directeurs auront à fournir un état indiquant par bureau, savoir :

1º La somme qu'aura reçue chaque ayant droit sur le produit ordinaire des taxes de plombage ;

2º Celle qui, d'après le nombre de plombs de cabotage ou de mutation d'entrepôt gratuitement apposés, aurait pu lui être attribuée, si ces plombs avaient encore donné ouverture au recouvrement de la taxe.

Les indemnités accordées aux employés sur le fonds de 460,000 fr. leur sont payées par mois sur l'autorisation des Directeurs, mais leur montant réuni à la somme qui est attribuée dans la répartition du produit des taxes de plombage ne doit jamais dépasser la somme maximum fixée.

(Circulaire manuscrite de l'Administration du 27 Janvier 1854.)

#### Indemnités aux femmes chargées de concourir au service des visites à la frontière.

L'allocation de ces indemnités est faite par les Directeurs. Ceux-ci doivent cependant soumettre à l'approbation de l'Administration toute allocation dont le montant annuel s'élèverait à 400 fr. et au-dessus.

L'ordonnancement et le paiement de ces dépenses s'effectuent à l'expiration de chaque mois, d'après les règles prescrites pour les *indemnités de résidence aux agents inférieurs des brigades placés dans de grandes villes.*

(Règlement du 26 Janvier 1846.)

#### Indemnités aux employés blessés, et secours aux veuves et orphelins.

Les dépenses pour indemnités aux employés blessés ne doivent avoir pour objet que le prix des médicaments et les honoraires des médecins, et, dans certains cas, l'achat d'aliments extraordinaires, les gages de garde-malade et les dépenses faites aux eaux par des employés de brigades à la nomination des Directeurs.

(Circulaire du 15 Mars 1833, n° 1377.)

Les états de frais dressés et signés par les employés blessés sont inadmissibles. On doit toujours produire les mémoires des parties prenantes, c'est-à-dire de celles qui ont fait les fournitures ou donné les soins.

(Même circulaire.)

Chaque mémoire doit être revêtu d'attestations du Capitaine et de l'Inspecteur, constatant que réellement les fournitures ont été faites et les soins donnés, et que les prix sont modérés. Quant à la garde-malade, qui ne peut être donnée qu'à l'employé garçon ou veuf sans enfants en état de le soigner, les chefs devront, lorsqu'il y aura lieu, faire mention, dans leur certificat, de la position de l'employé sous ce rapport.

(Même circulaire.)

Les médecins qui auront prescrit la fourniture de médicaments ou d'aliments extraordinaires devront attester qu'elle a eu lieu sur leurs ordonnances, et, en ce qui concerne les aliments particuliers, qu'ils étaient indispensables pour la guérison du malade.

(Même circulaire.)

Si le médecin n'est pas à la résidence du malade, il devra indiquer dans son mémoire, non-seulement le détail de ses visites, mais encore la distance qu'il a eue à parcourir pour porter ses soins.

(Même circulaire.)

Les employés de brigades qui seront autorisés à se rendre aux eaux, sous la promesse du remboursement de leurs frais de traitement, devront rapporter des mémoires certifiés par les Inspecteurs des eaux, et visés pour légalisation par l'autorité locale.

( Même circulaire. )

Lorsque la dépense du traitement sera justifiée par plusieurs mémoires, ceux-ci seront accompagnés d'un état récapitulatif dressé par le Capitaine de brigades.

( Même circulaire. )

Il sera fourni, à l'appui de chaque demande, des copies textuelles des mémoires et de l'état récapitulatif, lesquelles resteront déposées dans les bureaux de l'Administration.

( Même circulaire. )

Tout paiement effectué sur les fonds du Trésor, en vertu d'une décision régulière pour secours aux veuves, indemnités, etc., devra être appuyé à l'avenir, indépendamment du mandat, de l'arrêté de liquidation et de la quittance, d'une copie dûment certifiée de la décision qui alloue le secours ou l'indemnité, et qui établit l'individualité et le droit de la partie prenante.

( Circulaire de la Comptabilité générale du 12 Novembre 1832, n° 20-22. )

Les secours aux veuves et orphelins sont alloués sur des demandes motivées présentées par les chefs de service et transmises avec un avis favorable par le Directeur local.

( Règlement du 26 Janvier 1846. )

---

**Secours aux agents inférieurs des Douanes en raison de la cherté des subsistances.**

Les secours sont personnels; en cas de non paiement lors du décès du titulaire, ses héritiers ou représentants ne peuvent y avoir droit qu'en vertu d'une nouvelle décision.

( Règlement du 26 Janvier 1846. )

Les allocations de l'espèce ne sont sujettes à aucune retenue.

( Lettre de l'Administration du 22 Mars 1847. )

---

Condamnations et frais judiciaires à la charge de l'État, primes pour arrestations de fraudeurs, et frais de saisies non recouvrables.

Il arrive quelquefois que l'Administration est obligée, pour le bien de son service, d'entamer et de soutenir des procédures dont la dépense ne peut en définitive être acquittée par les prévenus, ni prélevée sur un produit de saisie nul ou insuffisant; mais le plus souvent aussi ce produit s'échappe par l'irrégularité des procès-verbaux et des autres actes de procédure confiés aux Receveurs ou par leur négligence.

Il serait injuste que le Trésor eût à acquitter des frais qui seraient mis à sa charge par la faute des employés. Ceux-ci, et particulièrement les Receveurs, qui sont alors de droit responsables, seront personnellement tenus d'acquitter les frais de saisies non recouvrables qu'ils auront occasionnés.

( Circulaire du 25 Mai 1817, n° 279. )

Le paiement des gratifications allouées pour arrestation d'individus insolvables trouvés porteurs de contrebande ne peut être alloué en dépense qu'après que les fraudeurs ont été condamnés par jugements passés en force de chose jugée ou qu'il est intervenu un arrangement définitif.

( Circulaires des 23 Juillet 1846 et 8 Octobre 1833, n° 1405.)

Avant toute division, l'on doit imputer sur les sommes payées pour condamnations encourues, le montant des frais de justice en y ajoutant, suivant les cas, le montant de la gratification de capture qui serait due aux saisissants.

(Circulaires des 24 Juin 1824 et 6 Décembre 1832, nos 870 et 1357.)

Les Directeurs doivent tenir la main à ce que les demandes en allocation de primes de capture soient toujours formées aussitôt qu'il aura été possible de réunir les pièces exigées pour la justification du paiement (1). Le dossier sera immédiatement transmis à l'Administration, qui doit ordonnancer le montant de la somme qui en forme le montant.

(Circulaire de l'Administration du 8 Octobre 1835, n° 1405.)

Les frais de poursuites et d'instance et autres frais judiciaires appartiennent à l'année pendant laquelle le paiement en est ordonnancé. Pour les condamnations prononcées à la charge de l'État, l'exercice est déterminé par la date des jugements ou arrêts définitifs.

(Règlement du 26 Janvier 1846.)

### DÉPENSES SUR CRÉDITS EXTRAORDINAIRES.

L'emploi des fonds payés sur crédits extraordinaires pour appointements se justifie par la production de rôles particuliers dûment émargés. Les dépenses sont inscrites d'une manière distincte sur les livres de caisse, et font l'objet d'articles spéciaux sur les bordereaux mensuels.

(Lettre de l'Administration du 26 Avril 1847, timbrée, 3me division, 2e bureau.)

---

(1) On doit produire : la copie du procès-verbal, la copie de l'extrait, soit du jugement de confiscation, soit de la décision approbative d'une transaction dans laquelle il aurait été positivement stipulé que la gratification serait payée, et enfin la quittance des préposés.

## CHAPITRE II.

### REMBOURSEMENTS ET RESTITUTIONS, NON-VALEURS, PRIMES ET ESCOMPTE.

#### ARTICLE 1er.

##### REMBOURSEMENTS SUR PRODUITS INDIRECTS ET DIVERS.

Admission en non-valeur de droits réglés en traites ou obligations de crédit dont le montant n'a pu être réalisé.

Lorsque des traites ou obligations admises en paiement de droits n'ont pu être réalisées, et que, sur la proposition de l'Administration des Douanes et le rapport du contentieux du Ministre des finances, le Ministre a autorisé l'allocation en non-valeur, ainsi que la surséance indéfinie des poursuites contre les redevables, le montant de ces traites, auquel sont ajoutés les frais de poursuites acquittés, est retiré par les comptables des valeurs en portefeuille parmi lesquelles elles étaient classées, et porté en dépense par imputation sur les crédits ouverts au budget.

La créance ainsi portée en non-valeur est immédiatement constatée sur un registre ouvert sous le titre : *Créances admises en surséance indéfinie*, tenu par le comptable, lequel reste dépositaire des traites, et demeure chargé d'en poursuivre ultérieurement la réalisation dans le cas du retour des débiteurs à meilleure fortune; un relevé dûment certifié du mouvement de ces créances est adressé, à la fin de chaque année, à la comptabilité générale des finances.

( Règlement du 26 Janvier 1846.)

### REMBOURSEMENTS DE DROITS MAL A PROPOS PERÇUS ET DE RECETTES ACCIDENTELLES.

Lorsque des droits sont reconnus avoir été indûment perçus, une décision spéciale prise en conseil d'administration en autorise le remboursement.

Sous peine d'être rejetées, les demandes relatives aux sommes dont on sollicite le remboursement doivent être faites dans le délai de deux ans courant à partir du jour où la fausse perception a été commise.

(Art. 25 du titre 13 de la loi du 22 Août 1791.)

Toute demande en remboursement de droits indûment perçus doit être appuyée des quittances originales ou des duplicata de ces mêmes quittances détachées du registre, dûment certifiées et revêtues de certificats rectificatifs.

Ces pièces doivent être accompagnées d'un certificat collectif de contre-liquidation, contenant, outre l'exposé sommaire des motifs du remboursement et le rappel de la somme totale à restituer, en toutes lettres, la mention sous forme d'état des numéros et dates des quittances, des noms des navires et capitaines, des divers droits perçus par nature, des sommes dont la perception doit être maintenue et de celles qui doivent être remboursées.

(Lettre de l'Administration du 19 Septembre 1853.)

C'est au dos des acquits de paiement erronés que sont établies les nouvelles liquidations de droits. Elles doivent être signées par deux Vérificateurs, et visées par le Receveur principal, le Sous-Inspecteur, l'Inspecteur et le Directeur.

Dans les demandes en remboursement des droits à raison desquels on se trouverait dans l'impossibilité de représenter les acquits originaux de paiement, la Régie demeure autorisée, si le remboursement est accordé, à le faire effectuer trois mois après sur les duplicata qui seront délivrés, à la charge par les réclamants de fournir caution solidaire de la somme qui leur a été remboursée, s'il arrivait que, dans l'espace de deux années de la date de l'acquit, le porteur de l'acquit original de paiement réclamât le remboursement des droits portés audit acquit.

(Décision du Ministre des finances du 24 Novembre 1791. *Collection de Lille*, tom. I, pag. 253.)

En matière de remboursements de droits, le Trésor n'a à tenir compte aux ayants droit que des taxes qui ont été perçues en trop, c'est-à-dire qu'il n'a pas à restituer le montant des frais que les demandes en remboursement auraient pu occasionner à ceux qui les ont faites. Lorsque les droits ont été réglés en *obligations de crédit*, le remboursement ne doit être effectué qu'après l'acquittement de ces obligations.

Si les droits ont été payés en numéraire et sous bénéfice de l'escompte accordé en vertu de l'arrêté du Ministre des finances du 11 Janvier 1831, le remboursement ne peut avoir lieu qu'à charge de restitution de l'escompte afférent à la somme à rembourser, d'après le temps qui restera à courir depuis le jour du remboursement jusqu'à l'expiration des quatre mois de crédit accordés par la loi.

L'Inspecteur de la division certifie sur la liquidation que l'escompte à restituer pour tel nombre de jours, et s'élevant à la somme de     a été porté en recette au chapitre des recettes accidentelles, le     , jour du remboursement, sous le n°

(Note des liquidations de remboursements de droits.)

Les remboursements de droits à faire à des étrangers ne peuvent être effectués entre les mains des Consuls que sur la production de pouvoirs spéciaux.

Les restitutions de droits devant être développées par nature de produits dans les comptes généraux des finances, les comptables devront classer dans une chemise particulière (C n° 42) les remboursements de chacun des différents droits, puis en récapituler le montant sur une autre chemise (C n° 43).

(Circulaire lithographiée de la Comptabilité générale du 21 Mars 1836.)

Les remboursements de droits indûment perçus doivent être rattachés au budget de l'année courante au moment où ils sont autorisés.

La date de ces autorisations étant celle des arrêtés de liquidation, c'est cette même date qui détermine l'exercice sur lequel les dépenses doivent être imputées et leur classement dans les écritures.

(Circulaire de la Comptabilité générale du 15 Décembre 1836, n° 112-31, et règlement du 26 Janvier 1846).

ARTICLE 2.

RÉPARTITION DES PRODUITS DE PLOMBAGE ET D'ESTAMPILLAGE.

Répartition aux ayants droit.

Le produit des taxes de plombage et d'estampillage perçu dans tous les bureaux, augmenté du montant de la vente des vieux plombs, forme un fonds commun qui, déduction faite des frais (1), est réparti par mois entre les

---

(1) Le paiement des instruments à plomber et des flans s'effectue aussitôt qu'il en est accusé réception.
C'est le Receveur de la Douane de Paris qui est chargé de ce soin. Il régularise ses avances par la voie des virements.
Les frais de transport des fournitures de plombage sont acquittés

employés des Douanes où s'effectuent les expéditions donnant lieu à l'apposition des plombs ou estampilles.

à destination. En cas de retard, des retenues doivent être opérées. Lorsqu'il y a avarie ou perte, on doit remplir les formalités nécessaires pour que l'entrepreneur des transports, qui est responsable des objets qu'on lui confie, puisse établir son recours contre le voiturier.

( Circulaire du 1er Juillet 1850, n° 2394. )

Les frais de transport et de fourniture des instruments à plomber et les frais de transport des flans doivent être prélevés avant toute répartition. Le prix des flans peut être prélevé de mois en mois, et seulement en proportion du nombre de plombs employés.

Tous les frais figurent, en attendant leur régularisation, au chapitre des avances, à l'article spécial ouvert à cet effet sur le sommier.

( Circulaire du 5 Septembre 1817, n° 315. )

La lettre de voiture qui, jusqu'ici, accompagnait les envois de flans à plomber, a été remplacée récemment par un acquit-à-caution.

Par application des dispositions des lois de 1791 et 1816, en ce qui concerne la circulation des matières transportées pour le compte de la Régie, le récépissé des frais du transport donné au dos dudit acquit-à-caution pourra se trouver affranchi du timbre.

( Lettre de l'Administration du 4 Janvier 1857. )

Les quittances doivent être annexées à l'état de distribution. Il en est de même du procès-verbal relatif à la vente des vieux plombs.

( Circulaire de la Comptabilité générale du 1er Septembre 1838, n° 34. )

Lorsque le prélèvement du prix d'achat de flans a lieu intégralement dans un seul mois, la quittance du fournisseur doit être annexée à l'état de répartition ; dans le cas, au contraire, où le prélèvement ne s'effectue que de mois en mois et seulement en proportion du nombre des plombs employés, la quittance sera jointe à l'état qui mentionnera le premier prélèvement.

( Circulaire de la Comptabilité générale du 12 Décembre 1834, n° 29. )

Toutes les fois que les produits recouvrés pendant la gestion annuelle dans un bureau, soit principal, soit particulier, n'excèdent pas les frais à prélever, ils seront appliqués jusqu'à concurrence au remboursement des frais. A cet effet, il en sera fait dépense comme s'ils étaient mis en répartition, et leur montant sera repris en recette

·Les agents qui doivent participer à cette répartition sont :

| | | |
|---|---|---|
| Les Receveurs principaux...... | pour | 1 part. |
| Les Sous-Inspecteurs .......... | — | 1 part. |
| Les Contrôleurs............... | — | 1 part. |
| Les Vérificateurs de 1re classe... | — | 1 part. |
| Les id. de 2e classe... | — | 1/2 part. |
| Les id. de 3e classe... | — | 1/3 de part. |
| Les Commis principaux de 1re cl. | — | 1/2 part. |
| Les id. id. de 2e cl. | — | 1/3 de part. |
| Les Commis de 1re classe....... | — | 1/6 de part. |
| Les id. de 2e classe....... | — | 1/6 de part. |
| Les peseurs ou emballeurs..... | — | 1/8 de part. |

Aux termes d'une décision transmise par la circulaire du 23 Septembre 1839, n° 1773, les Vérificateurs des grandes Douanes désignées dans cette instruction (1) jouissaient seuls d'une demi-part ou d'un tiers de part de plombs lorsqu'ils appartenaient, soit à la deuxième, soit à la troisième classe de leur grade. Partout ailleurs, ces agents recevaient une part entière, quelle que fût la classe à laquelle ils appartenaient.

---

à titre de recouvrements d'avances. Ces deux opérations auront lieu dans les premiers jours de l'année suivante. Les pièces à produire à l'appui de la dépense seront les mêmes que pour les répartitions. Ainsi les quittances des frais à prélever seront jointes à l'état d'emploi des produits sur lesquels sera fait le premier prélèvement, et cette production sera mentionnée sur chacun des états subséquents, avec rappel en masse des prélèvements antérieurs qu'elle aura justifiés. Le rappel des prélèvements pour frais aura lieu de la même manière sur les états de distribution.

(Circulaire de la Comptabilité générale du 20 Décembre 1841, n° 214-38.)

(1) C'est-à-dire ceux de Marseille, Bayonne, Bordeaux, Nantes, Rouen, le Hâvre et Dunkerque.

L'Administration a, par lettre du 11 Octobre 1855, ( timbrée service général ), fait connaître que la règle appliquée jusqu'à présent aux grandes douanes seules serait étendue à tous les bureaux indistinctement, et qu'ainsi les Vérificateurs de deuxième classe n'y recevraient qu'une demi-part, et ceux de troisième classe un tiers de part seulement. Afin de ne pas porter atteinte aux positions acquises, cette nouvelle règle ne recevra son effet qu'au fur et à mesure des vacances, et ne sera par conséquent appliquée qu'aux titulaires des emplois de Vérificateur à 1,800 fr. et au-dessous qui y seront nommés à l'avenir.

Aucun employé ne peut recevoir annuellement une somme supérieure à son traitement fixe.

( Article 2 de l'arrêté ministériel du 6 Juin 1848. )

Voici, du reste, d'après la circulaire du 30 Juillet 1849, n° 2336, le montant de la part maximum qui peut être annuellement et mensuellement attribuée aux agents de chaque grade dans les Douanes où, à raison de l'importance des recouvrements, la part entière dépasse le maximum établi par l'arrêté du 6 Juin 1848.

| DÉSIGNATION DES AYANTS DROIT. | | PART MAXIMUM | |
|---|---|---|---|
| Grade. | Traitement. | Par année. | Par mois. |
| Receveur principal.... | De toute classe. | 1,500 | 125 » (1) |
| Sous-Inspecteur....... | 3,500 | 1,500 | 125 » |
|  | 3,000 | 1,500 | 125 » |
|  | 2,500 | 1,500 | 125 » |
| Contrôleur........... | 3,000 | 1,500 | 125 » |
|  | 2,800 | 1,700 | 141 66 |
|  | 2,600 | 1,900 | 158 33 |
|  | 2,400 | 2,100 | 175 » |
|  | 2,200 | 2,200 | 183 33 |
| Vérificateur......... | 2,000 | 2,000 | 166 66 |
|  | 1,800 | 1,440 | 120 » |
|  | 1,600 | 960 | 80 » |
| Commis principal..... | 2,200 | 1,760 | 146 66 |
|  | 2,000 | 1,600 | 133 33 |
|  | 1,800 | 1,080 | 90 » |
| Commis.............. | 1,600 | 640 | 53 33 |
|  | 1,400 | 560 | 46 66 |
|  | 1,200 | 480 | 40 » |
|  | 1,000 | 400 | 33 33 |
| Emballeurs.......... | 1/8 de part calculé d'après l'ancien règlement. | | |

Quand les recouvrements de la taxe de plombage varient d'un mois à l'autre de manière à ce que la part entière, après avoir excédé le maximum les mois précédents, tombe au-dessous de ce maximum les mois suivants, et aussi lorsque l'effet inverse se produit, l'Administration admet qu'il y ait reprise ou compensation, sauf décompte exact en fin d'année.

( Circulaire lithographiée du 22 Décembre 1848. )

(1) Lettre de l'Administration du 27 Janvier 1854.

Les employés des bureaux particuliers (Sous-Inspecteur, Receveur ou Visiteur) ayant droit à une part entière dans la répartition du produit des plombs, il suffit, si l'émolument excède un mois de traitement, de le ramener à ce taux.

(Même circulaire.)

L'employé absent en vertu d'une autorisation régulière et sans privation de traitement conserve ses droits au produit des plombs; mais il les perd du jour où il perd ses appointements, son absence fût-elle même approuvée par l'Administration. La part qui lui serait revenue appartient alors à la masse s'il n'a pas été suppléé dans ses fonctions par un intérimaire, et, dans le cas contraire, à l'employé qui les aura spécialement exercées, sans toutefois que celui-ci puisse jamais cumuler les parts afférentes à deux places.

(Circulaires des 12 Juillet 1817 et 29 Décembre 1836, nos 299 et 1594.)

Les états de répartition des produits des taxes de plombage et d'estampillage sont arrêtés par les Receveurs principaux et visés par les Inspecteurs.

(Circulaire de la Comptabilité générale du 31 Mai 1833, no 36-25.)

Voici comment on doit opérer pour la répartition du produit des taxes de plombage et d'estampillage.

Supposons que, déduction faite de tous les frais, il y ait 404 fr. 40 c. à partager dans un bureau composé d'un Receveur principal, un Sous-Inspecteur, un Contrôleur, sept Vérificateurs (nommés tous avant la décision du 11 Octobre 1855), deux Commis principaux de 1re classe, un Commis principal de 2e classe, quatre Commis de 1re classe, deux Commis de 2e classe et huit peseurs.

Dans la répartition relative au mois qui nous occupe, le Contrôleur a eu trente jours de congé avec retenue de la moitié de son traitement, le Sous-Inspecteur en a eu quinze avec la même retenue.

Les Receveur principal, Sous-Inspecteur, Contrôleur et Vérificateurs ont droit chacun à une part, soit pour dix d'entre eux.................... 10 parts.

Les deux Commis principaux de 1re classe ont droit à une demi-part chacun, soit en totalité...................... 1 part.

Le Commis principal de 2e classe a droit à........................... 1/3 de part.

Les six Commis de 1re et de 2e classe ont droit chacun à un sixième de part, soit en totalité...................... 1 part.

Les huit peseurs ont droit chacun à un huitième de part, soit pour tous....... 1 part.

Total............... 13 parts 1/3.

C'est-à-dire $\frac{40}{3}$. Nous réduisons la somme à répartir ( 404f 40c ) en tiers $\left(\frac{404\text{ fr. }40 \times 3}{40}\right)$. Nous trouvons 30 fr. 33 c. C'est la part qui serait revenue à chacun des Receveur principal, Sous-Inspecteur, Contrôleur et Vérificateurs s'ils étaient tous restés à leur poste pendant le mois entier.

Mais le Contrôleur a trente jours d'absence; sa part sera la moitié de 30 fr. 33 c., soit 15 fr. 16 c.

Retranchant maintenant 15 fr. 16 c. de 404 fr. 40 c., il nous reste 389 fr. 24 c. à partager en $\frac{37}{3}$. (La part du Contrôleur en moins ). Multipliant 389 fr. 24 c. par 3 et divisant par 37 $\left(\frac{389\text{ fr. }24 \times 3}{37}\right)$, nous trouvons 31 fr. 56 c.

Le Sous-Inspecteur, qui a quinze jours de présence, aura la moitié de cette allocation, soit 15 fr. 78 c. Pour ses quinze jours d'absence, le chef a droit à la moitié de la somme (15 fr. 16 c.) attribuée au Contrôleur qui est resté absent durant tout le mois, soit 15 fr. 78 c. + 7 fr. 58 c., c'est-à-dire 23 fr. 36 c. Nous ôtons cette dernière somme de 389 fr. 24 c. Il nous reste 365 fr. 88 c. à diviser en 34 parts. Multipliant 365 fr. 88 c. par 3 et divisant par 34, nous trouvons 32 fr. 28 c. pour la part du Receveur principal et de chacun des Vérificateurs. Pour obtenir la part revenant à chacun des deux Commis principaux de 1re classe, on prend la moitié de la part revenant au Receveur principal ou à un des Vérificateurs.

Pour celle

Du Commis principal de 2e classe.. le 1/3
Des Commis de 1re et 2e classe.... le 1/6
Des peseurs................... le 1/8

### Distribution du fonds commun.

Dans les quinze premiers jours de Janvier, les Directeurs font parvenir à l'Administration un relevé récapitulatif indiquant pour chaque bureau le produit net de la taxe de plombage et d'estampillage pendant l'année précédente, la part attribuée à chacun des ayants droit, et, lorsqu'il y aura lieu, le montant de la somme afférente au fonds de réserve. Au vu de ces relevés qui permettront d'apprécier quelles seront les ressources disponibles et dans quelle proportion auront été relativement rémunérés les agents des différentes Douanes, l'Administration pourra s'occuper du travail d'ensemble ayant pour objet la distribution du fonds de réserve. Les dépenses qui s'y rattacheront seront acquittées pour le compte du Receveur principal de Paris. Les Receveurs principaux qui les auront, de fait, effectuées, s'en reprendront au moyen d'un bordereau de virement appuyé d'états de répartition dûment émargés, et d'une copie de la lettre transmissive de la décision du Ministre allouant un supplément de rétribution.

(Circulaire de l'Administration du 30 Juillet 1849, No 2336.)

### ARTICLE 3.

#### REMBOURSEMENTS, PRÉLÈVEMENTS ET RÉPARTITIONS SUR LES AMENDES ET CONFISCATIONS.

**Répartition aux ayants droit.**

Les Directeurs des Douanes sont autorisés à arrêter eux-mêmes les états de répartition du produit des amendes et confiscations, et à en faire payer immédiatement le montant, lorsque ce produit est pour chaque affaire au-dessous de 500 fr.

Si cette limite est atteinte ou excédée, l'état de répartition est soumis à l'approbation de l'Administration, et le paiement n'a lieu qu'en vertu de son autorisation.

Tous les paiements effectués sur le produit des amendes et confiscations sont portés à l'exercice courant au moment où ils ont lieu.

(Circulaire de la Comptabilité générale du 15 Décembre 1836, no 112-31.)

Les mandats de paiement délivrés pour les répartitions d'amendes et de confiscations devront comprendre et présenter distinctement le montant des prélèvements dont ces divers émoluments sont passibles au profit de la caisse des pensions.

(Arrêté du Ministre des finances du 28 Octobre 1837, rappelé dans la circulaire de la Comptabilité générale du 21 Décembre de la même année, no 140-33.)

Les comptables ne doivent mettre en paiement dans le mois de Décembre aucune répartition de produits d'amendes et de confiscations.

(Circulaire de la Comptabilité générale du 6 Décembre 1854, n° 556-66.)

Cette disposition n'est pas applicable aux paiements ultérieurs des parts pour lesquelles il n'aurait pas été d'abord fourni de quittances.

(Même circulaire.)

Les comptables qui auront à constater des répartitions provenant du produit des saisies opérées en vertu du titre VI de la loi du 28 Avril 1816 devront les présenter d'une manière distincte au bas des chemises n° 47 (ancien n° 34), les additionner séparément, après avoir eu le soin de totaliser les autres natures de saisies, de manière que toutes les répartitions soient comprises dans un total général.

(Circulaire de la Comptabilité générale du 20 Novembre 1850, n° 450-56.)

Les états de répartition devront toujours présenter en marge le certificat de l'Inspecteur indiquant sous quelle date et sous quel numéro du livre-journal il a été fait recette des sommes mises en répartition.

(Circulaire de la Comptabilité générale du 1er Septembre 1838, n° 112-31.)

On doit faire mention, sur les états de répartition, de la date et du numéro des acquits-à-caution de réexportation, aussi bien que du numéro de l'enregistrement en recette des droits d'entrée sur les marchandises non prohibées.

(Circulaire de l'Administration du 15 Février 1838, n° 1670.)

**Paiements effectués sur les fonds réservés provenant des saisies faites en vertu du titre 6 de la loi du 28 Avril 1816.**

Les dépenses sur les fonds réservés dans les répartitions du produit des saisies opérées en vertu du titre 6 de la loi du 28 Avril 1816, sont, d'après l'article 7 de l'ordonnance du 7 Juillet suivant, autorisées par le Directeur général de l'Administration des Douanes qui rend compte, chaque année, de l'emploi de ces fonds. Ce compte, après avoir été approuvé par le Ministre, est produit à la Cour avec ceux du Receveur des Douanes. Les acquits de paiement effectués sont transmis à la Comptabilité générale des finances; cette Direction les communique à l'Administration des Douanes qui, après les avoir contrôlés, les renvoie à la Comptabilité générale accompagnés d'arrêtés de liquidation.

(Règlement du 26 Janvier 1846.)

Le Receveur de la Douane de Paris est seul appelé à présenter en compte les paiements sur les fonds réservés provenant des saisies faites en vertu du titre 6 de la loi du 28 Avril 1816. Les dépenses relatives au service d'observation que les Receveurs principaux dans les départements se trouveront dans le cas d'acquitter pour le Receveur de la Douane de Paris, figureront sur les bordereaux mensuels à l'article : *Virements de fonds.*

(Circulaire de la Comptabilité générale du 18 Avril 1827, n° 10.)

---

**Distribution du fonds commun des saisies.**

A partir du 1er Janvier 1849, les Directeurs, Inspecteurs Sous-Inspecteurs et Receveurs principaux des Douanes cesseront de prendre part au produit des saisies et amendes.

Les sommes qui leur étaient attribuées à ce titre formeront un fonds commun dont le Directeur général de l'Administration des Douanes nous proposera, chaque année, la répartition entre les divers agents du service des départements de grades inférieurs à ceux de Sous-Inspecteur et de Receveur principal qui auront le plus efficacement concouru à la répression de la contrebande et à la perception des droits du Trésor (1).

(Arrêté du Ministre des finances du 6 Juin 1848.)

La distribution du fonds commun des saisies sera exclusivement inscrite en dépense par le Receveur de la Douane de Paris. Les Receveurs principaux qui auront de fait effectué des paiements sur ce fonds, s'en reprendront au moyen d'un bordereau de versement appuyé d'états de répartition dûment émargés, et d'une copie de la lettre transmissive du Ministre, allouant ces allocations.

(Circulaire de la Comptabilité générale du 29 Novembre 1849, n° 422-54.)

---

(1) Les Directeurs devront adresser à l'Administration, au commencement de chaque année, un état des employés des deux services jugés les plus dignes d'obtenir une allocation sur le fonds commun des saisies.

Les propositions qu'ils soumettront à ce sujet à l'Administration ne devront pas être établies en proportion des recouvrements effectués dans leur Direction : elles devront se baser avant tout sur l'appréciation des circonstances spéciales qui seront de nature à appeler sur certains agents un témoignage de satisfaction et d'intérêt de la part de l'Administration.

(Circulaire du 8 Juin 1848, n° 2253.)

### Application de produits au remboursement des frais.

Lorsque les frais d'une affaire en égalent le produit, il est fait dépense de ces frais à la section intitulée : *Application du produit au remboursement des frais pour les affaires dont les frais égalent ou excèdent le produit*, et recette à titre de *recouvrement d'avances*. Si ces frais excèdent le produit, il est fait simultanément dépense, savoir :

Pour la portion de ces parts égale au produit, de la manière qui vient d'être indiquée ;

Pour le complément des frais qui excèdent le produit (1) à la neuvième section de l'article 5 du chapitre 1er des dépenses publiques intitulée: *Condamnations et frais judiciaires à la charge de l'État, frais de saisies, etc.*

Cette dépense ainsi constatée à deux titres différents sera balancée par la recette portée en somme égale au chapitre des avances.

( Instruction générale du sommier. )

---

### RESTITUTIONS.

La circulaire de la Comptabilité générale n° 39 du 28 Décembre 1842 avait prescrit de verser, chaque année, à la caisse des dépôts et consignations le montant des sommes dont la restitution est ordonnée par l'Adminis-

---

(1) Les justifications à produire sont :
Le mandat de paiement ;
La chemise n° 77 (ancien n° 60) renfermant l'état du produit arrêté par le comptable, et revêtu d'un certificat de l'Inspecteur, indiquant la date et le numéro du journal sous lequel il en a été fait recette, selon la formule inscrite sur les états de répartition, et énonçant, en outre, qu'il a été fait reprise en recette au chapitre des avances à titre de remboursement de frais.
( Circulaire de la Comptabilité générale du 15 Décembre 1836, n° 112-31. )

tration des Douanes, et dont le remboursement ne peut être effectué à cause de l'absence des ayants droit.

Il a été reconnu que ce mode de procéder avait l'inconvénient de soustraire à la prescription quinquennale des créances qui, se rattachant, en définitive, aux dépenses publiques, sont comme telles assujetties à la déchéance prononcée par la loi du 29 Janvier 1831, et doivent faire retour à l'État. Ces versements ne devront plus avoir lieu, mais les comptables porteront ces créances sur les relevés mensuels (série C, n° 80) des sommes restant à payer.

(Circulaire de la Comptabilité générale du 20 Novembre 1850, n° 450-56.)

ART. 4.

PRIMES A L'EXPORTATION.

Les primes à l'exportation qui ont été successivement accordées pour les fabrications dont la matière peut avoir subi de forts droits d'entrée ont toutes pour objet de neutraliser l'inconvénient des taxes qui frappent ces matières, c'est-à-dire de remettre le manufacturier dans la possibilité de concourir avec l'étranger *à l'étranger*, comme s'il s'était servi de matière franche de tout impôt.

Il sera remis, à tout déclarant de marchandises de prime, des extraits des expéditions de sortie.

Lorsque la prime aura été liquidée, une lettre d'avis sera adressée par l'Administration à l'ayant droit, et celui-ci sera tenu, pour recevoir le montant de la liquidation, de représenter avec ladite lettre d'avis les extraits des expéditions de sortie relatives aux marchandises auxquelles s'appliquera la prime (1).

La lettre d'avis, appuyée des extraits des expéditions de sortie, pourra être revêtue d'une autorisation, donnée par l'ayant droit à un tiers, de toucher le montant de la liquidation en son nom et pour son compte. Dans ce cas, la lettre d'avis sera passible du timbre de dimension qui sera appliqué à l'extraordinaire dans tous les bureaux de l'enregistrement (2).

La faculté du transfert sous forme d'endossement des lettres d'avis de liquidations de primes, autorisée par la décision ministérielle du 8 Novembre 1826, est supprimée.

(Arrêté du Ministre des finances du 20 Septembre 1851.)

Dans le cas où les primes sont payées directement aux titulaires, les lettres d'avis sont affranchies du timbre.

(Circulaire de l'Administration du 28 Avril 1838, n° 1706.)

Les acquits peuvent être donnés sur les lettres d'avis ou sur les liquidations.

Les primes sont acquittées par le bureau des Douanes le plus voisin du lieu où réside la partie prenante.

(Circulaire de l'Administration du 25 Septembre 1820, n° 603.)

---

(1) Ces extraits, qui seront détachés du registre M, n° 56, devront, une fois le paiement effectué, être annexés à la liquidation.
Chaque extrait devra porter la signature d'un des deux employés qui auront signé le permis ou le passavant.
(Circulaire du 6 Octobre 1851, n° 2462.)
(2) Cette autorisation pourra être ainsi conçue :
Je soussigné, négociant ou fabricant à                  autorise
M.            (indiquer le nom et la profession du tiers) demeurant
à            à toucher en mon nom et pour mon compte le montant de la liquidation de prime qui se rapporte à la présente lettre d'avis.
A            le

L'imputation des primes ne peut avoir lieu sur les caisses de l'Algérie où le service des Douanes ne reçoit du budget des finances aucune allocation sur le chapitre spécial relatif au paiement des dépenses de l'espèce.

(Lettre de l'Administration du 12 Décembre 1851.)

Les liquidations des primes non payées lors de la clôture de l'exercice sur lequel elles sont imputées doivent être renvoyées à l'Administration par l'intermédiaire des Directeurs. Il n'en est délivré de nouvelles que sur demande spéciale faite à l'Administration par les intéressés.

### ARTICLE 5.

ESCOMPTE SUR LA TAXE DE CONSOMMATION DES SELS.

### ARTICLE 6.

ESCOMPTE SUR LES DROITS DE DOUANE A L'IMPORTATION.

L'escompte doit être accordé toutes les fois qu'un même redevable aura, par la remise de plusieurs déclarations dans la même journée, donné ouverture à une perception de plus de 600 fr. en droits de douane, ou de plus de 300 fr. sur l'impôt du sel (1).

(Circulaire du 12 Octobre 1839, n° 1778.)

Dans le cas où plusieurs liquidations auront lieu le même jour, bien qu'elles se rapportent à des marchandises déclarées à des dates différentes, ces liquidations pourront se cumuler pour donner ouverture à l'escompte.

(Circulaire du 26 Janvier 1840, n° 1792.)

(1) Le paiement du droit dont serait passible un déficit constaté sur des sels ne donne pas droit à l'escompte.
(Décision de l'Administration du 23 Mars 1833.)

L'escompte n'étant qu'une réfaction de droit, celui qui effectue le paiement du droit est, pour ce seul fait, suffisamment autorisé à signer la quittance d'escompte.

(Circulaire de la Comptabilité générale du 30 Décembre 1826, n° 9.)

On peut, par tolérance, accorder un délai de deux ou trois jours au plus, après que les liquidations ont été opérées, pour acquitter les droits avec jouissance de l'escompte. Passé ce délai, l'escompte n'est pas bonifié.

(Lettre de la Comptabilité générale du 9 Novembre 1832.)

L'escompte bonifié aux redevables qui acquittent en numéraire les droits de douanes à l'importation et les taxes de consommation sur les sels, est calculé à raison de 4 pour % par an.

(Arrêté du Ministre des finances du 28 Janvier 1854, transmis par la circulaire de l'Administration, n° 182 (nouvelle série) du 30 du même mois.)

Lorsqu'il y a lieu de réduire le taux de l'escompte, ce changement doit être annoncé au commerce six mois à l'avance.

(Arrêté du Ministre des finances du 11 Janvier 1834.)

Les erreurs que les Receveurs commettraient en bonifiant l'escompte resteraient à leur charge.

(Circulaire de l'Administration du 31 Janvier 1823, n° 785.)

## CHAPITRE III.
### DÉPENSES DES ANCIENS EXERCICES.

ARTICLE 1er.

DÉPENSES DES EXERCICES CLOS.

### ARTICLE 2.

#### DÉPENSES DES EXERCICES PÉRIMÉS NON FRAPPÉS DE DÉCHÉANCE.

Toute créance qui n'a pas été acquittée sur les crédits de l'exercice auquel elle se rapporte ne peut plus être ordonnancée qu'à titre de rappel sur l'exercice clos et d'après les règles spéciales déterminées pour le paiement des dépenses de cette origine.

Les dépenses qui, bien que liquidées en temps utile, n'ont pu être ordonnancées ou payées avant la clôture d'un exercice, et qui font partie des restes à payer constatés par le règlement de cet exercice, sont ordonnancées sur l'exercice courant, avec imputation au chapitre ouvert pour mémoire et sans allocation spéciale au budget des finances (service général du Ministère) sous le titre de *Dépenses des exercices clos*.

Les ordonnances délivrées sur l'exercice courant, par rappel sur des exercices clos, doivent être renfermées, pour chaque chapitre, dans la limite des dépenses restées à payer d'après le règlement à la clôture de l'exercice.

Ces ordonnances ne peuvent avoir pour objet que les créances dont l'état nominatif a été dressé.

Au 31 Août de chaque année, les Bureaux administratifs du Ministère et des Administrations de finances, ainsi que tout liquidateur des dépenses de ce Ministère, dressent, pour la partie du service qui les concerne spécialement, un état nominatif des sommes dues à des titulaires de créances dont les droits se rapportent à l'exercice expiré, soit qu'il s'agisse de créances non liquidées avant la clôture de la comptabilité de l'exercice, ou de créances liquidées qui, à la même époque, n'auraient pas été l'objet d'ordonnances ou de mandats de paiement, soit enfin de créances liquidées et ordonnancées ou mandatées, pour lesquelles les ordonnances ou mandats délivrés n'avaient pas été payés à l'époque sus-indiquée.

Les ordonnances de délégation ou de paiement relatives à des dépenses d'exercices clos, ainsi que les mandats délivrés en vertu desdites ordonnances de délégation, doivent relater le numéro d'ordre donné à chaque créance sur les états nominatifs des restes à payer à la clôture de l'exercice ou sur les états supplémentaires.

Toute ordonnance de paiement et tout mandat pour dépense d'exercice clos indiquent l'année à laquelle se rapporte la créance à payer : s'ils comprennent des créances de plusieurs années, les sommes afférentes à chacune d'elles y sont détaillées et totalisées.

Sont prescrites et définitivement éteintes au profit de l'État, sans préjudice des déchéances prononcées par les lois ou consenties par les marchés ou conventions, toutes créances qui, n'ayant pas été acquittées avant la clôture des crédits de l'exercice auquel elles appartiennent, n'auraient pu, à défaut de justifications suffisantes, être liquidées, ordonnancées et payées dans un délai de cinq années, à partir de l'ouverture de l'exercice, pour les créanciers domiciliés en Europe, et de six années pour les créanciers résidant hors du territoire européen.

Cette disposition n'est pas applicable aux créances dont l'ordonnancement et le paiement n'auraient pu avoir lieu dans les délais prescrits par le fait de l'Administration ou par suite de pourvois formés devant le Conseil d'État.

Toutes les dépenses des exercices clos et des exercices périmés sont soumises aux formalités de la liquidation et de la révision, comme celles des exercices courants ; et les liquidations sont établies distinctement par exercice : de plus, les rapports relatifs aux créances des exercices périmés doivent toujours faire connaître les causes qui ont empêché d'opérer la liquidation avant l'expiration des délais de déchéance.

(Règlement du 26 Janvier 1846.)

Les dépenses des anciens exercices, non atteintes par la déchéance prononcée par la loi du 29 Janvier 1831, doivent être portées, savoir :

A l'article 1er du chapitre III), celles qui ont été reconnues et payées dans le cours des cinq années à partir de l'ouverture des exercices auxquels elles appartiennent.

A l'article 2 du même chapitre, celles qui ont été acquittées postérieurement à l'expiration de la période quinquennale.

(Circulaire de la Comptabilité générale du 1er Septembre 1838, n° 156-34.)

Il sera dressé chaque année, par les agents du Trésor, un bordereau nominatif des paiements qu'ils auront effectués pendant l'année, pour dépenses des exercices clos, indiquant les exercices et les chapitres des budgets auxquels les paiements se rapportent. Ce bordereau, dont le modèle est imprimé à la suite de la circulaire de la Comptabilité générale du 1er Septembre 1838, n° 156-34, devra parvenir au Ministère avec les divers documents que les Receveurs ont à fournir pour le règlement de leurs comptes annuels de gestion.

# DEUXIÈME PARTIE.
## OPÉRATIONS DE TRÉSORERIE.

### RECETTE ET DÉPENSE.

#### ARTICLE 1er.

##### DE LA RECETTE ET DE LA DÉPENSE.

**Fonds consignés à la Caisse des dépôts et consignations.**

Ce compte a été ouvert pour présenter en dépense les fonds consignés, au nom de l'Administration, à la Caisse des dépôts et consignations, et en recette les remboursements faits sur ces fonds par la même caisse : tels sont, par exemple, ceux que les Receveurs sont obligés de consigner pour user du droit de surenchère sur des immeubles vendus au-dessous de leur valeur par des débiteurs de droits envers le Trésor.

(Instruction pour la tenue du sommier.)

#### ARTICLE 2.

##### DE LA RECETTE ET DE LA DÉPENSE.

**Fonds de retenues pour l'habillement, le service de santé et le casernement des préposés de brigades.**

Le bon de masse est l'excédant de l'actif sur le passif constaté par le compte-rendu à l'expiration de chaque année.

Il se compose des prélèvements opérés sur l'actif de masse des proposés destitués ou démissionnaires, et des remises et plus-values, déduction faite des frais indiqués au paragraphe suivant.

Le bon de masse est destiné à couvrir les frais de

gestion (frais de transport, papiers, registres et impressions) et les dépenses extraordinaires.

(Articles 48, 49 et 50 du Règlement du 25 Février 1815.)

Des retenues sont effectuées chaque mois sur le traitement des préposés, pour l'habillement, le service de santé et le casernement.

Les Capitaines de brigades rédigent, le premier de chaque mois, l'état des retenues effectuées pendant le mois précédent, et ils en versent le montant entre les mains du Receveur principal chargé de payer les appointements des agents composant leur division.

En passant écriture des appointements, les Receveurs principaux font en même temps recette des divers prélèvements pour la masse.

Ils en indiquent le total sur les états série E, modèle A, qui leur sont remis par les Capitaines, et ils transmettent ces états à la Direction par l'intermédiaire de l'Inspecteur.

Les recettes et les dépenses concernant le service des masses sont mentionnées sur un état série E, modèle K, qui est adressé chaque mois, en double expédition, à la Direction, en même temps que les pièces comptables, afin que ses résultats puissent être comparés à ceux des bordereaux de situation.

Une expédition de l'état est renvoyée, pour sa décharge, au Receveur qui l'a établi, après que le Directeur a certifié avoir reçu les pièces justificatives de dépense que ce document mentionne.

(Circulaire manuscrite de l'Administration du 20 Août 1821.)

Les dépenses de masses sont soumises aux mêmes formalités et justifications que les dépenses publiques.

(Circulaire lithographiée de l'Administration du 23 Septembre 1854.)

Quand un préposé passe d'une Direction dans une

autre, le comptable dans l'arrondissement duquel il se trouvait précédemment fait dépense aux *masses* et recette aux *virements de fonds* du montant de l'actif de masse et de la reprise des armes de ce préposé. Il le transfère dans la caisse du Receveur principal dans l'arrondissement duquel se trouve placé l'employé dont il s'agit.

De son côté, ce dernier comptable fait dépense aux *virements de fonds* et recette aux *masses* de la somme transférée dans sa caisse, et adresse au Directeur dont il dépend un extrait de son livre-journal certifié par l'Inspecteur, et attestant qu'il s'est réellement chargé en recette de la somme en question. Cet extrait doit ensuite être transmis au Directeur sous les ordres duquel se trouvait précédemment le préposé dont l'actif est transféré.

Le prix des armes et le montant de l'actif de masse d'un préposé décédé peuvent être comptés à sa veuve ou à ses enfants, sur leur simple quittance, ainsi que cela a lieu à l'égard des appointements.

(Décision administrative du 5 Avril 1841.)

La portion remboursable des actifs de masse de préposés qui ont cessé d'être compris dans les cadres doit être versée à la Caisse des dépôts et consignations, à la fin de l'année qui suit celle dans laquelle le préposé aura été rayé des contrôles d'activité, pourvu que l'autorisation de remboursement ou la radiation des contrôles soit antérieure au 1er Décembre de l'année précédente.

Les récépissés devant être produits à l'appui des comptes, il conviendra que les Receveurs des Douanes se fassent délivrer, en même temps que le récépissé, une déclaration de versement qui restera entre leurs mains, pour être jointe aux demandes ultérieures de remboursements.

(Circul. de la Comptabilité générale des 24 Décembre 1835, n° 94-30, et 28 Décembre 1842, n° 228-59.)

Les comptes annuels de gestion des fonds de masses doivent être adressés directement à la Comptabilité générale des finances *le 15 Mars de chaque année*, au plus tard, avec toutes les pièces justificatives de recette et de dépense.

(Circulaire de l'Administration du 28 Septembre 1850, n° 2406.)

### ARTICLE 3 DE LA RECETTE.

#### PRIMES DE CAPTURE.

Primes reçues du service des Contributions indirectes pour saisie de tabac non propre à la fabrication.

Les tabacs livrés à la régie et qui ne sont pas reconnus propres à la fabrication sont évalués à un taux invariable de 30 fr. les 100 kilogrammes, déduction faite de la taxe.

(Article 30 de l'ordonnance du 31 Décembre 1816.)

#### PRIMES POUR ARRESTATION DE FRAUDEURS, REÇUES :

Des Contributions indirectes,
Des prévenus.
Prélèvement sur le produit des ventes pour compléter les primes.

Une prime de 15 fr. est allouée, par l'ordonnance du 31 Décembre 1817, aux préposés des Douanes par chaque fraudeur de tabac dont ils opèrent l'arrestation et qui est ensuite constitué prisonnier.

Il a été convenu avec l'Administration des Contributions indirectes que :

1° La prime de 15 fr. accordée par l'article 1er de l'ordonnance du 31 Décembre 1817, sera acquise aux préposés des Douanes pour chaque individu arrêté contre lequel il aura été rédigé un procès-verbal constatant la saisie de 50 décagrammes, ou plus, de tabac de fraude.

2º. La prime sera pareillement acquise, même pour une quantité inférieure à 50 décagrammes, lorsque le procès-verbal établira qu'il y a eu précédemment, de la part du contrevenant, tentative répétée de plusieurs introductions dans un court intervalle de temps.

(Circulaire de l'Administration du 12 Avril 1837, nº 1648.)

Les procès-verbaux rédigés par les employés des Douanes doivent indiquer si la charge de chaque prévenu arrêté contenait du tabac, etc. ; dans l'affirmative, ils doivent en mentionner la quantité.

Ces indications sont nécessaires pour pouvoir réclamer aux Contributions indirectes l'allocation de la prime de capture.

La quotité des primes à payer par les prévenus a été fixée ainsi qu'il suit :

5 fr. quand la fraude aura été saisie sur un individu arrêté et condamné comme ayant marché isolément ;

10 fr. par fraudeur arrêté quand la réunion aura été de deux hommes ;

15 fr. par fraudeur arrêté quand la bande aura été formée de trois fraudeurs à pied jusqu'à six inclusivement ;

Enfin de 30 fr. par fraudeur arrêté quand la bande attaquée aura été formée de trois fraudeurs à cheval et plus, ou plus de six à pied.

(Décision ministérielle du 12 Juillet 1816, rappelée dans la circulaire de l'Administration du 12 Juin 1844, nº 2023.)

Toutes les fois qu'une transaction stipule le paiement

d'une somme qui comprend une prime de capture, il faut défalquer de la somme offerte le montant de la prime et porter la prime à l'article spécial ouvert à cet effet.

(Lettre de la Comptabilité générale du 25 Avril 1835.)

### Primes reçues des Préfets pour arrestation de déserteurs.

Une prime de 25 fr. est accordée pour l'arrestation de chaque déserteur (décret du 12 Janvier 1811), mais sous la condition que l'arrestation aura été faite quarante-huit heures après l'absence illégale du militaire.

(Décision administrative du 16 Novembre 1831.)

Cette prime est avancée par les Préfets sur la production : 1° du procès-verbal d'arrestation établi en double expédition et visé par l'Officier de gendarmerie commandant la brigade entre les mains de laquelle le déserteur aura été remis ; 2° du signalement de désertion délivré par le Conseil d'administration du corps auquel appartient ce militaire; 3° du reçu du concierge de la prison dans laquelle a été déposé le déserteur après la remise de la gendarmerie.

(Lettre du Préfet de l'Hérault du 8 Mai 1847.)

Le montant de toutes les primes dont nous venons de parler est versé entre les mains des Receveurs principaux des Douanes. Ils délivrent, en échange des sommes qu'ils reçoivent, des quittances qu'ils détachent du registre série E, n° 71. Le prix du timbre des quittances ne doit pas être perçu.

(Circulaire de l'Administration du 17 Juillet 1838, n° 1699.)

Les allocations dont il s'agit ne doivent pas figurer aux droits constatés.

## ARTICLE 3 DE LA DÉPENSE.

Primes de capture.. | Répartition aux préposés.
Restitutions faites à divers.

Les Receveurs principaux des Douanes doivent justifier de l'emploi des fonds qui leur ont été confiés pour primes de capture, par un état émargé de chacun des employés saisissants.

(Circulaire du 5 Avril 1816, n° 190.)

Dans toute saisie opérée à la requête de l'*Administration des Contributions indirectes* et concurremment par les préposés de la Régie et ceux des Douanes, le partage, tant de la portion des produits mis en répartition que du montant des primes payées pour tenir lieu de la valeur des *tabacs* à détruire, se ferait *par tête et sans aucune acception de grade de part ni d'autre*.

(Circulaire du 14 Décembre 1836, n° 1587.)

Toutes les sommes provenant de primes de capture dont le paiement n'aura pas été réclamé dans le délai de cinq ans à partir du 1er Janvier de l'année pendant laquelle elles ont été mises en répartition, seront reversées au Trésor, c'est-à-dire qu'il en sera fait recette au chapitre des *Contributions et revenus publics*, à l'article des *Recettes accidentelles*, et simultanément dépense aux comptes où elles figuraient primitivement. Cette dépense sera appuyée d'un ordre du Directeur portant l'obligation pour le Receveur de s'en charger en recette, et revêtu du certificat de l'Inspecteur de la localité attestant que cette condition a été remplie.

(Circulaire de la Comptabilité générale du 30 Novembre 1845, n° 291-43.)

### ARTICLE 4 DE LA RECETTE.

Sommes afférentes aux préposés des Douanes dans le produit des contraventions constatées à la requête des autres Administrations.

*Recettes effectuées.*
Reprise, par le Receveur de la Douane de Paris, de la réserve transférée par ses collègues pour le fonds commun.

Les Receveurs des Administrations poursuivantes remettent à leurs collègues des Douanes, avec un état de répartition, le montant des sommes qui ont été attribuées aux préposés saisissants.

Les Receveurs des Douanes délivrent en échange une quittance détachée du registre série E, n° 71 B.

Ils ne doivent pas percevoir le prix du timbre de cette pièce.

(Circulaire de l'Administration du 17 Juillet 1838, n° 1699.)

Dans les saisies opérées à la requête des Contributions indirectes, et concurremment par les préposés de la Régie et ceux des Douanes, le partage tant de la portion des produits mis en répartition que du montant des primes payées pour tenir lieu de la valeur des tabacs à détruire se fait par tête et sans aucune acception de grade de part ni d'autre.

Il a été en même temps convenu que ce mode s'appliquerait au partage de la masse des saisissants dans les saisies opérées par des agents des deux services, pour contravention aux lois de Douanes, sauf à chaque Administration à établir ensuite une sous-répartition d'après les règles qui lui sont propres.

(Circulaire de l'Administration du 14 Décembre 1836, n° 1587.)

Les Receveurs principaux des Douanes des départements transmettront au Receveur de la Douane de Paris, par un bordereau de recouvrement pour son compte, la somme mise en réserve par chacun d'eux pour le fonds commun. Le dernier comptable fera dépense aux virements du bordereau de recouvrement de chacun de ses collègues, et recette définitive aux sommes afférentes.

(Circulaire manuscrite de la Comptabilité générale du 23 Mars 1850.)

Les sommes afférentes aux préposés des Douanes dans le produit des contraventions faites à la requête des autres Administrations, figurent sur l'état C, n° 98 (ancien n° 11), auquel est annexé un relevé de ces sommes par saisie, suivant la formule C, n° 99 (ancien n° 112).

(Circulaire de la Comptabilité générale du 1er Septembre 1838, n° 156-34.)

ARTICLE 4 DE LA DÉPENSE.

Parts payées aux ayants droit.
Prélèvements affectés au service des pensions civiles.
Transfert, dans la comptabilité du Receveur de la Douane de Paris, de la réserve pour le fonds commun.
Distribution du fonds commun par le Receveur de la Douane de Paris.

Les états de sous-répartition doivent toujours être revêtus du certificat de l'Inspecteur énonçant à quelle date et sous quel numéro il a été fait recette de la somme distribuée.

(Circulaire de la Comptabilité générale du 21 Décembre 1827, n° 140-33.)

Dans les paiements à faire (1) sur les sommes afférentes, le mandat est remplacé par des ordres de dépense (2) qui peuvent être inscrits au dos des états de sous-répartition. Ces ordres, comme les mandats de paiement, doivent comprendre les prélèvements pour les pensions civiles lorsqu'il y a lieu d'en effectuer.

(Circulaire de la Comptabilité générale du 21 Décembre 1837, n° 140-33.)

Tous les paiements effectués sur le produit des sommes afférentes sont portés à l'exercice courant au moment où ils ont lieu.

(Circulaire de la Comptabilité générale du 15 Décembre 1836, n° 112-31.)

Les sommes afférentes aux préposés dans les saisies

---

(1) A la chemise n° 77 (ancien n° 60), à adresser à la Direction pour faire établir la sous-répartition de la somme versée, doivent se trouver joints :

L'original du procès-verbal ou une copie dûment certifiée;

La copie de la répartition dressée par l'Administration poursuivante ;

La copie de la décision qui autorise la sous-répartition de la somme reçue.

(2) ORDRE DE DÉPENSE DE LA SOMME DE

Le Directeur des Douanes à         soussigné, autorise le Receveur principal à         à faire dépense, à l'article 4 des opérations de trésorerie, de la somme de         , revenant suivant l'état de sous-répartition d'autre part, savoir :

A la caisse des pensions civiles, pour prélèvement à son profit...................................................  »   »
Aux chefs et préposés qui ont émargé ledit état......  »   »

                                   Total..........  »   »

Laquelle somme lui sera allouée en compte en rapportant le présent état dûment émargé par chacune des parties prenantes.

(Circulaire de la Comptabilité générale du 21 Décembre 1837, n° 140-33.)

faites à la requête des autres Administrations, dont le paiement n'aura pas été réclamé dans le délai de cinq ans à partir du 1er Janvier de l'année pendant laquelle elles ont été mises en répartition, seront reversées au Trésor, c'est-à-dire qu'il en sera fait recette au chapitre des *Contributions et revenus publics*, à l'article *Recettes accidentelles*, et simultanément dépense aux comptes où elles figuraient primitivement. Cette dépense sera appuyée d'un ordre du Directeur portant l'obligation, pour le Receveur, de s'en charger en recette, et revêtu du certificat de l'Inspecteur de la localité, attestant que cette condition a été remplie.

(Circulaire de la Comptabilité générale du 30 Novembre 1845, n° 291-43.)

Le transfert, dans la comptabilité du Receveur de la Douane de Paris, de la réserve des sommes afférentes, doit être effectué par les Receveurs principaux aussitôt qu'ils ont reçu l'avis que les résultats de leur comptabilité de l'année précédente ont été arrêtés. Ils doivent opérer ce transfert dans les écritures de la gestion suivante.

En cas de mutation de comptable dans le cours d'une année, rien ne s'opposerait à ce que le transfert se fît immédiatement ; mais il est préférable, afin de simplifier les écritures, de faire reprendre au successeur le solde du comptable dont la gestion est terminée pour n'opérer qu'un seul transfert par année.

(Circulaire de la Comptabilité générale du 18 Juillet 1851, n° 468-57.)

Les Receveurs principaux doivent comprendre, *pour mémoire*, dans les sous-répartitions de sommes afférentes, la réserve pour le fonds commun.

(Circulaire de la Comptabilité générale du 17 Avril 1849, n° 409-53.)

Le Receveur principal de Paris est seul chargé de présenter en compte la distribution du fonds commun.

(Circulaire manuscrite de la Comptabilité générale du 23 Mars 1850.)

Les Receveurs principaux qui auront de fait effectué des paiements sur ce fonds, opéreront comme il est indiqué à la page 93.

---

ARTICLE 5 DE LA RECETTE ET DE LA DÉPENSE.

---

CONSIGNATIONS :

Pour les voitures de voyageurs ;
Pour les chevaux et bêtes de somme et pour l'argenterie des étrangers ;
En garantie de droits ;
Faites à titre de cautionnement pour assurer la destination des marchandises expédiées sous acquit-à-caution ;
Pour assurer l'exécution des transactions dans les affaires résultant d'infractions ;
Du droit de 50 c. établi par l'article 1er de la loi du 23 Novembre 1848 sur les sels étrangers.

Pour faciliter le contrôle des opérations et prévenir les doubles restitutions, le remboursement des sommes consignées ne pouvait être effectué, dans le principe, que par le bureau qui en avait fait recette ou par celui nommément désigné en l'expédition ; la restitution dans tout autre bureau devait, au préalable, avoir été autorisée.

(Circulaire de l'Administration du 7 Mars 1826, n° 974, et de la Comptabilité générale du 10 Mai suivant, n° 5.)

Les circulaires de l'Administration des 23 Mars 1827, n° 1038, 26 Juin 1832, n° 1331, et 18 Juin 1846, n° 2117, ont levé la restriction dont il s'agit à l'égard des voitures, chevaux et bêtes de somme. Les consignations qui s'y rapportent peuvent aujourd'hui être remboursées dans tous les bureaux de Douanes indistinctement. Quant à l'argenterie des voyageurs, dont la réexportation est limitée aux bureaux ouverts à l'importation des marchandises taxées à plus de 20 fr. (circulaire de l'Administration du 25 Janvier 1832, n° 1301), les bureaux de cette catégorie peuvent seuls rembourser les sommes consignées.

Enfin tout bureau ouvert au transit est appelé à restituer les consignations effectuées dans les circonstances prévues par la circulaire de l'Administration du 18 Juillet 1856, n° 393.

Quelle que soit, au surplus, la nature de l'opération, la consignation n'est portée en dépense, *à titre définitif*, que par le Receveur qui a effectué la recette. Si le bureau qui rembourse la consignation n'est pas celui où la somme a été reçue, cette opération fait alors l'objet d'un bordereau de virement de fonds.

(Circulaire de la Comptabilité générale du 25 Novembre 1826, n° 7.)

Ces règles étant rappelées, il reste à entretenir des justifications à produire et des soins à donner à l'apurement régulier du compte des consignations.

Les recettes sont contrôlées au moyen de l'état de développement n° 100 (ancien n° 85).

(Circulaire de la Comptabilité générale des 20 Mai 1826, n° 5, et 17 Octobre 1853, n° 518-62.)

Quant à la dépense, elle se divise en *restitutions* et en *applications* aux droits et produits (1).

---

(1) Les marchandises importées ne sont remises aux déclarants que lorsque ceux-ci ont acquitté, consigné ou garanti les droits dont elles sont passibles.

(Article 6 de la loi du 4 Germinal an II.)

Dans le cas où la somme consignée ne couvre pas le montant des droits dus, le Receveur qui a laissé enlever la marchandise doit verser de ses deniers la portion de droits qu'il n'a pas exigée.

(Lettre de la Comptabilité générale du 20 Août 1834.)

Les premières sont justifiées généralement par des états certifiés et par la production d'ordres de restitution (1), appuyés des quittances ou reconnaissances de consignation, dûment revêtues de l'acquit des parties prenantes. Cet acquit doit être donné par la personne qui a effectué le dépôt ou par son fondé de pouvoirs.

( Circulaires de la Comptabilité générale, nos 5, 20-22 et 163-35 des 20 Mai 1826, 12 Novembre 1832 et 31 Décembre 1838. )

A défaut d'un pouvoir régulier, le remboursement n'a lieu, en mains tierces, qu'au vu d'une autorisation de toucher donnée sur la quittance même par l'auteur du dépôt; mais alors ladite quittance doit être soumise au timbre de dimension.

( Circulaire de l'Administration des Douanes du 22 Avril 1852, n° 31. )

S'il s'agit de voitures, chevaux, bêtes de somme, argenterie, et enfin de consignations ayant pour objet d'assurer la destination des marchandises expédiées sous acquit-à-caution, les intéressés doivent, en outre, au moyen des expéditions de douane dûment régularisées, administrer la preuve que les objets ont été, selon le cas, ou réexportés ou réimportés.

( Circulaire de la Comptabilité générale du 12 Novembre 1832, n° 20-22. )

En matière de transaction, les restitutions doivent être appuyées d'une copie de la décision administrative qui termine l'affaire contentieuse.

En cas d'absence des ayants droit, les sommes à restituer sont versées à la Caisse des dépôts et consignations, dans les délais déterminés par la circulaire de la Comptabilité générale du 28 Décembre 1842, n° 228-39 (2). Il en

---

(1) Il n'est pas délivré d'ordre de restitution pour les consignations *en garantie de droit.*

(2) Cette disposition n'est pas applicable aux remboursements sur

est délivré des récépissés que les Receveurs des Douanes produisent à l'appui de la dépense.

( Circulaires de la Comptabilité générale des 21 Décembre 1835 et 31 Décembre 1838, nos 94-30 et 163-35.)

En ce qui touche les consignations du droit de 50 c. par 100 kilogr. auxquels les sels étrangers employés à la préparation de la morue de pêche française ont été imposés par la loi du 23 Novembre 1848, les remboursements ne sont autorisés, en tout ou en partie, que dans les bureaux où la consignation a été effectuée; ces remboursements sont justifiés par des ordres de restitution des Directeurs et des certificats constatant que les sels pour lesquels les consignations ont été faites étaient ou des sels français ou des sels étrangers ayant déjà supporté le droit spécial.

Alors même que la restitution ne serait que partielle, le Receveur doit annexer à sa comptabilité du mois la quittance de consignation dûment revêtue de l'acquit de la partie prenante : quant aux remboursements ultérieurs auxquels la consignation peut donner lieu, le comptable fournit une nouvelle quittance de l'ayant droit, accompagnée d'une note explicative destinée à rappeler la production antérieure, dans ses comptes, de la reconnaissance de consignation.

Enfin, lorsque les reconnaissances de l'espèce sont conservées au Ministère du commerce, ce département délivre, pour en tenir lieu, un certificat qui est admis en

produits d'amendes et confiscations dont le montant n'aurait pu être payé à cause de l'absence des ayants droit. Comme il s'agit alors de créances qui se rattachent aux dépenses publiques, ces créances doivent être inscrites sur les relevés mensuels des sommes non payées. (Formule n° 80, ancien n° 102.)

(Circulaire de la Comptabilité générale du 20 Novembre 1850, n° 450-56.)

comptabilité comme le serait la reconnaissance de consignation elle-même.

( Circulaire lithographiée de l'Administration des Douanes du 17 Novembre 1849.)

Dans tout autre cas, comme aussi lorsque, par une cause quelconque, il n'est pas possible de produire en original la quittance de consignation exigée par les règlements, le déposant ne peut obtenir la restitution, même partielle, de la somme consignée qu'autant qu'il est délivré, dans la forme et sous les conditions déterminées par l'Administration, un duplicata de ladite quittance. Toutefois, quand il s'agira simplement de l'*application d'une consignation en garantie de droits*, les comptables devront suppléer à l'absence de la quittance en adressant à la Comptabilité générale un certificat conforme au modèle indiqué. ( *Voir à la page* 121. )

L'inscription définitive en recette, au compte du Trésor, du droit spécial de 50 c. établi par la loi du 23 Novembre 1848 déjà citée, sur les sels étrangers ayant servi à la préparation de la morue, nécessite l'intervention du Directeur qui délivre un ordre d'application destiné à être transmis à la Comptabilité générale. Pour d'autres objets, l'opération a lieu d'*office*, aussitôt qu'elle est praticable; cependant, afin de prévenir les réclamations, il est accordé un délai de six mois après celui qui a été fixé pour la décharge de l'expédition, en ce qui concerne les voitures et l'argenterie des voyageurs, les chevaux, bêtes de somme et les consignations relatives aux marchandises expédiées sous acquits-à-caution. Le versement, dans les caisses des Contributions indirectes, du droit de garantie sur l'argenterie, se fait à l'expiration du même délai ; il en en justifié par le récépissé des agents de ce service.

(Circulaire de la Comptabilité générale du 20 Mai 1826, n° 5, et de l'Administration des Douanes des 20 Mai 1832, n° 1326, et 18 Juillet 1856, n° 393.)

Dans l'état actuel des choses, les applications de sommes consignées *en garantie de droits* sont justifiées par les reconnaissances elles-mêmes. Pour les voitures de voyageurs, la dépense portée aux opérations de trésorerie se trouve compensée par une reprise en recette, sur une ligne spéciale à la première partie, chapitre unique, à une somme égale à celle appliquée ; mais il n'existe à la Comptabilité générale aucun moyen de contrôler les perceptions définitives résultant des applications qui figurent aux autres subdivisions de l'article des consignations.

A l'effet d'assurer ce contrôle, les Receveurs produiront, à l'avenir, avec leur comptabilité mensuelle, les relevés dûment certifiés des consignations dont le montant a été appliqué aux droits et produits pendant le mois précédent.

Ce modèle des relevés à établir est annexé à la circulaire de la Comptabilité générale du 10 Décembre 1856, n° 612-72.)

Il sera fourni un relevé particulier pour les applications relatives :

1° Aux chevaux et bêtes de somme et à l'argenterie des voyageurs, en totalisant chaque nature de consignation ;

2° Aux consignations pour assurer la destination des marchandises expédiées sous acquits-à-caution ;

3° A celles destinées à assurer l'exécution des transactions (1) ;

4° Au droit de 50 centimes établi par la loi du 23 Novembre 1848.

Ces états seront renfermés dans les chemises n°s 61, 64, 65 et 66 (anciens 41, 96, 114 et 23).

---

(1) Au moyen de ce relevé, les Receveurs seront dispensés de produire les quittances détachées du registre série M, n° 23 C, lorsqu'il ne s'agira que d'*applications* de sommes consignées pour assurer l'exécution des transactions.

Il existe depuis long-temps, sous les n°s 22 ter, 23 A, 23 B et 23 C, de la série M, des registres de quittances ou reconnaissances de consignations servant à l'inscription en recette des sommes déposées en garantie *des droits* ou pour assurer la réexportation des *voitures de voyageurs*, des *chevaux et bêtes de somme*, ainsi que de l'*argenterie* des étrangers. Conformément aux dispositions de la circulaire n° 393, déjà citée, la formule n° 23 C est également employée, moyennant certaines modifications, pour les consignations faites, à titre de cautionnement, sur les objets appartenant à des voyageurs.

Aucune de ces formules ne pouvant être adaptée aux autres cas de consignation, l'Administration vient de décider, d'accord avec la Comptabilité générale, qu'il serait créé un nouveau modèle (série M, n° 23 C *bis*), lequel servira à l'inscription en recette des sommes ayant pour objet d'assurer :

1° Le paiement des condamnations de toute sorte dans les affaires résultant d'infractions aux lois de douanes, etc.;

2° L'acquittement du droit de 50 centimes sur les sels étrangers;

3° Le remboursement, en temps utile, des traites admises en paiement des droits de douanes et de la taxe de consommation des sels.

(Circulaire de la Comptabilité générale du 10 Décembre 1856, n° 612-72.)

Les sommes versées aux Receveurs des Douanes pour assurer le remboursement de traites *non échues* souscrites en paiement des droits d'importation ou de la taxe de consommation des sels par un redevable déclaré depuis en état de faillite, constituant de véritables *consignations*, doivent être inscrites au chapitre 1er, article 5 des opérations de trésorerie sur une ligne spéciale.

Dans le cas où des traites auraient été négociées, comme elles ne peuvent être présentées à l'encaissement qu'au fur et à mesure des échéances, il conviendra de les inscrire *séparément* au registre de recette, série M, n° 23 C *bis*.

( Circulaire de la Comptabilité générale du 10 Décembre 1856, n° 612-72. )

ADMINISTRATION
DES DOUANES.

COMPTABILITÉ.

CONSIGNATIONS
en garantie de droits.

DIRECTION DE
—

PRINCIPALITÉ DE
—

Je soussigné, Receveur principal des Douanes à
   certifie que le    18
il a été consigné
à mon bureau
ou au bureau particulier de    } sous le n°
par M.  demeurant à  une somme de
        en garantie de paiement
de la taxe de consommation des sels
ou des droits de Douane à l' portation } à liquider sur
par suite de déclaration en date
enregistrée sous le n°

Laquelle somme a servi intégralement à l'acquittement des droits et se trouve inscrite en recette à mon livre-journal, le   sous le n°

La reconnaissance de la consignation dont il s'agit n'ayant pas été rapportée en temps utile, le présent certificat est délivré pour en tenir lieu et justifier la dépense présentée à mon compte des consignations, ainsi que la reprise en recette au chapitre des contributions et revenus publics.

A            le            185

Vu et certifié par l'Inspecteur des Douanes.

## ARTICLE 6 DE LA RECETTE ET DE LA DÉPENSE.

**Recouvrements pour des tiers.**
**Droits perçus pour l'Administration de l'Enregistrement et des Domaines.**

Visa pour timbre des lettres de voiture et connaissements.

Les Receveurs des Douanes, dans les localités où il n'existe pas de bureau d'enregistrement, pourront être chargés de viser, pour valoir timbre, les lettres de voiture et les connaissements venant de l'étranger, et de faire la recette des droits à raison de la dimension du papier.

En ce qui concerne les lettres de voiture et les connaissements faits en France sur papier non timbré ou non marqué des timbres prescrits par l'art. 6 de la loi du 11 Juin 1842, les mêmes Receveurs seront autorisés à les viser pour timbre, moyennant le paiement des droits et des amendes encourus, lorsque les contrevenants consentiront à les acquitter sur-le-champ pour éviter qu'il soit rapporté procès-verbal.

La formalité du visa pour timbre et de la recette des droits et amendes de timbre sera constatée sur un registre fourni, aux Receveurs des Douanes, par l'Administration des domaines et de l'enregistrement.

Il sera alloué aux Receveurs des Douanes une remise uniforme de 2 1/2 pour %, tant sur le prix des papiers timbrés qu'ils prendront au bureau de l'enregistrement que sur le produit des droits et du principal des amendes dont ils auront fait recette.

Ils donneront quittance de cette remise par émargement, sur un état présentant, soit les espèces, quantités et prix des papiers délivrés, soit la nature et le montant des recettes.

Les employés supérieurs de l'enregistrement et des domaines se transporteront chez les Receveurs des Douanes chargés de la vente des papiers timbrés et de la recette des droits et amendes de timbre sur les lettres de voiture et les connaissements : ceux-ci seront tenus de représenter à ces employés, pour être vérifiés, le registre servant à cette recette et les papiers timbrés restant en nature dans leurs mains.

(Arrêté du Ministre des finances du 24 Décembre 1842.)

---

Perception de la taxe des lettres et paquets dans les affaires criminelles ou correctionnelles à rembourser à l'Administration des postes.

Aux termes de l'article 18 de la loi de finances du 5 Mai 1855, il doit être perçu, après chaque *jugement définitif*, rendu en matière criminelle, correctionnelle ou de simple police, un droit *fixe* pour le transport des lettres et paquets dans les instances judiciaires.

La circulaire de l'Administration des Douanes et des Contributions indirectes, en date du 13 Février dernier, n° 349, a fait connaître le tarif applicable selon la nature de la procédure. Elle a transmis, en outre, le résumé d'une décision ministérielle du 31 Janvier précédent, d'après laquelle les frais de poste dus pour l'instruction des affaires en matière de contraventions aux lois sur les Douanes seront recouvrés par les Receveurs de ce service, et versés dans les caisses des Directeurs des postes. Ces

Receveurs veilleront à ce que les frais dont il s'agit soient toujours *liquidés distinctement* : s'ils remarquent des omissions ou des erreurs dans les liquidations, ils feront les diligences nécessaires pour qu'elles soient rectifiées.

Les recouvrements pour le compte de l'Administration des postes effectués dans les bureaux principaux et particuliers seront portés en recette par le Receveur principal au *chapitre* 1er (2e *partie*), art. 6, *Recouvrements pour des tiers*, sous le titre : *Sommes reçues pour le compte de l'Administration des postes ; taxe des lettres et paquets dans les affaires criminelles, correctionnelles ou de simple police*. Il n'en serait fait recette provisoire à l'art. 5, même chapitre (*Sommes reçues pour assurer l'exécution des transactions*), qu'autant qu'il y aurait eu *consignation* effective de la taxe avant *transaction définitive* : dans ce cas exceptionnel, qui se présentera rarement dans la pratique, il faudrait nécessairement une dépense pour ordre à cet article 5 (*Application, etc.*), avant de transporter la somme consignée à celui des *recouvrements pour des tiers*.

A défaut d'une formule spécialement affectée à leur inscription, les taxes perçues en vertu de la loi du 5 Mai 1855 devront figurer au registre série E, n° 71 B ; mais il conviendra de ne pas les confondre avec les autres frais judiciaires.

(Circulaire de la Comptabilité générale du 15 Juin 1856, n° 599-70.)

---

Cessions d'objets mobiliers hors de service.

Les dispositions de comptabilité concernant le prix des cessions d'objets mobiliers hors de service sont indiquées à la page 58 (*Chapitre du matériel*).

Lorsque des objets faisant partie du matériel des

Douanes auront été reconnus hors d'usage et non susceptibles d'être remployés, le chef de service de l'Administration des Douanes dans le département en adressera un état descriptif et estimatif au Directeur des domaines du même département.

*Dans les quinze jours qui suivront la réception de cet état*, le Directeur des domaines donnera des instructions pour la vente aux enchères par un préposé des domaines; ou si, à raison de la faible valeur et de la position des objets, il reconnaît qu'une vente par adjudication est impraticable, il en informera officiellement, dans le même délai, le chef de service de l'Administration des Douanes en lui renvoyant l'état estimatif des objets.

Dans ce dernier cas, les objets pourront être vendus au profit du Trésor, directement et sans concurrence ni publicité, par les Agents des Douanes.

Le produit des cessions ainsi faites, centralisé entre les mains du Receveur principal des Douanes de la circonscription dans laquelle elles auront été effectuées, sera versé, à la fin de chaque année, *dans les vingt premiers jours de Décembre au plus tard*, à la Caisse du bureau des domaines dans le ressort duquel est placé le bureau de recette principale des Douanes.

A l'appui de chaque versement, le Receveur principal des douanes remettra au Receveur des domaines des déclarations délivrées par le préposé des Douanes qui aura procédé à la cession, certifiées par l'Inspecteur de la division, en indiquant, pour chaque vente, le lieu et la date auxquels elle aura été effectuée, la désignation et l'origine des objets cédés, le nom de l'acheteur et le prix. Ces déclarations resteront déposées au bureau des domaines comme pièces justificatives de la recette.

Dans le courant du mois de Janvier de chaque année, le chef de service de l'Administration des Douanes, dans chaque département, adressera au Directeur des domaines un état des sommes versées à titre de prix de vente de mobilier, par les Receveurs des Douanes, dans les caisses du domaine, pendant l'année précédente.

Cet état, qui devra présenter les mêmes indications que les déclarations déposées à l'appui des versements, et faire connaître, en outre, le bureau des domaines où ces versements auront été effectués, servira à vérifier les opérations de recette des Receveurs des domaines.

( Arrêté du Ministre des finances du 5 Juin 1851. )

Lorsque les objets hors de service n'auront qu'une faible valeur, et que leur conservation pourra être facilement assurée, rien ne s'opposera à ce qu'on attende, pour en offrir la remise au domaine, l'expiration du trimestre ou même du semestre, sans toutefois que ce dernier délai soit jamais dépassé.

La prise de possession de ces objets par les domaines devra être provoquée immédiatement après la réforme quand ils auront de la valeur, qu'ils seront sujets à dépérissement, que leur garde devra être une cause d'embarras pour le service, et lorsqu'ils pourront être cédés avec avantage pour le Trésor aux fournisseurs.

Par suite de ces dispositions, l'état récapitulatif des objets mobiliers hors de service fournis chaque année à l'Administration ne comprendra que la deuxième partie : *Immeubles ou objets mobiliers livrés à l'Administration des domaines pour être vendus au profit du Trésor*. On suppléera à la première partie de cet état : *Objets cédés aux fournisseurs et entrepreneurs des travaux*, par une expédition de celui qui aura été adressé au Directeur des domaines.

( Circulaire de l'Administration du 18 Juin 1851, et de la Comptabilité générale du 18 Juillet de la même année, n° 468-57. )

**Droit de quinze pour cent sur le produit de la vente des marchandises prohibées avariées provenant de sauvetage, perçu pour la Caisse des invalides de la marine.**

Dans le cas où des marchandises prohibées provenant de naufrage seraient tellement avariées qu'elles ne pourraient pas être exportées sans le risque d'une perte totale, les propriétaires ou adjudicataires desdites marchandises auraient la faculté de les faire vendre publiquement, à la charge de payer, après la vente, entre les mains des préposés à la perception, le droit de quinze pour cent sur le produit de ladite vente, pour, le montant de ce droit, être remis au Receveur le plus proche des invalides de la marine.

(Article 6 du titre 7 de la loi du 22 Août 1791.)

---

**Produit net des marchandises vendues sous réserve des droits des tiers.**

Les fonds provenant de ces ventes doivent être tenus, pendant un an, à la disposition des ayants droit.

Le produit net de ces ventes devra être versé au Receveur particulier des finances de l'arrondissement pour le compte de la Caisse des dépôts et consignations; et le préposé des Douanes en fera dépense à l'article des fonds reçus à titre de dépôt, sous le titre de *versement à la Caisse des dépôts et consignations du produit net des marchandises vendues sous réserve des droits des tiers.*

(Circulaire de la Comptabilité générale du 31 Janvier 1828, n° 42.)

---

**Recouvrements sur les traites ou obligations de crédit en souffrance, du montant desquelles les ex-Receveurs qui en sont demeurés responsables ont été constitués en débet.**

Lorsque les Receveurs principaux des Douanes seront appelés à suivre la rentrée de traites en souffrance mises à la charge de comptables hors de fonctions, ils pourront admettre à leur caisse les sommes qu'ils auraient réalisées sur les souscripteurs ou leurs cautions ; mais ils en feront recette aux opérations de trésorerie, à une section spéciale de l'article des fonds reçus à titre de dépôt, et ils en verseront distinctement le montant, à la décharge des débiteurs, dans les caisses des Receveurs généraux et particuliers des finances.

Lorsque des ex-comptables constitués en débet, soit pour déficit de caisse, soit pour crédit de droits, dont ils auront été déclarés responsables, se trouveront créanciers de l'État pour appointements, etc., les Receveurs des Douanes, sur les caisses desquels les paiements sont assignés, verseront également aux Receveurs des finances le montant de ces créances à l'acquit des anciens comptables en débet. Les récépissés de ces versements tiendront lieu des quittances des créanciers.

(Circulaire de la Comptabilité générale du 31 Mai 1833, n° 36-25.)

ARTICLE 7 DE LA RECETTE ET DE LA DÉPENSE.

Fonds particuliers de divers, et recettes à classer.

D'après la nature des opérations inscrites qui font l'objet de ce compte, un Receveur ne doit y faire dépense que de sommes qui y auraient été précédemment portées en recette. Il suit de là qu'en ajoutant aux recettes de l'année le solde de l'année précédente, chacune des divisions de cet article, à moins qu'il n'y ait balance parfaite, ne doit jamais présenter qu'un solde créditeur.

1° *Fonds particuliers de divers.* — Tels sont les appointements, les parts de saisies, etc., pour lesquels il y a émargement ou quittance, et qui sont laissés entre les mains des comptables. Ces sommes, dont il a été fait dépense comme payées, doivent être reprises en recette au nom des ayants droit. C'est à cette première section que sont portées aussi les retenues pour dettes sous le nom des employés qui les ont supportées.

Les retenues faites sur les appointements, parts de saisies et gratifications des préposés de brigades — au profit de leurs créanciers — pourront être comptées à ces derniers sans ordre préalable des Directeurs et sur la simple production de quittances régulières.

(Circulaire de l'Administration du 3 Novembre 1827, n° 1070.)

Chaque année, dans les quinze derniers jours de Décembre, toutes les sommes dont la recette remonterait au moins au 30 Novembre de l'année précédente, et qui, à cette époque, n'auraient pas été retirées par les ayants droit, devront être versées à la Caisse des dépôts et consignations, à l'exception toutefois de celles qui proviendraient de retenues au profit de créanciers. Le versement de celles-ci n'aura lieu qu'à la fin de l'année qui suivra celle dans laquelle elles auront atteint le chiffre des dettes qui les avaient motivées. Il est entendu que les retenues pour dettes doivent figurer en recette et être versées, quand il y a lieu, au nom de ceux qui les ont subies, avec indication des créanciers au profit desquels elles ont été effectuées. Les récépissés de ces divers versements seront conservés par les comptables pour justifier de leur libération envers les ayants droit.

(Circulaire de la Comptabilité générale du 28 Décembre 1842, n° 228-39.)

2° *Recettes à classer.* — Le montant des versements

faits dans le courant de chaque mois, par les Receveurs particuliers, à-compte de leurs perceptions du même mois, doit être porté en recette à cet article pour être ensuite appliqué au compte des droits et produits, aussitôt que le bordereau n° 6 est parvenu au bureau principal.

Le décompte de ces perceptions devant être réglé et apuré mois par mois, il s'ensuit que les sommes reçues à-compte et portées en recette dans le compte annuel des Receveurs principaux, doivent toujours se trouver balancées par celles qui sont portées en dépense pour leur application aux droits et produits.

Les produits de vente d'objets sujets à dépérissement provenant de saisies partielles sont classés provisoirement aux *recettes à classer*, d'où ils sont retirés au moyen d'une dépense au même compte et appliqués aux *droits et produits*, lorsque le jugement définitif de confiscation a été prononcé et que le procès-verbal collectif de la vente de ces objets et du surplus des marchandises enregistrées comme minuties a été rédigé.

(Circulaire de la Comptabilité générale du 30 Novembre 1845, n° 294-43.)

C'est à cette section que doit être inscrite toute recette qui ne pourrait être immédiatement portée au chapitre auquel elle appartiendrait.

(Instruction pour la tenue du sommier.)

## ARTICLE 8 DE LA RECETTE ET DE LA DÉPENSE.

**Fonds particuliers des comptables.**
Fonds que le comptable a versés dans sa caisse pour acquitter des dépenses en excédant de ses recettes.

Les Receveurs doivent faire figurer à ce compte les fonds qu'ils versent dans leur caisse pour subvenir au paiement de dépenses en excédant de leurs recettes, et dont ils font ensuite la reprise.

(Instructions de la Comptabilité générale.)

## CHAPITRE II DE LA RECETTE.

#### Recouvrements et régularisations d'avances.

Il est recommandé aux Receveurs de ne point mettre de retard dans la régularisation des avances de toute nature, et de comprendre notamment, toutes les fois qu'ils le pourront, les recouvrements et régularisations dans les opérations de Décembre, afin de diminuer le reste à recouvrer ou à régulariser.

(Circulaire de la Comptabilité générale du 17 Octobre 1853, n° 518-62.)

## CHAPITRE II DE LA DÉPENSE.

#### Avances à recouvrer et à régulariser.

Tous les paiements faits à titre d'avances et les dépenses susceptibles d'être ultérieurement régularisées seront portés en dépense à ce compte dont la recette se composera des remboursements et régularisations obtenus par le comptable sur les avances ou dépenses dont il s'agit.

(Circulaire de l'Administration du 26 Décembre 1846, n° 230.)

Il est interdit de faire figurer aux avances aucune dépense publique autre que celles qui sont indiquées à ce chapitre.

( Circulaire de la Comptabilité générale des 1er Décembre 1827, no 11, 28 Décembre 1842, no 228-39, et 16 Mars 1843, manuscrite. )

On a prévu, pour les avances concernant les services particuliers, le plus grand nombre d'articles qu'il a été possible, et on a ménagé des blancs pour les avances imprévues, qui devront toutefois être présentées sous des titres qui en fassent connaître la nature, afin qu'on puisse apprécier les motifs pour lesquels les comptables les auraient comprises exceptionnellement en dépense.

Le bordereau indique ainsi les avances qui sont autorisées :

1º Services d'habillement, de santé et de casernement des préposés des brigades (1);

2º Frais de saisies et de préemptions (2) ;

---

(1) On porte à cette section les sommes qui sont payées pour le remboursement de leur actif de masse et la reprise de leurs armes à des préposés démissionnaires ou révoqués, qui quittent leurs résidences avant la réception des mandats qui sont délivrés par les Directeurs ; les frais de transport d'armes, les sommes qui sont comptées pour les réparations aux casernes lorsque les travaux sont faits en régie ; en un mot toutes les dépenses qui, devant être imputées sur les fonds de masses, sont effectuées avant la délivrance des ordres de paiement qu'elles concernent.

(2) Les frais de saisies restent aux avances jusqu'à la conclusion des affaires auxquelles ils se rapportent.

S'il est reconnu que des portions de ces frais sont irrecouvrables, la dépense en est allouée avec imputation sur l'article 5 de la première partie du chapitre Ier des dépenses publiques ( *Dépenses administratives* ), titre *Condamnations et frais judiciaires à la charge de l'État, primes pour arrestations de fraudeurs et frais de saisies non recouvrables*.

3° Parts de saisies à des indicateurs et à des saisissants (1) ;
4° Primes de capture ;
5° Plombage et estampillage (2) ;
6° Fonds remis aux Receveurs particuliers pour subvenir au remboursement des consignations et au paiement des dépenses (3).

Des fonds de subvention ne devant être envoyés par les Receveurs principaux qu'en prévision des besoins du service, et, dans ces prévisions, ne devant jamais être compris le paiement des appointements ou indemnités, il en résultera nécessairement que les excédants de recette, s'il en existe, ne s'élèveront jamais qu'à de faibles sommes.

(Circulaire de la Comptabilité générale du 26 Novembre 1855, n° 583-67.)

Les Receveurs sont autorisés à payer, avant le premier jour du mois qui suit celui pour lequel ils sont dus, *les appointements* aussi bien que *les autres* sommes acquises aux employés révoqués, démissionnaires ou qui changent de résidence dans le courant du mois.

Les paiements de l'espèce doivent figurer au cadre de

---

(1) On peut payer, dans les cas exceptionnels, les parts revenant aux préposés qui se trouveraient dans le besoin.
(Circulaire de la Comptabilité générale du 6 Décembre 1854, n° 556-66.)

(2) Voir répartition des produits de plombage et d'estampillage, page 83 en note.

(3) Les Receveurs principaux auront le soin de toujours indiquer, dans l'espace réservé à cet effet sur le cadre n° 8 du bordereau n° 4, la somme représentant le solde en caisse collectif des Receveurs particuliers à la fin du mois précédent. Cette somme, qui est comprise dans les avances effectuées pendant le mois, doit nécessairement être d'un montant égal à celui qui figure à la colonne 4 de l'extrait récapitulatif. Circulaire n° 8 (ancien F. B., n° 108).

développement n° 8 du bordereau n° 4 sur une ligne spéciale, et seront toujours régularisés le mois suivant.

(Circulaire de la Comptabilité générale du 2 Juillet 1856, n° 602-71.)

Tout comptable entrant en fonctions encourrait une grave responsabilité s'il acceptait sans examen le compte des avances à régulariser, présenté dans les écritures de son prédécesseur, et s'il ne faisait procéder immédiatement à la constatation des irrégularités qui pourraient exister dans cette partie de la comptabilité ou dans toute autre.

(Lettre de l'Administration du 11 Mai 1855.)

Les comptables doivent adresser, chaque année, du 12 au 15 Janvier, un état en double expédition (C. n° 105, ancien F B, 5 *bis*) contenant le développement des avances restant à recouvrer ou à régulariser à la fin de chaque gestion.

(Circulaire de la Comptabilité générale du 17 Octobre 1853, n° 548-62.)

La production de l'état C. n° 105 ne dispense pas de fournir, à la même époque, un exemplaire du modèle C. n° 104.

## CHAPITRE III DE LA DÉPENSE.

### DÉBETS A LA CHARGE D'EX-RECEVEURS.

Dépenses en accroissement de débets.
Traites et obligations de crédit mises à la charge d'anciens comptables.

Le débet pour déficit de caisse constaté à la charge d'un Receveur principal, résultant de l'absence des valeurs qui devraient représenter l'excédant de ses recettes sur ses dépenses, au dernier jour de sa gestion, et chaque comptable ne devant constater dans ses écritures et ne comprendre dans le compte qu'il rend à la Cour que ses opérations personnelles, il s'ensuit que le débet d'un Receveur ne peut être repris en charge par son successeur comme valeur réalisable ou créance à recouvrer : celui-ci ne se charge en recette à l'article 5 des *mouvements de fonds* que des valeurs réelles laissées ou remises par son prédécesseur, conformément au procès-verbal qui en aura été dressé. Ainsi le débet d'un comptable hors de fonctions ne doit figurer dans la comptabilité d'aucun Receveur principal en exercice.

---

#### Traites et obligations de crédit mises à la charge d'anciens comptables.

Les traites et obligations de crédit en souffrance dont un comptable sortant de fonctions a été déclaré responsable ne doivent pas être reprises en charge par son successeur. Le premier de ces comptables doit être constitué en débet du montant de ces traites, s'il n'en a remplacé la valeur dans sa caisse. Quant à celles qui proviennent de la gestion d'un comptable hors de fonctions, et qui figuraient dans l'actif de son successeur, elles doivent cesser d'y être comprises comme valeur, dès que le Receveur qui les a admises en paiement en a été rendu responsable ; dans ce dernier cas, le Receveur en exercice en fait dépense au présent chapitre pour faire constituer en débet de leur montant le Receveur resté responsable.

(Voir l'instruction mise en tête du registre des traites en souffrance.)

Les Receveurs principaux, d'après les dispositions de la circulaire de la Comptabilité générale des finances du 31 Mai 1833, n° 36-25, n'ont plus à présenter, dans leurs comptes, de recouvrements sur débets d'ex-comptables, attendu que la poursuite de ces débets est attribuée à l'agence judiciaire du Trésor.

(Instruction pour la tenue du sommier. Voir à la 2^me Partie : DÉBETS DES COMPTABLES.)

Lorsque les Receveurs principaux des Douanes seront appelés à suivre la rentrée de traites en souffrance mises à la charge de comptables hors de fonctions, ils pourront admettre à leur caisse les sommes qu'ils auraient réalisées sur les souscripteurs ou leurs cautions ; mais ils en feront recette aux opérations de trésorerie, à un article à ouvrir à la main, à la section des *recouvrements pour des tiers* sous le titre de *recouvrements sur les traites ou obligations de crédit en souffrance, du montant desquelles les ex-Receveurs qui en sont demeurés responsables ont été constitués en débet.*

Ce produit doit faire l'objet d'un versement spécial et immédiat chez les Receveurs des finances à la libération des ex-comptables en débet pour crédits laissés à leur charge.

(Circulaire de la Comptabilité générale du 31 Mai 1833, n° 36-25.)

Lorsque des ex-comptables constitués en débet, soit pour déficit de caisse, soit pour crédit de droits dont ils auraient été déclarés responsables, se trouveront créanciers de l'État pour appointements, parts de saisies, etc., les Receveurs des Douanes, sur les caisses desquels les paiements sont assignés, verseront aux Receveurs des finances le montant de ces créances à l'acquit des anciens comptables en débet. Les récépissés de ces versements tiendront lieu des quittances des créanciers.

(Circulaire de la Comptabilité générale du 31 Mai 1833, n° 36-25.)

**Déficit de caisse constaté à la charge des Receveurs particuliers.**

Le Receveur principal se charge en recette des perceptions dont le montant aurait été détourné par des Receveurs particuliers, et fait dépense du déficit au présent chapitre.

(Instruction pour la tenue du sommier.)

---

ARTICLE 1er DE LA RECETTE. (Chapitre III.)

**Fonds de subvention reçus des Receveurs des finances.**

Sur la demande qu'ils devront en faire chaque année par l'intermédiaire de leur Directeur (circulaire manuscrite de l'Administration du 17 Novembre 1843), il sera ouvert aux Receveurs principaux des Douanes, dont les dépenses excèdent habituellement les recettes, un crédit sur la caisse des Receveurs généraux des finances. Les fonds qui en formeront le montant pourront cependant être comptés par les Receveurs des finances qui se trouveront les plus voisins de la résidence du Receveur des Douanes, quand bien même les deux comptables n'habiteraient pas le même département.

(Circulaires manuscrites de l'Administration des 16 Juillet 1816, 24 Décembre 1821 et 28 Février 1827.)

Afin de faciliter le contrôle établi à la Direction de la Comptabilité générale des finances, les Receveurs principaux indiqueront exactement la date des récépissés des fonds de subvention reçus des Receveurs des finances.

(Instruction pour la tenue du sommier.)

Les Directeurs remettront, de leur côté, chaque mois, au Receveur général des finances, dans les écritures duquel les mouvements de fonds doivent figurer, un état détaillé des fonds de subvention reçus des Receveurs des finances, afin que ce comptable puisse se concerter avec eux pour la recherche et la rectification des différences.

(Circulaire de la Comptabilité générale du 29 Novembre 1849, n° 422-54.)

Les Directeurs doivent, aussitôt qu'ils expédient un ordre de subvention au profit d'un Receveur principal de leur direction, en prévenir leur Inspecteur, et lui faire connaître le montant de ce mandat, sa date et la caisse sur laquelle le paiement en est imputé.

(Circulaire de l'Administration du 14 Juillet 1820, n° 586.)

Les fonds de subvention tirés des caisses des finances ne doivent pas comprendre de fractions de franc.

(Circulaires de l'Administration du 10 Décembre 1823, n° 836, et de la Comptabilité générale du 21 Juin 1854, n° 545-63.)

ARTICLE 1er DE LA DÉPENSE. (Chapitre IV.)

VERSEMENTS AUX COMPTABLES DES FINANCES.

Numéraire.

Les Receveurs des Douanes doivent verser, tous les dix jours, aux recettes des finances, *et autant que possible les 9, 19 et 29 de chaque mois*, les fonds disponibles qu'ils ont en caisse, alors même que ces fonds ne s'élèveraient qu'à 5,000 fr.

(Lettre de la Comptabilité générale du 2 Avril 1836.)

Les versements doivent être effectués en sommes rondes, c'est-à-dire sans fractions de francs.

(Circulaires du 10 Décembre 1823, n° 836, et de la Comptabilité générale du 21 Juin 1854, n° 545-63.)

Les récépissés délivrés par les Receveurs des finances aux Receveurs des Douanes, en échange des fonds qu'ils leur ont comptés, n'opèrent la libération des comptables auxquels ils sont remis qu'autant qu'ils ont été délivrés sur des formules à talon, et visés, à leur diligence, dans les vingt-quatre heures, par le Préfet ou le Sous-Préfet.

( Article 1er de l'ordonnance du 12 Mars 1833. )

Une circulaire du Ministre des finances, en date du 16 Mai 1833, a rappelé aux Préfets et Sous-Préfets l'obligation de remplir avec une scrupuleuse exactitude la formalité du visa, soit par eux, soit par des délégués qu'ils auront fait accréditer, et d'inscrire toujours la date du visa sur le récépissé avant la signature du Contrôleur. De son côté, le Directeur de la Comptabilité générale a, sous la date des 20 et 28 du même mois, expressément recommandé aux Receveurs des finances de ne jamais différer, pour quelque motif que ce soit, l'expédition des récépissés.

( Circulaire de la Comptabilité générale du 31 Mai 1833, n° 36-25. )

La remise par un comptable de fonds appartenant au Trésor public, à une autorité non désignée pour les recevoir, engage sa responsabilité.

( Arrêté du 15 Nivôse an VIII. )

Depuis que les redevables ont la faculté d'acquitter les droits de douane et l'impôt du sel en billets de banque, des Receveurs ont pensé qu'ils pouvaient effectuer le versement de ces valeurs par la voie de la poste, en les renfermant dans des lettres ou paquets chargés, et que leur responsabilité se trouvait ainsi à couvert, même en cas de perte ou de soustraction desdits envois.

C'est là une erreur.

Le Ministre des finances, appelé à statuer sur un cas de soustraction d'un paquet chargé renfermant une somme considérable en billets de banque, dont l'envoi était fait, à titre de versement, à un Receveur général des finances par un Receveur principal des Douanes, a décidé, le 23 Juillet 1851, nonobstant diverses considérations qui militaient en faveur du comptable, que celui-ci ne pouvait être déchargé de sa responsabilité, et qu'il devait réintégrer dans sa caisse la somme soustraite.

(Circulaire de l'Administration du 4 Août 1851, n° 2449.)

Pièces de dépenses.

Les Receveurs des finances et les Percepteurs sous leurs ordres doivent faire, sur les fonds de leurs recettes, tous les paiements pour lesquels leur concours est jugé nécessaire.

*Les autres Receveurs des revenus publics* peuvent être appelés à concourir de la même manière au paiement des dépenses pour le compte du Payeur.

Ces paiements ne peuvent être valablement effectués que sur la présentation, soit des lettres d'avis ou des mandats délivrés au nom des créanciers, soit de toute autre pièce en tenant lieu, et revêtus du *vu bon à payer* apposé par le Payeur.

L'accomplissement de ces formalités et conditions, et de la quittance régulière et datée de chaque partie prenante, suffisent pour dégager la responsabilité du comptable qui a effectué des paiements de cette nature.

Les acquits constatant les paiements faits par d'autres comptables pour le service du Payeur doivent être compris dans leur plus prochain versement à la recette particulière.

(Articles 308, 309, 310 et 311 de l'ordonnance du 31 Mai 1838, transmise par la circulaire du 30 Mars 1843,

n° 1965, qui ajoute : « Il est bien entendu que les Re-
» ceveurs des Douanes doivent conserver dans leurs caisses
» les fonds qui seront rigoureusement nécessaires pour
» subvenir aux dépenses prévues ou dont l'acquittement
» ne peut être différé, telles que les primes, etc. » )

Les mandats tirés par les Receveurs généraux et particuliers des finances sur les caisses des préposés à la
perception des impôts indirects, seront détachés d'un
registre à souche, et libéreront les comptables qui les
auront acquittés, à la charge par eux de les comprendre
dans leur prochain versement pour être échangés contre
un récépissé à talon.

Les Receveurs des Douanes qui se trouveraient dans le
cas d'acquitter des mandats de l'espèce devraient faire
immédiatement dépense de leur montant à l'article des
*versements*, sans attendre qu'ils eussent reçu le récépissé
qui doit leur être remis en échange dans le cours du
mois.

( Circulaire de la Comptabilité générale du 31 Mai
1833, n° 25. )

Une exactitude scrupuleuse, de la part du Receveur, à
indiquer sur le bordereau mensuel les numéros et les
dates des versements en numéraire et en pièces de dépense, est d'autant plus nécessaire que ces renseignements servent à établir le rapprochement qui se fait
chaque trimestre, à la Direction de la Comptabilité générale, entre les déclarations des Receveurs des Douanes
et celles des Receveurs des finances. Ces comptables
devront donc se concerter pour que, chaque mois, leurs
écritures respectives coïncident parfaitement.

( Instruction pour la tenue du sommier. )

Les Directeurs remettront, chaque mois, au Receveur
général des finances, dans les écritures duquel les mouvements de fonds doivent figurer, un état détaillé des verse-

ments effectués chez les Receveurs des finances, afin que ce comptable puisse se concerter avec eux pour la recherche et la rectification des différences.

(Circulaire de la Comptabilité générale des finances du 29 Novembre 1849, n° 54.)

---

Envois directs, au Caissier central du Trésor, de traites et obligations de crédit.

Pour les *envois directs, au Caissier central du Trésor, de traites et obligations de crédit*, voir à la 2me Partie, article : *Crédits*.

---

### ARTICLE 2 DE LA RECETTE. (Chapitre III.)
#### Fonds reçus des Receveurs des finances.
#### Traites ou obligations de douanes protestées.

Lorsque des traites ou obligations de douanes protestées seront remises aux Receveurs, et que ces comptables ne pourront les rembourser en espèces, ils en délivreront leur récépissé aux Receveurs des finances sur le modèle 30 (ancien 59), auquel il suffira de faire les modifications suivantes; savoir :

1° Sur *le récépissé*, on remplacera les mots : *à titre de fonds de subvention, suivant la demande qui en a été faite ci-dessus,* par ceux-ci : *montant d'une ou de plusieurs traites ou obligations de douanes protestées;*

2° Sur le talon, on remplacera le titre : *fonds de subvention reçus des Receveurs des finances,* par celui-ci : *fonds reçus des Receveurs des finances, traites et obligations de douanes protestées,* et l'on substituera, en outre, aux mots de *fonds de subvention et suivant la demande qui lui en avait été faite le         par M. le Directeur des douanes à         ceux-ci : de traites et obligations de douanes protestées.*

Les effets protestés venant accroître l'excédant des recettes devront nécessairement être compris au développement des valeurs en caisse et en portefeuille au dernier jour du mois, dans le total des *traites et obligations de crédit en souffrance*. Ils se trouveront développés, en outre, au cadre n° 10 du bordereau.

Ces mesures d'ordre ne préjugent en rien la responsabilité que les Receveurs principaux encourent, aux termes des règlements et instructions, pour les traites non acquittées par les souscripteurs et leurs cautions.

(Circulaire de la Comptabilité générale du 29 Août 1848, n° 370-48.)

---

ARTICLE 2 DE LA DÉPENSE. ( Chapitre IV. )

#### Fonds de subvention fournis par les Receveurs des Douanes aux Directeurs des postes.

Les Directeurs des postes sont autorisés, en cas d'insuffisance de fonds dans leur caisse, à se faire remettre par les Receveurs principaux des Douanes, à titre de fonds de subvention, les sommes qui leur seront nécessaires pour effectuer le paiement des mandats dits d'argent qui leur seront présentés. Ces mandats ont pour objet des sommes déposées dans les bureaux de poste pour être acquittés dans tous les autres bureaux de France.

Lorsque les Directeurs des postes auront à faire usage de cette faculté, ils rédigeront, sur un imprimé *ad hoc*, un bordereau indicatif du nom des bureaux de poste d'où sont émanés les mandats à payer, et de la date et du montant de ces mandats. Ils rempliront en même temps la formule qui contient : 1° la demande de fonds qui ne devra pas comprendre de fractions de franc ; 2° le récépissé de la somme remise ; 3° le talon du même récépissé. Ils remettront ces pièces au Receveur des Douanes, qui leur rendra le bordereau, après l'avoir souscrit au pied de la déclaration, de la somme qu'il leur aura délivrée. Ce Receveur conservera l'autre pièce, mais il en détachera le talon, et l'adressera, le jour même, sous enveloppe, à l'Inspecteur des postes, chef de service au chef-lieu du département. Il produira comme pièce justificative de sa dépense la demande et le récépissé formant les deux premières parties de cette formule.

(Circulaire de la Comptabilité générale du 23 Décembre 1846, n° 317-45.)

Lorsque les Receveurs des douanes sont dans l'impossibilité de satisfaire aux demandes formées par les Directeurs des postes, ils doivent l'attester par écrit.

(Circulaire de l'Administration du 10 Juillet 1852, n° 47.)

### ARTICLE 3 DE LA RECETTE. (Chapitre III.)

Fonds de subvention reçus des Receveurs des contributions indirectes.

### ARTICLE 3 DE LA DÉPENSE. (Chapitre IV.)

Fonds de subvention fournis aux Receveurs des contributions indirectes.

Dans les localités appartenant à la circonscription *des directions mixtes*, où se trouveront en même temps un Receveur des Douanes et un Receveur des contributions indirectes, chacun de ces comptables devra, à défaut de recouvrements suffisants, et avant de recourir à la recette des finances de son arrondissement, réclamer de son collègue les fonds nécessaires à l'acquittement des dépenses du service.

(Circulaire de l'Administration du 18 Octobre 1853, n° 154, nouvelle série.)

Les demandes de subvention peuvent également être échangées entre ces comptables, alors même qu'ils n'habiteraient pas la même localité, toutes les fois que le transport des espèces pourra s'effectuer sans frais ou sans supplément de frais pour l'Administration.

(Même circulaire.)

Les fonds réclamés à titre subventionnel ne peuvent être délivrés que sur l'ordre des Directeurs.

(Même circulaire.)

Les Directeurs s'assureront que le transport des fonds de subvention, s'il ne pouvait s'opérer sans frais par les agents de la localité, n'occasionne pas de plus fortes dépenses que celles qui sont habituellement faites pour les versements aux recettes des finances.

(Même circulaire.)

Les Directeurs doivent, aussitôt qu'ils expédient un ordre de subvention au profit d'un Receveur principal de leur Direction, en prévenir l'Inspecteur et lui faire connaître le montant de ce mandat, sa date et la caisse sur laquelle le paiement en est imputé.

(Circulaire de l'Administration du 14 Juillet 1820, n° 586.)

Le talon des formules d'ordre de subvention (n° 32) sera détaché et joint à la Comptabilité du Receveur qui touchera les fonds ; l'ordre de subvention, revêtu du récépissé, sera adressé à la Comptabilité générale avec les pièces produites mensuellement par le Receveur qui devra justifier de la dépense.

(Circulaire de la Comptabilité générale du 2 Juillet 1856, n° 602-71.)

**ARTICLE 4 DE LA RECETTE.** (Chapitre III.)

Fonds de subvention reçus des Receveurs des Douanes.

**ARTICLE 4 DE LA DÉPENSE.** (Chapitre IV.)

Fonds de subvention remis aux Receveurs des Douanes.

Les Directeurs des Douanes sont autorisés à délivrer des ordres de subvention sur les recettes de leur direction dont les produits excèdent les dépenses, au profit de celles dont les ressources sont insuffisantes. C'est seulement lorsque les besoins du service s'élèvent à un chiffre qui excède les perceptions effectuées, que, sur la demande de l'Administration, des crédits subventionnels sont mis à la disposition des Directeurs sur les caisses des Receveurs généraux des finances.

( Circulaire du 11 Floréal an IV.)

Les Directeurs s'assureront que le transport des fonds de subvention, s'il ne pouvait s'opérer sans frais par les agents de la localité, n'occasionne pas de plus fortes dépenses que celles qui sont habituellement faites pour les versements aux recettes des finances.

( Circulaire du 18 Octobre 1853, n° 154.)

Les Directeurs feront faire chaque mois le rapprochement des fonds de subvention de caisse à caisse de douanes. Ils tiendront la main à ce que la dépense d'un comptable soit balancée par la recette de l'autre. Cette concordance doit avoir lieu, autant que possible, à la fin de chaque mois, et notamment de chaque trimestre; *mais elle est de rigueur au 31 Décembre.*

( Instruction pour la tenue du sommier. )

Les Directeurs doivent, aussitôt qu'ils expédient un ordre de subvention au profit d'un Receveur principal de leur Direction, en prévenir l'Inspecteur et lui faire connaître le montant de ce mandat, sa date et la caisse sur laquelle le paiement en est imputé.

( Circulaire du 14 Juillet 1820, n° 586. )

Le talon des formules d'ordre de subvention ( C n° 31 ) sera détaché et joint à la comptabilité du Receveur qui touchera les fonds ; l'ordre de subvention, revêtu du récépissé, sera adressé à la Comptabilité générale avec les pièces produites mensuellement par le Receveur qui devra justifier de la dépense.

( Circulaire de la Comptabilité générale du 2 Juillet 1856, n° 602-71. )

---

### ARTICLE 5 DE LA RECETTE. ( Chapitre III. )

Reprise des valeurs provenant de la gestion du prédécesseur du comptable.

---

### ARTICLE 5 DE LA DÉPENSE. ( Chapitre IV. )

Valeurs remises par le comptable à son successeur.

Lorsqu'un Receveur cesse ses fonctions parce qu'il passe à un autre emploi, qu'il est admis à la retraite ou qu'il est destitué, il doit remettre de suite sa caisse et son portefeuille à son successeur ou à l'employé chargé de l'intérim de la recette, après que sa comptabilité aura été vérifiée dans toutes ses parties par l'Inspecteur, lequel rejettera toutes dépenses non valablement justifiées ou étrangères aux différents services ; n'admettra comme avances à régulariser que celles légalement autorisées ; arrêtera les registres après qu'ils auront été mis au courant ; fera rédiger un bordereau C n° 4 ; pour établir la situation du comptable, et dressera, contradictoirement avec lui et son successeur ou l'intérimaire, un procès-verbal, série C n° 86, constatant l'identité de l'excédant de recette avec les valeurs en caisse et en portefeuille, et le montant des avances à régulariser et créances à recouvrer, ainsi que la remise de ces mêmes valeurs et créances. Le comptable donnera le détail de ces valeurs à la suite du résultat général ( page 6 du bordereau n° 4 ) où les mots : *lequel excédant de recette est représenté par les valeurs ci-après détaillées*, seront remplacés par ceux-ci ; *détail des valeurs remises par le comptable à son successeur*. Une expédition du bordereau et du procès-verbal sera adressée immédiatement à l'Administration.

Lorsque le Receveur, sortant de fonctions, rendra son compte à la Cour, il remplacera, dans le résultat général, la formule ordinaire par une formule spéciale où il exprimera la remise faite par lui des valeurs en caisse et en portefeuille et créances à recouvrer, au lieu de s'en déclarer reliquataire, et il joindra à l'appui une expédition du procès-verbal, comme pour les comptes rendus en fin d'année. Cette pièce mettra suffisamment la Cour à même de le libérer entièrement de cet excédant de recette, en l'établissant à la charge de son successeur qui en formera le premier article de son compte.

Le premier acte de la gestion du comptable entrant en fonctions, ou de l'intérimaire, sera donc de faire recette, sur son livre-journal, des valeurs et des avances à régulariser qui lui seront remises. Le montant de ces avances sera porté dans la colonne, *sans mouvement de valeurs*, et il en sera fait de suite dépense dans la même colonne pour les porter au sommier comme *avances à régulariser*.

( Circulaire de l'Administration du 30 Mars 1822, n° 717. )

Tout comptable entrant en fonctions encourrait une grave responsabilité s'il acceptait sans examen le compte des avances à régulariser, présenté dans les comptes de son prédécesseur, et s'il ne faisait procéder immédiatement à la constatation des irrégularités qui pourraient exister dans cette partie de la comptabilité ou dans toute autre.

(Lettre de l'Administration du 11 Mai 1855.)

---

### Virements de fonds.

(Recette. Article 6 du chapitre III.)
(Dépense. Article 6 du chapitre IV.)

Le Receveur qui aura effectué un paiement pour le compte d'un de ses collègues en fera immédiatement dépense aux opérations de trésorerie, article des virements de fonds, sous le titre : *Paiements faits par le comptable pour le compte des Receveurs des*............ Il dressera lui-même le bordereau n° 35 ou 36, puis il le transmettra, par l'intermédiaire du Directeur dont il dépend, avec les pièces justificatives de la dépense, au Receveur pour le compte duquel le paiement a été effectué.

A la réception de cet envoi, ce dernier comptable s'en chargera en recette aux virements de fonds, *à titre de recette en acquits de paiements faits par les Receveurs des* ............ Il souscrira le récépissé à talon qui fait suite au cadre de ce bordereau. Il conservera le talon de cette pièce pour joindre à sa comptabilité, et transmettra ensuite le bordereau à son Directeur qui l'adressera au Ministère (1).

(1) Dans le cas où un Receveur n'admettrait pas un paiement fait pour son compte par un autre Receveur, celui-ci en serait informé par le Receveur de l'acquit rejeté.

(Circulaire de la Comptabilité générale du 25 Mars 1831, n° 18.)

Le comptable qui aura recouvré des fonds pour le compte d'un de ses collègues s'en chargera en recette aux opérations de trésorerie, virements de fonds, sous le titre : *Recettes faites par le comptable pour le compte des Receveurs des*............... Il détaillera la recette sur un bordereau d'envoi n° 33 ou 34, qu'il fera passer de la manière indiquée ci-dessus, après avoir toutefois souscrit la reconnaissance qui le termine au Receveur que le recouvrement concerne, et avoir séparé le talon du bordereau afin de joindre ce talon à la chemise n° 71 qu'il est appelé à produire.

Quant au second comptable, aussitôt que le bordereau dont il s'agit lui sera parvenu, il fera dépense de la somme recouvrée pour son compte aux opérations de trésorerie, virements de fonds, sous ce titre : *Dépense des fonds reçus par les Receveurs des*............ *pour le compte du comptable*, et il s'en chargera immédiatement à l'article de recette auquel elle doit être appliquée. Il signera la déclaration qui suit immédiatement le cadre placé en tête du bordereau. Cette déclaration sera visée, en outre, par le chef de service de la localité. Le bordereau ainsi régularisé sera conservé par le Receveur pour le compte duquel la recette aura été effectuée. Il le comprendra dans son envoi mensuel des pièces de dépenses.

Les dispositions que nous venons de citer — pour la transmission des bordereaux de virements — ne concernent que ceux émis dans une Direction et régularisés dans une autre.

Toutes les fois que des bordereaux (recouvrement ou dépense) auront été émis par un Receveur et régularisés par un second, placés l'un et l'autre *dans la même Direction*, les Directeurs feront détacher les talons et classer chaque partie du bordereau dans la comptabilité du comptable que l'objet concernera.

( Circulaires de la Comptabilité générale des 25 Novembre 1826, 29 Août 1848, 16 Mars 1853 et 2 Juillet 1856, nos 7, 370-48, 510-61 et 602-71. )

Il est recommandé aux Receveurs principaux de ne faire servir chacun des modèles qui ont été établis pour les virements de fonds qu'à son usage spécial.

Ainsi les nos C 35 et 36 ( anciens F B, nos 78 et 79 ) sont appropriés au service exclusif des Douanes; ils sont imprimés *le premier sur papier blanc, le second sur papier jaune*.

Quant aux nos 34 et 36 ( ancien F B, nos 79 *bis* et 78 *bis*), réservés aux virements de fonds entre les Receveurs des Douanes et ceux des contributions indirectes, *les bordereaux de dépense* (36) sont imprimés *sur papier rose*, et les *bordereaux de recette* ( 34 ) *sur papier vert*.

Les Receveurs des Douanes qui auront des opérations en virements de fonds avec leurs collègues des contributions diverses de l'Algérie compléteront les formules 34 et 36 ( anciens F B, nos 79 *bis* et 78 *bis* ).

( Circulaire de la Comptabilité générale du 20 Décembre 1855, no 585-68. )

Au cadre de développement du bordereau no 4, les Receveurs principaux devront faire un article *distinct et unique* du montant de chaque bordereau de virement de fonds.

( Circulaire lithographiée de la Comptabilité générale du 31 Mai 1827. )

Le numéro d'ordre des opérations par virements de fonds sera donné par le Receveur qui dressera le bordereau, et ce même numéro sera répété sur le talon du récépissé ou sur celui du bordereau de recette. De sorte que les deux Receveurs qui concourront à l'opération seront à portée d'en faire mention au cadre de développement.

Par ce moyen, le rapport qui existe entre la recette et la dépense sera facile à saisir.

( Même circulaire. )

Les Receveurs devront, quand des changements auront été apportés sur les bordereaux n° 4 aux résultats des mois précédents, indiquer avec soin les parties sur lesquelles portent les augmentations ou réductions; c'est-à-dire qu'ils devront faire connaître la date et le numéro du bordereau de paiement ou de recette dont le montant est ajouté aux résultats antérieurs ou en est retranché, ainsi que les résidences des comptables auxquels s'appliquent les opérations modifiées.

( Même circulaire. )

On réunira dans un seul bordereau de virement de fonds tous les paiements faits pour un même comptable, sauf à former des bordereaux particuliers pour les paiements qu'il importerait à l'ordre de la comptabilité d'appliquer sans délai aux services qu'ils concernent s'il devait résulter des retards de leur insertion dans le bordereau cumulatif des paiements du mois.

( Même circulaire. )

Il sera ouvert, chaque année, de nouvelles séries de numéros d'ordre pour les bordereaux de recettes et de dépenses relatives aux virements de fonds.

( Circulaire lithographiée de la Comptabilité générale du 24 Décembre 1827. )

Il ne doit point être commencé d'opérations en virements de fonds dans le mois de Décembre. Toutefois, pour ce qui concerne les recettes et les dépenses en virements qui ne pourront être ajournées, les comptables inscriront provisoirement aux *opérations de trésorerie*, *recettes à classer*, les recouvrements, et, aux *avances à régulariser*, les paiements dont il s'agit.

( Circulaire de la Comptabilité générale du 6 Décembre 1854, n° 556-66. )

# DEUXIÈME PARTIE.

ANALYSE DES INSTRUCTIONS QUI, PAR LEUR NATURE, N'ONT PU ÊTRE CITÉES DANS LA PREMIÈRE PARTIE.

### Abonnement aux circulaires.

Les sommes qui sont remises aux Receveurs principaux pour prix des abonnements aux circulaires qui émanent de l'Administration doivent figurer à l'article des fonds reçus à titre de dépôt. Cette recette est ensuite transportée, *en une seule fois*, au moyen des virements de compte, dans la caisse du Receveur du chef-lieu de chaque Direction.

De son côté, ce dernier opère de la même manière, tant pour les souscriptions qu'il a recueillies directement que pour les fonds qui lui sont transmis par ses collègues, afin de transporter le tout, *avant le 15 Juin*, dans la comptabilité du Receveur de la Douane de Paris.

( Circulaire de l'Administration du 12 Mars 1831, n° 1252. )

### Absence ou insolvabilité des redevables.

L'absence ou l'insolvabilité des redevables sera constatée ou par des procès-verbaux, soit de perquisition, soit de carence dressés par des huissiers, ou par des certificats délivrés, sous leur responsabilité, par les Maires et Adjoints des Communes de leur résidence ou de leur dernier domicile. Ces certificats seront visés par les Préfets pour l'arrondissement du chef-lieu, et par les Sous-Préfets pour les autres arrondissements.

( Arrêté ministériel du 25 Juin 1802. )

####### Accusés de crédit.

Les accusés de crédit servent de décharge provisoire aux comptables pour les pièces de dépense qu'ils adressent à la Comptabilité générale.

Les Receveurs les produiront au besoin aux agents appelés à vérifier leur gestion; ils s'en serviront encore pour établir leur compte annuel.

(Circulaire de l'Administration du 11 Janvier 1821, n° 629.)

Les accusés de crédit transmis aux Receveurs principaux par la Comptabilité générale constatent non-seulement la régularité des imputations et la conformité des acquits avec les écritures, mais encore la validité de ces pièces.

(Circulaire de la Comptabilité générale du 17 Août 1854, n° 551-64.)

####### Acquits.

Tout acquit doit être donné par l'ayant-droit ou son fondé de pouvoirs, relater la somme en toutes lettres et être daté.

Les paiements faits à des parties illétrées doivent être certifiés, par actes notariés, pour les sommes *au-dessus de cent cinquante francs*; mais, pour des sommes moindres, ils peuvent l'être par deux témoins dont on indiquera les noms, qualités et demeures.

(Circulaire de la Comptabilité générale du 30 Décembre 1826, n° 9.)

### Acquittement des droits.

Les marchandises sont le gage des droits, et l'on ne doit consentir, dans aucun cas, à leur enlèvement avant que ceux-ci n'aient été acquittés, consignés ou garantis.

Les droits doivent être payés au comptant et en monnaies ayant cours légal. Toutefois, en ce qui touche *les droits* d'entrée *et ceux concernant la taxe de consommation des sels*, l'obligation d'en effectuer le paiement en numéraire n'est pas absolue; ils peuvent être réalisés aussi en effets de crédit à l'entière satisfaction des comptables. (Voir plus loin ce qui concerne les crédits.)

Les monnaies de cuivre et de billon *de fabrication française* ne peuvent être employées dans les paiements, si ce n'est de gré à gré, que pour l'appoint de la pièce de 5 fr.

Les monnaies de cuivre et de billon *de fabrication étrangère* ne peuvent être admises dans les caisses publiques en paiement de droits quelconques. Il en est ainsi notamment des monnaies de cuivre de la principauté de Monaco et des monnaies de billon de la Suisse (les *batz*).

(Circulaires de l'Administration des 21 Juin 1838 et 5 Juillet 1843, nos 1689 et 1975.)

Les comptables du Trésor se trouvent placés dans le droit commun et ont, comme les particuliers, la faculté d'admettre ou de refuser les billets de banque.

Toutefois l'intention de l'Administration est que ses agents concourent, autant que possible, à en faciliter la circulation.

Ils doivent donc les considérer comme espèces dans les paiements qu'ils pourront avoir à faire ou à recevoir; d'un autre côté, ils ne perdront pas de vue que l'admission dans leurs caisses de billets de banque doit toujours être subordonnée à l'emploi qu'ils peuvent en faire, et calculée de manière à éviter les embarras que pourrait entraîner la nécessité de recourir aux autres caisses publiques pour les échanger contre du numéraire.

( Circulaire de l'Administration du 2 Septembre 1850, n° 2404. )

Les comptables publics doivent vérifier avec le plus grand soin le numéraire versé à leur caisse. Il ne suffit pas qu'ils se bornent à couper et à cisailler les monnaies reconnues fausses. L'intention du Gouvernement est que ces fonctionnaires, se conformant à l'article 29 du Code d'instruction criminelle qui leur impose l'obligation de signaler à la justice tout crime ou délit venu à leur connaissance, effectuent le dépôt des pièces falsifiées ou altérées qui leur seraient présentées entre les mains de l'officier de police judiciaire de leur résidence, lequel constatera les circonstances de l'émission et les déclarations de l'émissionnaire.

( Circulaires lithographiées de l'Administration des 7 Avril et 28 Juin 1852.

---

##### Arrêts de la Cour des comptes.

Le Procureur-général de la Cour des comptes transmet au Ministre, aussitôt après le prononcé des arrêts, un extrait de l'arrêt collectif par département avec toutes les indications nécessaires sur les résultats des gestions individuelles et sur les charges imposées. Le greffier en chef notifie les arrêts à chaque comptable au moyen d'extraits individuels. Ces extraits sont distribués aux parties intéressées par les soins de la Comptabilité générale des finances qui leur donne en même temps les explications et directions nécessaires pour l'accomplissement des arrêts.

( Circulaires de l'Administration du 1er Avril 1825, n° 912, et de la Comptabilité générale du 30 Juillet de la même année. )

Les arrêts de la Cour des comptes parviennent aux comptables par l'intermédiaire des Directeurs dont ils dépendent. Ils leur en accusent réception en ces termes :

« Je soussigné Receveur principal des Douanes à           (*ou*) (indiquer ici la qualité de la personne qui, en cas d'absence ou de décès du comptable, reçoit la notification), déclare avoir reçu aujourd'hui de M.          Directeur des Douanes à           un extrait, en ce qui me concerne, de l'arrêt rendu par la Cour des comptes le           sur le compte de gestion des préposés de l'Administration des Douanes dans le département de           pour l'année 18     , au moyen duquel extrait les dispositions dudit arrêt, relatives à ma gestion, me sont dûment notifiées.

A           le           18

( Circulaire de la Comptabilité générale du 30 Juillet 1825, sans n°.)

Les comptables doivent satisfaire, dans le plus court délai possible, aux charges et injonctions, soit par la production des justifications réclamées par la Cour, soit par l'explication des différences signalées par elle, soit enfin par des renseignements propres à l'éclairer sur les opérations qui auraient donné lieu à des observations de sa part.

A cet effet, les Directeurs transmettront aux comptables les instructions particulières que la Comptabilité générale leur aura adressées pour leur faciliter l'exécution des arrêts, et ils auront à en rendre compte au Ministère par la lettre qui accompagnera le bordereau et les récépissés de notification, ou par un rapport ultérieur qui, dans tous les cas, ne devra jamais être retardé au-delà des quinze jours qui suivront l'expiration du délai de deux mois accordé aux comptables pour satisfaire aux charges et injonctions résultant des arrêts.

( Même circulaire. )

###### Cession de sommes dues par l'État.

Toutes significations de cession de sommes dues par l'État placent les cessionnaires, vis-à-vis du comptable entre les mains duquel elles ont été légalement faites, dans les mêmes conditions que les créanciers directs; c'est-à-dire qu'ils ont qualité, au même titre que ces derniers, pour percevoir les sommes stipulées dans l'acte de cession.

(Arrêté ministériel du 24 Octobre 1837 annexé à la circulaire de l'Administration du 9 Mars suivant, n° 1676.)

---

###### Cautionnements.

Les cautionnements répondent non-seulement des crédits recouvrés et des différences relevées entre la caisse et les écritures de comptabilité, mais encore des fausses applications du tarif, des dépôts de marchandises ou de cautions non solvables, et généralement de tout préjudice provenant d'une infraction commise aux ordres de régie.

( Circulaire du 9 Septembre 1825, n° 938. )

Le Trésor ne peut, dans aucun cas, être primé par des tiers.

( Article 1er de l'ordonnance du 25 Juin 1835, et circulaire de l'Administration du 13 Août de la même année, n° 1502. )

Les comptables des Douanes sont divisés en deux classes. La première se compose des Receveurs principaux, justiciables directs de la Cour des comptes; les Receveurs particuliers forment la seconde.

( Ordonnance du 22 Mai 1846. )

Aux termes de l'article 96, titre 9 de la loi du 28 Avril 1816, nul ne peut être installé dans les fonctions auxquelles il est nommé s'il ne justifie de la quittance de son cautionnement. Les Directeurs et Inspecteurs doivent, en conséquence, exiger que tout sujet à cautionnement produise, lors de son installation, la preuve qu'il s'est mis en règle sous ce rapport. C'est seulement dans des circonstances spéciales, et lorsque d'ailleurs l'intérêt du service l'admet, que les Directeurs peuvent, à charge d'en rendre compte de suite à l'Administration, accorder un délai convenablement restreint pour la justification du paiement effectif (circulaire de l'Administration du 9 Septembre 1825, n° 938). Cette dernière disposition ne concerne pas les comptables justiciables de la Cour des comptes qui ne peuvent être installés dans leurs fonctions avant d'avoir fourni le cautionnement exigé pour la garantie de leur gestion.

(Circulaire de l'Administration du 1er Juillet 1828, n° 1109.)

Le versement des cautionnements peut être fait, soit à la caisse du Trésor, soit à une recette générale ou à une recette particulière des finances : il est constaté par un récépissé qui en forme la quittance.

Quand les fonds sont versés à la caisse du Trésor, l'employé pourrait être tenu de se faire envoyer le récépissé afin de le remettre à ses chefs lors de son installation. Mais, pour éviter des embarras ou des frais, le récépissé, accompagné d'une demande formulée *sur papier timbré* (circulaire du 17 Juin 1830, n° 2391), et adressée au Ministre, pourra être remis directement à l'Administration : elle se chargera alors d'informer du versement le Directeur sous les ordres de qui se trouvera l'employé.

Quant aux récépissés donnés par un Receveur général ou un Receveur particulier des finances, ils devront, après exhibition au Receveur principal ou à l'Inspecteur, être remis au Directeur lui-même qui les fera passer à l'Administration, après toutefois que les parties intéressées auront accompagné les récépissés dont il s'agit de la demande *sur papier timbré* dont il est parlé au paragraphe précédent.

(Circulaires des 9 Septembre 1825, n° 938, et 17 Juin 1850, n° 2391.)

Les récépissés seront transmis au Ministère par l'Administration pour être échangés contre des inscriptions, et celles-ci seront envoyées par elle aux Directeurs, afin qu'ils les fassent parvenir aux employés qu'elles concerneront.

La marche ci-dessus tracée pour les récépissés de versement en numéraire sera suivie pour les titres qui se rapporteront aux cautionnements en immeubles ou en rentes sur l'État. L'Administration se chargera d'effectuer le dépôt de ces titres et de retirer, pour leur faire suivre leur destination, les actes propres à le constater.

(Circulaire du 9 Septembre 1825, n° 938.)

Les cautionnements fournis par les préposés des Administrations ou régies ressortissant au Ministère des finances serviront de garantie pour tous les faits résultant des diverses gestions dont ils pourront être chargés par la même Administration, quel que soit le lieu où ils exerceront ou auront exercé leurs fonctions.

(Article 1er de l'ordonnance du 25 Juin 1835.)

Seront appliquées aux cautionnements des préposés des Douanes les dispositions des articles 1 et 3 de l'ordonnance du 25 Septembre 1816 relatives à l'inscription desdits cautionnements sur les livres du Trésor, sans affectation de résidence, et aux formalités à remplir tant par les titulaires que par leurs bailleurs de fonds.

Les créanciers conservent néanmoins le droit qui leur est accordé par les lois des 25 Nivôse et 6 Ventôse an XIII, de former opposition aux greffes des Cours et

Tribunaux civils de la résidence des comptables leurs débiteurs.

Lorsqu'il s'agira de faire servir les cautionnements au paiement de débets contractés, les décisions du Ministre seront rendues, à l'égard des comptables de la première classe, sur la demande du Directeur de la Comptabilité générale des finances; et à l'égard des comptables de la deuxième classe, sur la demande des comptables supérieurs, revêtue du visa du Directeur de la Comptabilité générale.

(Circulaire de l'Administration du 9 Septembre 1825, n° 938.)

Lorsqu'un préposé des Douanes sera appelé à de nouvelles fonctions ou à une nouvelle résidence, il ne pourra entrer en exercice qu'après avoir présenté au chef de service chargé de l'installer :

1° Le certificat d'inscription de son dernier cautionnement;

2° Le certificat de non opposition délivré en exécution des lois des 25 Nivôse (15 Janvier) et 6 Ventôse an XIII (25 Février 1805), par le greffier du Tribunal dans le ressort duquel il a exercé ses fonctions précédentes, et dont la date devra toujours être postérieure à la cessation de ces fonctions;

3° Le récépissé à talon constatant le versement du supplément auquel il aura pu être assujetti, s'il y a eu augmentation dans le taux du cautionnement.

Si le taux du cautionnement est resté le même, le titulaire conservera devers lui son certificat d'inscription, tandis que le certificat de non opposition sera déposé dans les archives de la Direction à laquelle l'employé appartiendra, pour justifier que le cautionnement dont il s'agit est passé entièrement libre à une autre gestion.

Si, au contraire, le taux du cautionnement se trouve

augmenté, les justifications produites devront être adressées, par l'entremise des Directeurs, à l'Administration qui se chargera de réclamer pour le titulaire un certificat constatant l'inscription de l'intégralité du cautionnement.

Mais s'il arrivait que le cautionnement eût été frappé d'opposition à la dernière résidence, le titulaire serait tenu de fournir, avant son installation dans son nouvel emploi, une main-levée régulière de cette opposition, ou un récépissé constatant le versement d'un nouveau cautionnement.

( Ordonnance du 25 Juin 1835. Circulaire de l'Administration du 13 Août suivant, n° 1502.)

---

Intérêts des cautionnements.

L'intérêt des cautionnements réalisés en numéraire est de 3 pour % par an.

( Article 7 de la loi du 4 Août 1844.)

Les ordonnances d'intérêts de capitaux de cautionnements seront exclusivement délivrées sur la caisse du Payeur du département dans lequel les titulaires exerceront leurs fonctions.

( Ordonnance du 24 Août 1841.)

Chaque année, dans le courant du mois de Septembre, les Directeurs feront dresser, pour chacun des départements dont se compose leur Direction, des états indiquant par département ( modèle joint à la circulaire n° 1502 du 13 Août 1835 ) tous les employés cautionnés en numéraire et inscrits au Trésor.

Les états dont il s'agit devront être envoyés, le 1er Octobre de chaque année, au Ministère des finances ( Direction de la dette inscrite), afin que l'ordonnancement des intérêts n'éprouve point de retard, et que le paiement puisse en être opéré dans les premiers jours du mois de Janvier.

S'il arrive que, dans l'intervalle de temps qui s'écoulera entre la formation ou l'envoi des états précités et la mise en paiement des intérêts, quelque titulaire vienne à changer de résidence, il se prémunira contre le retard qui résulterait pour lui de cette circonstance, en laissant à un tiers le pouvoir de toucher en son lieu et place les intérêts qui lui reviendront, ou encore en demandant au Payeur une quittance qu'il signera à l'avance pour être remise à la personne qu'il aurait désignée dans le même objet. La somme touchée sera versée à la caisse du Receveur principal de la résidence la plus voisine, qui s'en chargera en recette, à l'article des fonds reçus de divers à titre de dépôt; le paiement en sera fait ensuite à l'ayant droit par les mains du Receveur principal dans l'arrondissement duquel se trouvera placée sa nouvelle résidence, et ce paiement sera enfin régularisé par un bordereau de virement de fonds entre les deux comptables.

La représentation du certificat d'inscription exigée par le Payeur, conformément au décret du 24 Germinal an VIII, et qui, dans ce cas, ne pourra avoir lieu, sera suppléée par un certificat du Directeur sous les ordres duquel se trouvait placé le titulaire, lequel certificat constatera que celui-ci a dû emporter son titre d'inscription à sa nouvelle résidence, afin de pouvoir être installé dans ses nouvelles fonctions.

Une semblable attestation devra également être produite dans le cas où un titulaire aura envoyé son certificat d'inscription à Paris pour être échangé.

(Circulaire de l'Administration du 13 Août 1835, n° 1502.)

Si, pour un motif quelconque, les intérêts ordonnancés ne sont pas retirés des mains du Payeur à l'expiration de l'exercice, c'est-à-dire au 31 Août de l'année qui suit celle pendant laquelle ces intérêts ont couru, l'ordonnance est annulée de plein droit, et il ne pourra en être délivré une nouvelle que sur une réclamation spéciale et individuelle adressée à M. le Ministre des finances. Encore faudra-t-il, pour que cette réclamation puisse être accueillie, que le titulaire du cautionnement ait continué de remplir des fonctions sujettes à garantie, et que si, dans l'intervalle, son cautionnement a éprouvé une réduction, il se borne à demander les intérêts de son cautionnement ainsi réduit, attendu que les intérêts des cautionnements inactifs ne peuvent être payés qu'en même temps que le capital. ( Article 2102 du Code civil. )

( Circulaire du 4 Février 1842, n° 1902. )

D'après un avis du Conseil d'État du 24 Mars 1809 ( Collection de Lille, tome VI, page 299 ), la Caisse des dépôts et consignations doit rejeter toute demande d'intérêts remontant au-delà de cinq ans, si la prescription n'a été interrompue.

#### Application ou compensation.

Dans le cas de mutation, le cautionnement de la place précédemment occupée peut devenir applicable à celle nouvellement obtenue.

Si le cautionnement réalisé précédemment se trouve supérieur au cautionnement exigé pour la nouvelle gestion, la restitution de l'excédant est accordée moyennant les justifications requises pour le remboursement.

( Circulaire du 9 Septembre 1825, n° 938. )

Si le taux du cautionnement est resté le même, le titulaire conservera devers lui son certificat d'inscription, tandis que le certificat de non opposition sera déposé dans les archives de la Direction à laquelle l'employé appartiendra, pour justifier que le cautionnement dont il s'agit est passé entièrement libre à une autre gestion.

Si, au contraire, le taux du cautionnement se trouve augmenté, les justifications produites (c'est-à-dire le récépissé du supplément payé et le certificat de non opposition du greffier du Tribunal civil de l'ancienne résidence du titulaire) devront être adressées, par l'entremise des Directeurs, à l'Administration qui se chargera de réclamer pour le titulaire un certificat constatant l'inscription de l'intégralité du cautionnement.

(Circulaire du 13 Août 1835, n° 1502.)

---

### Remboursement des cautionnements.

Les remboursements de capitaux de cautionnements ne pourront être autorisés que dans le département où les titulaires auront exercé en dernier lieu.

(Ordonnance du 24 Août 1841.)

---

Pièces à produire sur papier timbré :

1° Demande adressée au Directeur général des Douanes.

2° Certificat d'inscription au nom du titulaire; à son défaut, une déclaration de perte dûment légalisée. S'il n'y a pas eu de certificat d'inscription, les récépissés de versements ou certificats des comptables du Trésor public.

(Arrêté du Gouvernement du 24 Germinal an VIII.)

Les bailleurs de fonds auront à produire, avec le certificat d'inscription, les certificats de privilége de second ordre qui leur ont été délivrés, ou une déclaration de perte.

3° Les pièces indiquées ci-dessous, suivant les fonctions exercées par les titulaires.

Les Receveurs principaux produiront :

Pour recevoir les deux premiers tiers avant d'avoir obtenu le quitus définitif de la Cour, consentement de l'Administration au remboursement du cautionnement fourni en numéraire, donné conformément aux articles 1 et 2 de l'ordonnance du 22 Mai 1825.

(Modèle A, annexé à l'arrêté du 7 Juin de la même année.)

Certificat du Directeur de la Comptabilité générale des finances, constatant que la comptabilité du titulaire ne fait ressortir aucun débet à sa charge.

(Articles 1 et 2 de l'ordonnance du 22 Mai 1825, modèle B annexé à l'arrêté du 7 Juin 1825.)

Pour le troisième tiers :

Certificat de libération définitive délivré au nom du titulaire par le Directeur de la Comptabilité générale des finances.

(Article 3 de l'ordonnance du 22 Mai 1825, modèle C, annexé à l'arrêté du 7 Juin 1825.)

---

Les Receveurs particuliers :

Certificat de quitus du comptable supérieur, délivré au nom du titulaire, visé par les fonctionnaires chargés de surveiller sa gestion et par le Directeur de la Comptabilité générale des finances.

(Modèle D, annexé à l'arrêté du 7 Juin 1825, conforme aux articles 4 et 5 de l'ordonnance du 22 Mai de la même année.)

Ce certificat doit être produit en double expédition, quand il s'agit d'un agent qui est admis à la retraite : l'une pour être soumise au visa de la Comptabilité générale et annexée au dossier fourni pour constater la libération du cautionnement réclamé au Trésor ; l'autre pour accompagner le dossier de liquidation de pension soumis au Conseil d'État.

(Lettre de l'Administration du 27 Juin 1855.)

---

Les Directeurs, Inspecteurs, Sous-Inspecteurs :

Consentement au remboursement de la totalité du cautionnement en numéraire inscrit au nom du titulaire, en sa qualité de, etc., portant qu'ils n'ont jamais exercé de fonctions comptables, soit en deniers, soit en matières.

(Modèle A, annexé à l'arrêté du 7 Juin 1825.)

Un certificat de non opposition, délivré par le greffier, enregistré et visé par le Président du Tribunal de première instance de l'arrondissement dans lequel ils exerçaient au moment où ils ont cessé leurs fonctions, conforme à la loi du 6 Ventôse an XIII, qui ne prescrit pas la formation de l'affiche lors de la cessation des fonctions.

Outre les pièces détaillées ci-dessus, les héritiers et légataires produiront un certificat de propriété conforme au modèle annexé au décret du 18 Septembre 1806.

(Bulletin des lois, n° 1822.)

Des créanciers ou ayants droit, les jugements ou actes établissant leur propriété.

Les mandataires, une procuration régulière.

Après avoir obtenu l'autorisation ministérielle de remboursement, les titulaires ou les bailleurs de fonds ne sont point dispensés, pour être payés, de faire lever les oppositions formées sur les cautionnements, soit au Trésor, soit au greffe du Tribunal de première instance dans le ressort duquel les fonctions ont été exercées.

*Nota.* — Pendant la durée de leurs fonctions, les titulaires de cautionnement ne doivent point, sauf le cas prévu à l'article *Privilège du deuxième ordre,* se dessaisir de leur certificat d'inscription, parce qu'ils doivent toujours être en mesure de justifier qu'ils ont fourni la garantie exigée par les lois. La possession de ce titre par un tiers ne lui donne, d'ailleurs, aucun droit sur le capital ou sur les intérêts.

On peut faire usage de la voie des virements de fonds pour faire toucher au titulaire, à sa nouvelle résidence, le montant du remboursement recouvré en son nom dans le département qu'il habitait précédemment.

(Circulaire de l'Administration du 4 Février 1832, n° 1902.)

---

### PRIVILÈGE DU SECOND ORDRE.

Le privilège de second ordre ne peut être concédé par le titulaire qu'au bailleur de fonds réel, c'est-à-dire à celui qui a fourni les fonds mêmes du cautionnement et pour toute la durée de la gestion.

(Lois des 25 Nivôse et 6 Ventôse an XIII, décrets des 28 Août 1808 et 22 Décembre 1812.)

La déclaration conforme au modèle annexé à ce dernier décret (*Bulletin des lois, n° 454*) ne peut être souscrite qu'au profit de celui qui remplit ces deux conditions.

*Nota.* — Le certificat d'inscription du cautionnement devra être produit quand il s'agira, soit d'inscrire un privilège, soit de modifier ou d'annuler un privilège inscrit.

---

#### Clôture des exercices.

L'exercice commence au 1er Janvier et finit au 31 Décembre de l'année qui lui donne sa dénomination; les droits acquis et les services faits pendant cette période constituent seuls la dépense de l'exercice.

Un décret du 11 Août 1850 abrége de deux mois la durée de la période pendant laquelle doivent se consommer tous les faits de recette et de dépense de chaque exercice.

Ainsi se trouveront arrêtés désormais : au *31 Juillet* de la deuxième année, l'ordonnancement des dépenses qui, d'après les dispositions de l'ordonnance du 31 Mai 1838, pouvait avoir lieu jusqu'au 30 Septembre, et, au *31 Août* suivant (1), l'acquittement des dépenses qui se faisait jusqu'au 31 Octobre.

Le délai exceptionnel, accordé pour l'achèvement des services du matériel qui n'auraient pas été terminés avant le 31 Décembre, est limité au 1er Février de l'année suivante, et se trouve ainsi abrégé d'un mois seulement.

Les Directeurs devront veiller à ce que toutes les pièces qu'ils ont à transmettre à l'Administration lui parviennent, en fin d'exercice, assez à temps pour que les liquidations et les paiements ne soient pas retardés au-delà des époques qui viennent d'être fixées.

(Circulaire du 1er Octobre 1850, n° 2407.)

---

### Contestations.

Les contestations qui pourraient s'élever entre l'Administration et les comptables devraient être soumises à la décision du Ministère des finances, sauf le recours au Conseil d'État.

---

(1) La clôture des paiements est fixée au 20 *Août* de la deuxième année de l'exercice pour les Receveurs particuliers.
(Circulaire de la Comptabilité générale du 28 Août 1850, n° 440.)

(Arrêté du Conseil d'État du 9 Juillet 1808 transmis par la circulaire de l'Administration du 29 Août suivant.)

### CRÉDITS.

#### Règles générales. — Forme des effets.

Le commerce a réclamé de tout temps, en France, un délai pour le paiement des taxes du tarif des Douanes lorsque la perception s'élevait à une somme notable. On conçoit, en effet, que la nécessité de payer, par anticipation, des droits élevés sur des marchandises dont la valeur n'est pas encore remboursée au négociant qui les expédie pour la consommation, exigerait de sa part une avance que souvent il ne pourrait faire au Trésor sans emprunter à des intérêts trop onéreux.

C'est donc la nécessité de cette sorte de crédit qui l'a fait accorder.

Deux principes essentiels sont : l'un, que les Receveurs des Douanes sont dispensateurs du crédit et libres de le refuser à tout redevable dont la solvabilité leur paraît douteuse; l'autre, qu'en conséquence de cette faculté, ils sont responsables des sommes dont ils ont fait crédit sans avoir pris les garanties nécessaires ou enfreint une seule des règles qui régissent la matière.

( Circulaire du 27 Mai 1820, n° 570. )

Le Directeur général des Douanes arrêtera le tableau des bureaux dans lesquels, à raison de la nature des opérations commerciales ou de la moindre importance des taxes qui s'y perçoivent, les crédits individuels peuvent sans inconvénient être prévus et limités à l'avance.

Dans ces bureaux, les Receveurs formeront et soumettront aux Inspecteurs et Directeurs dont ils dépendent la liste des redevables(1) qu'ils croiront pouvoir admettre au crédit, et de leurs cautions, avec l'indication des sommes auxquelles ils estimeront que le crédit peut s'élever pour chacun d'après ses facultés notoirement connues. Le Directeur, d'après les observations de l'Inspecteur et ses propres notions, statuera sur les propositions du Receveur, soit quant à l'admissibilité des redevables et des cautions au crédit, soit quant à la quotité des crédits qu'il jugera pouvoir être accordés. Les Receveurs seront toujours libres d'accorder ou de refuser les crédits, même ainsi autorisés ; mais ils ne pourront faire d'autres crédits que ceux approuvés, ni pour de plus fortes sommes que celles qui auront été limitées par les Directeurs, sous peine d'encourir, pour ce seul fait, la responsabilité absolue. Il est entendu que les listes indiquées au présent chapitre n'excluront pas les propositions que, dans l'intervalle de leur approbation, les Receveurs pourraient avoir à faire pour être autorisés à admettre au crédit des redevables non encore portés sur ces listes; sauf, pour lesdites propositions, à procéder, soit par le Receveur, soit par l'Inspecteur et le Directeur, comme il vient d'être réglé.

(Article 5 de l'arrêté du Ministre des finances du 9 Décembre 1822, transmis par la circulaire n° 771 du 16 du même mois.)

Le crédit est de quatre mois pour toutes les marchandises

---

(1) Cette liste est formée en double expédition et par trimestre par les Receveurs principaux autres que ceux des Douanes de Marseille ; le Hâvre, Bordeaux, Nantes, Rouen, Dunkerque, Lille, Strasbourg et Bayonne.
(Arrêté du Ministre des finances du 9 Décembre 1822, et circulaire du 16 du même mois, n° 771.)

présentées à l'acquittement des droits d'importation.

(Circulaires n°s 570, 893 et 2148 des 27 Mai 1820, 17 Décembre 1824 et 8 Janvier 1847.)

Les droits sur le sel pourront être acquittés en obligations cautionnées, moitié à trois mois, moitié à six mois.

(Article 7 de la loi du 8 Août 1847, transmis par la circulaire n° 2189 du 13 du même mois.)

Les droits d'entrée et la taxe de consommation des sels donnent seuls l'ouverture au crédit dont la faveur ne s'étend pas aux droits de sortie, parce qu'ils sont généralement de faible quotité et que le redevable peut sans gêne en faire l'avance.

(Circulaire du 27 Mai 1820, n° 570.)

Dans aucun cas, il ne peut y avoir ouverture au crédit qu'autant que la somme à acquitter s'élève à plus de 600 fr.; mais il est permis de cumuler, pour former cette somme, toutes les déclarations souscrites dans la même journée par le même redevable.

(Circulaire du 12 Octobre 1839, n° 1778.)

Peuvent aussi être cumulées, dans le même objet, toutes les liquidations du même jour afférentes au même redevable, quoique se rapportant à des marchandises déclarées à des dates différentes.

(Circulaire du 26 Janvier 1840, n° 1792.)

Lorsqu'on réunit des acquits de dates différentes s'élevant chacun à plus de 600 fr. en une seule traite, la durée du crédit accordé remonte à la date de la liquidation la plus ancienne, le commerce restant libre, d'ailleurs, dans la limite des conditions du crédit, de remettre des traites distinctes en rapport avec les dates respectives des liquidations.

(Circulaires des 8 Mars 1838 et 12 Octobre 1839, n°s 1675 et 1778.)

Les effets ou papiers de crédit doivent être :
Libellés sur papier timbré (1).
( Circulaire du 27 Mai 1820 , n° 570.)
Sans fraction de franc (2).
( Circulaire du 17 Octobre 1826, n° 1011. )
A terme fixe et toujours renfermés dans les limites des règlements.
( Circulaire du 27 Mai 1820, n° 570.)
Transmissibles par la voie de l'endossement.
( Même circulaire. )
Divisés par sommes qui ne peuvent excéder 10,000 fr.
( Circulaire du 29 Décembre 1820, n° 627.)
Payables au domicile du Receveur général ou des Receveurs d'arrondissement du département, à moins qu'il ne s'agisse de traites payables à Paris.
( Circulaire du 27 Mai 1820, n° 570.)
Les effets ou papiers de crédit sont de deux sortes :

---

(1) Le droit proportionnel de timbre sur les lettres de change et billets à ordre, sur les billets et obligations non négociables, est fixé ainsi qu'il suit :

A 25° pour ceux de 500 fr. et au-dessous ;

A 50° pour ceux au-dessus de 500 fr. jusqu'à 1,000 fr. ;

A 50° par 1,000 fr. pour ceux au-dessus de 1,000 fr.

( Loi du 24 Mai 1834, rappelée par la circulaire du 14 Juillet 1843, n° 1977 ), qui ajoute :

« Les Receveurs auront personnellement à subir toutes les consé-
» quences des infractions par eux commises aux lois sur le timbre
» proportionnel. »

(2) La suppression des centimes et fractions de centimes n'est obligatoire que pour les obligations spéciales, c'est-à-dire celles créées par la circulaire du 7 Décembre 1820, n° 621. On peut admettre les effets de portefeuille, dits *papier fait*, comprenant des centimes et des fractions de centimes, sauf à ne pas faire mention, dans les écritures, des fractions de centimes dont il ne serait pas d'ailleurs tenu compte à celui qui fournit les traites.

( Circulaire du 17 Octobre 1826, n° 1011. )

Les premiers (1) — qui consistent en obligations directes créées spécialement par les redevables — sont souscrits par le principal obligé qui est le redevable du droit crédité, et par une ou plusieurs cautions qui s'engagent au même titre que le principal obligé. Il suffit d'une caution lorsque le principal obligé et la caution habitent la localité; dans le cas contraire, il faut deux cautions.
(Circulaire du 27 Mai 1820, n° 570.)

Les seconds — qui ne sont que des traites ou lettres de change commerciales — doivent offrir la signature du tireur, d'un ou plusieurs endosseurs, et, de plus, être acceptés.
(Circulaire du 27 Mai 1820, n° 570.)

Jusqu'à ce qu'il en soit autrement ordonné, les comp-

---

(1) Voici le modèle des obligations pour les droits de douane et la taxe de consommation des sels, tel que le donne la circulaire du 7 Décembre 1820, n° 621.

A    le    Bon pour
Le    18 ( nous soussignés (*les prénoms et le nom du principal obligé*), négociant, demeurant à    principal obligé, et
(*les prénoms et le nom de la caution*), caution solidaire dudit (*rappeler le nom et les prénoms du principal obligé*), demeurant à    paierons solidairement à M.
Receveur à    ou à son ordre, dans le lieu de la résidence du    (*les obligations ne pouvant être payables que dans le lieu où résident, soit un Receveur général, soit un Receveur particulier des finances, indiquer le lieu de cette résidence*), au domicile de    (*les débiteurs des obligations ayant la faculté de les acquitter, soit à leur domicile, s'ils résident dans le même lieu que le Receveur général ou particulier, soit à celui de ces Receveurs, soit à tout autre, pourvu qu'il soit également dans ce lieu, on expliquera quel est, parmi ces domiciles, celui qu'ils auront choisi*), la somme de    , valeur en droits de (*douanes ou consommation du sel*), suivant la déclaration de l'un de nous faite en ce bureau le    n°

tables, *au moyen de transferts à titre de nantissement, faits préalablement en leur nom, de quantités de marchandises existant dans les entrepôts réels ou dans les magasins de dépôt, et suffisantes pour répondre de l'acquittement des droits à l'échéance*, recevront sans difficulté :

Soit des obligations revêtues de la seule signature du redevable ;

Soit des traites proprement dites, signées seulement par le tireur, *mais acceptées par la maison sur laquelle le paiement aurait été assigné ;*

Soit enfin des effets de commerce créés dans la forme ordinaire, *mais à la condition que le négociant qui les passera à l'ordre du Receveur indiquera expressément dans le transfert, suivant les recommandations de la circulaire n° 570, qu'il en est fait emploi pour l'acquittement de droits de douanes.*

En deux mots, les règlements actuels sur le crédit exigeant que les traites ou obligations soient signées par deux négociants solvables, domiciliés à la résidence du Receveur, la présente disposition a pour objet d'autoriser ce comptable à se contenter d'une seule signature offrant les conditions requises, et à accepter, en remplacement de la seconde signature, la garantie résultant du nantissement des marchandises existant dans les entrepôts réels ou magasins de dépôt.

( Circulaire du 8 Avril 1848, n° 2236. )

Les traites ou lettres de change commerciales doivent être passées à l'ordre du Receveur en y ajoutant ces mots : *Valeur en droits de douanes* ou *de consommation du sel.*

( Circulaire du 27 Mai 1820, n° 570. )

Si le tiers porteur est hors de la résidence du Receveur, il faut exiger deux endosseurs de la localité.

( Même circulaire. )

Le Receveur ne doit jamais admettre comme principal obligé, endosseur ou caution des effets de crédit, que des personnes d'une solvabilité notoire au moment où il accepte leurs signatures. Il doit refuser pour caution les personnes dont la fortune serait commune avec celle du principal obligé ou d'une première caution, c'est-à-dire des associés s'il s'agit de négociants, ou de parents communs en bien si ce sont des personnes étrangères au commerce.

( Même circulaire. )

Pour ces dernières, si leur fortune consiste en biens-fonds, le Receveur, avant de les admettre, soit comme principaux obligés, soit comme cautions, doit s'assurer que leurs biens sont libres de toute hypothèque pour une somme notablement supérieure au montant des droits dont ils garantissent le crédit, et prendre inscription sur ces mêmes biens aussitôt qu'il est possible de le faire légalement, s'il arrive que les effets de crédit soient protestés à l'échéance à défaut de paiement.

( Même circulaire. )

S'il arrive que des effets de crédit versés à la Recette générale soient protestés à l'échéance, le Receveur général les rend au Receveur des Douanes qui lui en remet le montant en le prélevant sur ses recettes courantes, et s'en constitue provisoirement en débet.

( Même circulaire. )

Ce cas arrivant, le Receveur doit en prévenir le Directeur dans les vingt-quatre heures, et le Directeur doit, de son côté, en rendre compte à l'Administration par le même courrier, en attendant qu'il ait fait ou ordonné les vérifications nécessaires pour juger si la responsabilité du Receveur est engagée au point qu'il doive couvrir immédiatement de ses deniers le débet provenant des effets protestés.

( Même circulaire. )

C'est à quoi les Receveurs sont obligés par l'effet de leur responsabilité lorsqu'ils l'ont compromise. Elle pèse d'ailleurs tout entière et exclusivement sur les Receveurs principaux, puisque les Receveurs particuliers sont tenus de leur soumettre préalablement les effets qui leur sont présentés en garantie.

( Même circulaire. )

---

### Envoi des traites. Protêt. Contrainte.

Les Receveurs principaux adresseront directement, tous les dix jours, savoir : le 1er, le 11 et le 21 de chaque mois, au caissier central du Trésor, *par paquets chargés*, les traites et obligations de crédit reçues en paiement de droits dans leur principalité; ils accompagneront cet envoi d'un bordereau qui sera certifié par l'Inspecteur, le Sous-Inspecteur ou tout autre chef placé à leur résidence, après que ce chef se sera assuré de l'identité de ses indications avec le montant des valeurs qui seront adressées.

( Circulaire du 19 Avril 1822, n° 719. )

Le bordereau qui doit accompagner les envois, à la caisse centrale du Trésor, des traites et obligations reçues en paiement de droits de douanes ou sels n'est fourni qu'en simple expédition.

( Circulaire du 30 Décembre 1844, n° 2049. )

Tout agent des Administrations financières qui est dans le cas d'adresser au caissier général du Trésor des traites ou autres effets remis en paiement de droits, doit en donner immédiatement avis au Directeur du mouvement général des fonds (1).

( Circulaire du 2 Février 1825, n° 903. )

---

(1) Les lettres à transmettre au caissier central du Trésor et au

Les récépissés de traites et obligations de crédit délivrés à la décharge des Receveurs leur seront adressés par le caissier central du Trésor après avoir été soumis au contrôle. Les comptables comprendront les récépissés dont il s'agit sur l'inventaire des pièces justificatives qu'ils rapportent chaque mois à l'appui de leur bordereau de situation.

Les chemises n° 68 (ancien n° 42) qui renferment les récépissés devront énoncer le montant de ceux relatifs aux envois du mois, lors même que, pour certaines localités éloignées, les récépissés du troisième envoi ne pourraient être joints à l'inventaire, sauf, dans ce cas, à les faire ultérieurement parvenir à la Comptabilité générale par des envois séparés.

(Circulaire de la Comptabilité générale du 10 Septembre 1833, n° 45-26.)

En cas de protêt des traites et obligations non acquittées à l'échéance, le renvoi en sera fait par le caissier général du Trésor, dans les délais de rigueur, au Receveur général du département d'où elles sont provenues, lequel en fournira récépissé au caissier général, et sera chargé d'en réclamer le remboursement immédiat auprès du Receveur du bureau principal où elles auront été admises. Le remboursement de ces traites sera fait par les Receveurs principaux sur la présentation du protêt. Ces comptables feront les poursuites nécessaires contre les souscripteurs, accepteurs et endosseurs, pour assurer les droits du Trésor et en recouvrer le montant. Ces dispositions ne changent rien d'ailleurs à celles qui ont

---

Directeur du mouvement général des fonds devront leur parvenir sous le couvert du Ministre des finances.

La lettre qui concernera le caissier central portera au coin gauche ces mots : *Caisse du Trésor public*, l'autre ceux-ci : *Direction du mouvement général des fonds*.

réglé la responsabilité des Receveurs principaux relativement aux traites et obligations de crédit admises par eux en paiement de droit de douanes et de sels.

(Circulaire du 19 Avril 1822, n° 719.)

Lorsque des traites ou obligations de douanes, protestées, seront remises aux Receveurs, et que ces comptables ne pourront les rembourser en espèces, ils opéreront comme il est indiqué à la page 142, au titre : *Fonds reçus des Receveurs des finances ; traites ou obligations de douanes protestées.*

Lorsque le Receveur aura fait crédit des droits, il sera, en cas de refus ou de retard de la part des redevables, autorisé à décerner contrainte, en fournissant en tête de cet acte un extrait du registre qui contiendra la soumission des redevables.

(Art. 31 du titre 13 de la loi du 22 Août 1791.)

Les débiteurs de droits pouvant en obtenir le crédit, il résulte de cette faculté qu'au lieu d'espèces, on reçoit des traites ou obligations à plus ou moins longues échéances.

Il arrive quelquefois que ces effets ne sont pas acquittés.

Les Receveurs décernent alors des contraintes.

Ces actes doivent porter en tête la copie exacte de la déclaration en paiement des droits à recouvrer telle qu'elle est signée sur le registre par le redevable; les traites ou obligations que les Receveurs auront admises pour garantir le crédit de ces droits sont transcrites à la suite.

(Circulaire de l'Administration du 22 Février 1817, n° 251.)

On doit conclure au paiement des intérêts.

(Collection de Lille, tom. VI, pag. 266.)

### Traites non échues dont on assure le remboursement.

Les sommes versées aux Receveurs des Douanes pour assurer le remboursement de traites non échues souscrites en paiement des droits d'importation ou de la taxe de consommation des sels par un redevable déclaré depuis en état de faillite, constituant de véritables *consignations*, doivent être inscrites au chapitre 1er, article 5, des opérations de trésorerie sur une ligne spéciale.

Il y a lieu de réclamer, par l'intermédiaire du Receveur général des finances, le renvoi des obligations adressées au caissier central du Trésor.

Dans le cas où des traites auraient été négociées, comme elles ne peuvent être présentées qu'au fur et à mesure des échéances, il conviendra de les inscrire séparément au registre de recette (série M, n° 23, C *bis*).

(Circulaire de la Comptabilité générale du 10 Décembre 1856, n° 612-72.)

---

### Traites et obligations en souffrance.

Lorsqu'une créance résultant de traites en souffrance est soldée en entier par un seul paiement en principal, frais et intérêts, le débiteur reçoit en échange les titres de la créance, et il suffit de constater cette conversion de valeurs au livre-journal de caisse et de portefeuille; mais lorsque les paiements ont lieu partiellement et qu'une partie de la créance peut tomber en non-valeurs, il convient de soumettre ces recouvrements à un contrôle régulier. En conséquence, les récépissés de sommes reçues à compte de traites et obligations de crédit non acquittées à leur échéance seront détachées du registre à souche qui porte le n° 85 (ancien F B, n° 101).

Au moment du règlement de compte avec les débiteurs de traites ou obligations de crédit en souffrance, les intérêts dus par suite du retard des paiements seront ajoutés au compte de la créance, et on en créditera en même temps le Trésor sous le titre de *recettes accidentelles*, en indiquant l'affaire à laquelle ils se rapportent. Le premier bordereau de situation n° 4 ( ancien n° 2) qui présentera l'extinction de la créance, devra être accompagné du décompte des intérêts en double expédition ou d'une copie de la décision qui en aura fait remise.

Dans le cas où l'on ne pourrait recouvrer qu'une partie des intérêts, elle sera seule ajoutée à la créance et portée en recette au compte du Trésor; cette circonstance sera mentionnée au pied du décompte qui devra être appuyé d'actes de carence justifiant du non recouvrement de la totalité des intérêts.

Enfin, lorsqu'une créance n'aura pu être recouvrée totalement en principal et frais, et qu'une partie tombera en non-valeurs pour le Trésor, on dressera un état de situation de la créance présentant distinctement le principal et les frais, ainsi que la date, la provenance et le montant des recouvrements. Cet état, auquel seront annexées les pièces justificatives des frais, sera certifié par le comptable, et visé, après vérification, par l'Inspecteur et le Directeur.

( Circulaire de la Comptabilité générale du 26 Décembre 1833, n° 59-27. )

Les créances qui résultent de crédits de droits non réalisés doivent toujours être présentées dans l'actif sous le titre de traites ou obligations de crédit en souffrance, lors même que de nouveaux engagements auraient été substitués aux anciens.

Les comptables se bornent à annuler au compte de la créance les changements survenus dans les engagements et les garanties qui doivent en assurer le recouvrement. Ils font d'ailleurs mention, sur leur bordereau de situation n° 4 ( ancien n° 2 ), du mois pendant lequel les changements ont eu lieu, et, de leur côté, les Directeurs en informent immédiatement la Comptabilité générale des finances par lettres spéciales.

( Circulaire de la Comptabilité générale du 15 Février 1840, n° 189-36. )

---

#### Effets protestés.

Aussitôt qu'un négociant engagé envers la Douane pour crédit aura laissé protester sur la place un effet de commerce, le Receveur, qui doit toujours avoir pris les moyens nécessaires pour être informé à temps de la dénonciation du protêt, fera avertir officieusement le redevable et sa caution qu'ils doivent désintéresser immédiatement le Trésor de *toutes* sommes dont il est à découvert; faute de quoi la déclaration judiciaire de la faillite serait instantanément poursuivie en vertu de l'article 440 du Code de commerce, afin de rendre légalement exigibles les dettes non échues et de justifier l'application du privilége du Trésor sur l'actif des débiteurs. Si le négociant engagé, la caution et les commissionnaires de ses créanciers réunis s'entendent pour offrir collectivement ou séparément des sûretés nouvelles au moyen desquelles ils demanderaient qu'il fût sursis à toute poursuite *actuelle*, le Receveur, après avoir apprécié la nature et la valeur des garanties offertes, en référera immédiatement au Directeur si ce chef réside au même lieu, ou, en cas d'éloignement et d'urgence, à l'Inspecteur de la localité; il déterminera d'une manière complète et précise l'importance et l'objet des sûretés et les conditions légales qui en assureront la validité; il exprimera son avis touchant la détermination qui paraîtra devoir être prise. Si cet avis tend à l'acceptation des offres des redevables, et si l'Inspecteur ou le Directeur l'autorise, la responsabilité du Receveur cessera de plein droit *pour le fait de l'abstention de poursuites judiciaires après le protêt*, et ne portera plus que sur les conditions primitives du crédit, sur l'appréciation des sûretés postérieurement acceptées après le protêt, et sur l'efficacité des poursuites ultérieures éventuelles.

Si, au contraire, le Receveur a conclu au rejet de tout moyen conciliatoire et à l'emploi immédiat des moyens de rigueur; et si, *par des considérations graves* dont il sera sur-le-champ rendu compte à l'Administration, le Directeur, s'il a pu être consulté, ou, à défaut, l'Inspecteur de la localité prescrivent d'office, *en vertu d'une délégation spéciale qui leur est ici expressément donnée à cet égard*, une surséance de poursuites avec ou même sans nouvelles garanties, la responsabilité du comptable demeurera pareillement couverte *quant aux conséquences directes ultérieures de cette surséance* (1).

(Décision du Ministre des finances du 8 Septembre 1841, transmise par la circulaire lithographiée de l'Administration du 1er Décembre suivant.)

Il n'est pas possible de préciser à l'avance les conditions dans lesquelles pourront se produire les circonstances qui donneraient lieu à l'intervention des chefs supérieurs pour autoriser ou prescrire une surséance de poursuite contre un négociant dont les paiements se trouveraient momentanément suspendus avant l'échéance des obligations du Trésor. Les *considérations graves* dont il vient d'être parlé, et qui doivent justifier l'inaction des Re-

---

(1) Ce comptable n'en demeurera pas moins soumis à la responsabilité ordinaire quant aux poursuites que comporterait l'affaire une fois engagée dans cette voie.

ceveurs, peuvent naître ou de l'état particulier d'une place de commerce, ou de la nature et de l'étendue des rapports d'intérêt des négociants compromis, ou enfin de plusieurs autres causes qu'il doit être nécessairement laissé à la prudence des chefs de rechercher et d'apprécier, sauf à eux, comme on l'a déjà dit, à référer immédiatement à l'Administration des motifs de la détermination qu'ils auront prise. Les renseignements que les Receveurs auront à produire dans le cas de l'espèce, doivent reposer sur des notions certaines et sur des faits clairement appréciables. Les comptables, s'associant aux vues de l'Administration, ne se décideront à conclure au rejet de toute mesure de transaction et d'attermoiement que par de puissantes et graves considérations. L'Administration, qui, en définitive, appréciera leur détermination à cet égard, attendra d'eux, dans tous les cas, un avis consciencieux.

(Même circulaire.)

Une recommandation est à faire ici relativement aux conditions constitutives de garanties nouvelles que seraient admis à fournir les redevables dans le cas auquel s'applique la présente décision du Ministre. *Dans aucune hypothèse*, l'acceptation de ces garanties ne doit changer la position, envers le Trésor, des cautions primitives; cette acceptation ne pourra donc avoir lieu qu'autant que ces cautions primitives interviendront aux actes pour le reconnaître expressément.

L'Administration appelle d'ailleurs toute la sollicitude des chefs sur les conditions essentielles et légales qui doivent imprimer aux garanties nouvelles, présentées par les engagés, l'efficacité qu'elles réclament, et elle fait remarquer que, dans le cas où celui des engagés qui viendra à donner des inquiétudes sur sa solvabilité ne sera pas le principal obligé envers la Douane, on pourra n'exiger de celui-ci qu'une nouvelle caution pour renforcer celle qui cesserait d'offrir une suffisante garantie.

(Même circulaire.)

Dans le cas où des circonstances quelconques viendront modifier l'état de fortune de personnes admises au crédit, les Receveurs se feront donner des cautions supplétives autorisées par l'article 444 du Code de commerce, à moins qu'ils obtiennent amiablement les mêmes garanties que leur eût permis d'exiger l'application rigoureuse de la loi.

(Circulaire de l'Administration du 28 Juin 1839, n° 1758.)

Les Directeurs devront rendre un compte simultané à l'Administration — sous le timbre des 2$^{me}$ et 3$^{me}$ divisions — de tous les incidents qui, pendant la durée d'un crédit, viendraient à en modifier les conditions primitives.

(Même circulaire.)

### Registres de crédits.

Les obligations, lettres de change ou traites que les Receveurs sont autorisés à admettre en paiement seront successivement inscrites et au moment même de leur encaissement sur un registre (série E, n° 55) que l'on peut appeler le sommier des recettes faites en effets de crédit.

(Circulaire du 16 Décembre 1822, n° 771.)

Toute somme ainsi reçue et enregistrée sera immédiatement reprise du sommier, et transportée au compte de chaque redevable sur le registre de comptes ouverts (série E, n° 56). Ce registre sera, pour le Receveur, un grand livre dans lequel seront inscrits très-exactement les crédits ouverts par lui à chaque redevable, et leurs extinctions, de sorte que chacun d'eux ayant un compte spécial dans lequel seront décrites, jour par jour, toutes les sommes qu'il doit ou comme principal obligé, ou comme caution, et toutes celles qu'il aura payées, la balance de ce compte établira constamment sa situation exacte envers le Trésor.

(Même circulaire.)

### TABLEAU DES CRÉDITS.

#### Obligations des Directeurs et des Inspecteurs.

Les Receveurs principaux remettront, le 3 de chaque mois au plus tard, à l'Inspecteur, un tableau général — formé au vu du registre des compte ouverts — et qui présentera par ordre alphabétique toutes les personnes admises par eux — pendant le mois précédent — au crédit, soit comme principaux obligés, soit comme cautions, et l'indication des sommes dont chacune d'elles répond envers le Trésor.

L'Inspecteur — après avoir fait usage de ce tableau pour ses vérifications — le transmetra au Directeur avec ses observations.

Ce chef y inscrira, à son tour, les notes qu'il jugera convenables, et l'enverra ensuite à l'Administration.

(Circulaire de l'Administration du 27 Mai 1820, n° 570.)

A l'égard des bureaux pour lesquels la quotité des crédits aura été appréciée et fixée à l'avance, les observations du Directeur et de l'Inspecteur se borneront nécessairement à certifier que les crédits sont conformes, soit pour les redevables et leurs cautions, soit pour les sommes, aux instructions données à l'avance aux Receveurs. Mais pour les principales Douanes, où la multiplicité et l'importance des opérations, les combinaisons infinies du mouvement commercial ne permettent pas que les crédits soient ainsi spécifiés et limités d'avance par les Inspecteurs et les Directeurs, c'est pour ces chefs un devoir de conscience de mettre franchement tous leurs soins à reconnaître si, pour chacun des crédits portés au tableau, le Receveur a donné à l'appréciation de la solvabilité des redevables et de leurs cautions l'attention dont les ordres de régie et le sentiment de sa responsabilité lui imposent l'obligation. Il n'y a lieu à faire d'observations spéciales que pour les seuls crédits sur lesquels il reste, soit à l'Inspecteur, soit au Directeur, des inquiétudes que les explications fournies, au besoin, à ces chefs par le Receveur n'ont pas dissipées. Pour tous les autres crédits, l'Inspecteur et après lui le Directeur n'ont à s'expliquer que cumulativement, et leur observation se réduit à dire, en un seul énoncé, qu'ils leur paraissent appliqués avec discernement.

(Circulaire de l'Administration du 16 Décembre 1822, n° 771.)

---

**Remise des Receveurs principaux et des Receveurs particuliers des Douanes.**

La remise que les Receveurs des Douanes sont autorisés à exiger des redevables auxquels ils accordent le crédit est de :

1/3 p. % sur les deux premiers millions ;
1/4      de deux à quatre millions ;
1/5      de quatre à cinq millions ;
1/6      de cinq à six millions ;
1/10      de six à onze millions ;
1/20      au-dessus de onze millions.

L'excédant de produit sera attribué au Trésor pour le couvrir, au besoin, des non-valeurs qui, en définitive, pourraient rester à sa charge. Il en sera fait article dans les comptes à titre de recette accidentelle.

( Arrêté du Ministre des finances du 6 Juin 1848, transmis par la circulaire du 9 du même mois, n° 2254, et circulaire de la Comptabilité générale du 17 Avril 1849, n° 409-53.)

Les Receveurs particuliers des Douanes participent aux remises dans la proportion d'un tiers, lorsqu'ils concourent à la réception des traites.

Le Receveur principal tient compte à chaque Receveur sous ses ordres de la somme qui lui est attribuée.

( Arrêté du Ministre des finances du 25 Septembre 1852, transmis par la circulaire de l'Administration, n° 65, du 30 du même mois. )

---

Faillites.

Lorsque des Receveurs se trouveront compris dans des faillites pour les droits dont ils auront accordé le crédit, ils devront agir sur-le-champ en leur propre nom et sans le concours des syndics de cette faillite ; faire saisir à leur requête tous les effets mobiliers qu'ils découvriront appartenir au débiteur ; procéder à leur vente, obliger les acquéreurs à en verser le prix dans leur caisse, et former, entre les mains des syndics, opposition à la remise de toutes valeurs provenant de l'actif.

(Circulaires des 8 Avril et 12 Mai 1823, n°s 792 et 800. )

Si les syndics avaient fait des recouvrements de cette espèce, les Receveurs devront exiger que ces syndics leur en rendent compte et leur en remettent le montant.

(Circulaire du 8 Avril 1823, n° 792.)

Les Receveurs sont autorisés à user de la contrainte par corps, nonobstant les sauf-conduits délivrés par les Tribunaux de commerce.

(Même circulaire.)

S'il s'élève des difficultés, les Tribunaux civils sont seuls appelés à en connaître.

(Même circulaire.)

Aussitôt que la faillite d'un débiteur de droits est déclarée, ou seulement connue, l'Administration, sans que cela puisse retarder l'envoi des instructions relatives à la marche de l'affaire, sera mise à portée de statuer sur la question de responsabilité du Receveur qui aura accordé le crédit; la délibération du Conseil sur ce point sera soumise à l'approbation du Ministre.

Les Directeurs devront, en conséquence, informer l'Administration, sous le timbre *Contentieux*, des faillites des redevables, aussitôt après l'événement, et fournir dans la huitaine les renseignements nécessaires pour mettre le Conseil en mesure d'examiner s'il y a lieu de proposer au Ministre de décharger le Receveur de la responsabilité qui, aux termes de l'ordonnance du 8 Décembre 1832, pèse dès ce moment sur lui.

Ces renseignements devront porter tout à la fois sur la nature, la forme et la teneur des obligations en souffrance, sur les facultés pécuniaires des engagés au moment de la concession du crédit, sur leur position respective d'intérêts, de relations, et sur leurs engagements personnels à d'autres titres, et enfin sur les dates des divers actes de l'affaire, depuis celle du premier des effets souscrits jusqu'à celle du jugement déclaratif de la faillite.

(Circulaire du 7 Juillet 1839, n° 1638, et circulaire lithographiée du 1er Décembre 1841.)

En supposant, du reste, que, dans certains cas, les Receveurs fussent déclarés responsables des crédits par eux accordés, cette responsabilité serait suspendue dans ses effets jusqu'à la conclusion de l'affaire pour être alors appliquée dans la seule limite de la perte réelle éprouvée par le Trésor.

( Circulaire du 22 Février 1831, n° 1248. )

Les Directeurs devront informer la Comptabilité générale de toutes faillites de débiteurs de droits ou de leurs cautions, et lui indiquer les sommes pour lesquelles les uns et les autres sont engagés.

( Circulaire de la Comptabilité générale du 26 Décembre 1833, n° 59-27. )

### Débets des comptables.

Tout comptable qui aura soustrait des fonds de sa caisse doit être sur-le-champ suspendu de ses fonctions, et l'intérim de sa place provisoirement confié par l'Inspecteur à l'employé de sa division qu'il juge le plus capable de le remplir.

( Circulaire de l'Administration du 14 Juillet 1820, n° 586. )

Lorsqu'on sera obligé de fermer les mains à un comptable par suite d'un déficit reconnu lors de la vérification de sa caisse, l'Inspecteur aura à établir sa situation par un procès-verbal et un bordereau réguliers; à faire apposer les scellés sur ses effets mobiliers, à prendre inscription sur ses immeubles, et à délivrer une contrainte qui sera mise à exécution par corps, si ce comptable ne satisfait pas immédiatement au débet constaté à sa charge.

( Circulaire du 22 Février 1821, n° 639. )

Les procès-verbaux constatant les déficit reconnus doivent être transmis immédiatement à l'Administration.

(Lettre de l'Administration du 6 Juin 1835.)

Il est essentiel aussi que la Comptabilité générale des finances connaisse sur-le-champ et directement les enlèvements et pertes de fonds, ainsi que les déficit reconnus dans la caisse des Receveurs ou dans les marchandises saisies dont ils sont dépositaires. Ces informations lui sont d'autant plus nécessaires que les faits de l'espèce ne ressortent pas toujours des bordereaux de situation des Receveurs principaux comme le bon ordre l'exige. Les Directeurs devront donc lui transmettre sans retard deux copies des procès-verbaux qui constateront les faits dont il s'agit avec tous les détails nécessaires à leur appréciation.

(Circulaire de la Comptabilité générale du 26 Décembre 1833, n° 59-27.)

La poursuite des débets des comptables des Douanes est attribuée à l'agence judiciaire du Trésor par l'ordonnance du 4 Novembre 1824.

(Circulaire de la Comptabilité générale du 31 Mai 1833, n° 36-25.)

La discussion de la responsabilité du comptable appartient à l'Administration. C'est seulement lorsque cette responsabilité a été encourue et décidée qu'il est constitué en débet, et alors même l'agence judiciaire n'intervient pour le poursuivre aux fins de paiement qu'autant qu'il y a nécessité; le tout, sauf les circonstances particulières qui exigeraient qu'il fût fait des actes conservatoires, ce dont l'Administration sera toujours mise par les Directeurs à portée de juger.

(Circulaire du 23 Décembre 1824, n° 894.)

Dans le cas où il importe de prendre sur-le-champ inscription sur les biens du comptable en déficit, même de décerner contrainte contre lui, ce soin concerne encore l'Administration et ses agents dans les départements; mais ces commencements de poursuites devront être faits au nom de l'agent judiciaire qui en est informé à l'instant en même temps que les pièces lui sont remises.

(Même circulaire.)

Le mode à suivre et la nature des justifications à produire lors des demandes qui seront faites d'allouer en non-valeur les sommes non susceptibles d'être recouvrées sur les débets des comptables sont indiquées ci-après dans l'arrêté pris par le Ministre des finances le 29 Janvier 1821, et transmis par la circulaire de l'Administration n° 639 du 22 Février suivant :

*Article 1er.* — Les rapports contenant les demandes en allocation de non-valeur des sommes non recouvrables sur les débets des comptables des Administrations des finances, indiqueront l'origine et les causes de ces débets, les mesures qui auront été prises au moment où le débet aura été reconnu, tant pour la conservation des droits du Trésor, que pour s'assurer de la personne et des biens du comptable. Ils relateront la date de ces divers actes, et désigneront les agents supérieurs chargés de la surveillance des comptables lorsque le débet a éclaté, ainsi que la nature de la responsabilité qui pourrait les atteindre.

*Article 2.* — A ces rapports seront joints la copie des procès-verbaux ou de tout autre document constatant les débets, les divers degrés de poursuites et de l'insolvabilité des comptables, ainsi que toutes autres pièces propres à nous éclairer sur la marche et la conduite de chaque affaire en particulier.

*Article 7.* — Les Administrations et régies financières nous remettront, chaque mois, un état des contraintes qui auront été décernées contre les comptables en débet pendant le cours du mois précédent.

### Décime additionnel des droits.

Il doit être perçu, à titre de subvention extraordinaire, 20 c. par franc en sus de tous les droits de douane et de navigation, conformément à ce qui est prescrit par les lois du 6 Prairial an VII, 28 Avril 1816 et 14 Juillet 1855. Ainsi, à toute liquidation de droits, on doit ajouter le cinquième de la totalité de la somme principale à percevoir.

Le double décime n'est pas dû :

1º Pour les droits de magasinage et de garde.

(Circulaire du 9 Prairial an XIII.)

2º Pour le droit de timbre des expéditions.

(Article 19 de la loi du 28 Avril 1816.)

3º Pour le montant des consignations effectuées pour assurer le renvoi à l'étranger des voitures de voyageurs.

(Circulaire du 12 Décembre 1817, nº 350.)

4º Pour les droits d'entrée sur les provisions de tabac de santé ou d'habitude.

(Décrets des 11 Décembre 1851 et 20 Janvier 1852, et circulaires des 17 Décembre 1851 et 28 Janvier 1852, nºs 2471 et 5.)

5º Pour le droit de tonnage de 5 fr. par tonneau, exigible sur les navires des États-Unis, d'après la convention du 24 Juin 1822.

(Circulaire du 19 Septembre 1822, nº 753.)

6º Pour le droit de tonnage de 2 fr. 10 c. et de 06 c. par tonneau, exigible sur les navires danois d'après la convention du 9 Février 1842.

(Circulaire du 6 Septembre 1844; nº 2036.)

7º Pour le droit de tonnage de 2 fr. 20 c. par tonneau, exigible sur les navires belges d'après la convention du 17 Novembre 1849.

(Circulaire du 13 Mars 1850, nº 2378.)

8º Pour la taxe de consommation des sels.

( Circulaire du 2 Mai 1806.)

9º Pour les droits sanitaires.

( Circulaire du 31 Décembre 1843, nº 2004. )

#### Décisions administratives.

Les Receveurs ne pouvant se créer à eux-mêmes de titres de justification, aucun *extrait* ou aucune *copie* ne devient valable que par la certification de l'Inspecteur ou du Directeur ou de tout autre fonctionnaire compétent, sauf les extraits ou copies des pièces dont les originaux auraient été précédemment produits et auxquels il serait renvoyé.

( Circulaire de l'Administration du 22 Janvier 1839, nº 1729.)

#### Deniers publics (emploi irrégulier).

Toute disposition et tout emploi de deniers publics contraires aux règles de la comptabilité sont et resteront à la charge de ceux qui les ont provoqués, et des comptables qui y ont concouru.

( Circulaire de l'Administration du 3 Mai 1845, nº 20, transmissive d'un arrêté du Ministre des finances du 27 Avril précédent. )

#### Droits constatés par suite de contraventions aux lois et règlements de Douanes.

Les contraventions aux lois et règlements de Douanes donnent lieu à des jugements ou à des transactions, et par suite à des recouvrements. Il importe de s'assurer que ces recouvrements sont opérés avec exactitude, et que les agents de la perception n'ont négligé aucun des moyens propres à en assurer la prompte réalisation. Cette justification ne peut résulter que d'une liquidation périodique qui fasse connaître, à la fin de chaque année, le montant des amendes qui ont été constatées, celui des remises ou modérations dûment accordées, et enfin la somme susceptible, soit d'être ultérieurement recouvrée, soit d'être laissée à la charge des comptables. Pour atteindre ce but, les Receveurs inscriront sur le registre qui vient d'être créé sous le n° 71 A de la série E, les droits acquis au Trésor par jugement ou par transaction.

(Circulaire de la Comptabilité générale du 25 Avril 1834, n° 70-28.)

Les comptables ne prendront en charge et n'inscriront au registre 71 A les sommes à recouvrer pour amendes et autres condamnations pécuniaires (dépens exceptés) en vertu de jugements ou de contraintes, que lorsque l'Administration aura donné l'autorisation ou l'ordre d'en poursuivre l'exécution, et qu'ils auront acquis force de chose jugée.

Les droits résultant de transactions, de soumissions de s'en rapporter ou d'actes d'adhésion au paiement des condamnations pécuniaires encourues, ne seront également pris en charge et inscrits au même sommier qu'après que les arrangements auront été rendus définitifs par la sanction de l'autorité supérieure, et seulement pour les sommes dont le paiement sera exigé par les décisions ou ordonnances.

Par suite de ces dispositions, les sommes consignées pour assurer l'exécution des transactions ne seront appliquées au chapitre des droits et produits que lorsqu'il aura été statué sur les arrangements par l'autorité compétente, attendu qu'il ne serait pas régulier de présenter des recouvrements sur des droits qui n'auraient pas encore été constatés. Ces recouvrements figureront provisoirement à l'article 5 du chapitre 1er des opérations de trésorerie (consignations), à la section qui a pour titre : *Consignations pour assurer l'exécution des transactions dans les affaires résultant d'infractions.*

| | |
|---|---|
| Et en dépense : *Consignations pour assurer l'exécution des transactions.* | *Application aux droits et produits et au remboursement des frais.* <br> *Restitutions.* |

Les sommes consignées pour le remboursement des frais seront, dans tous les cas, portées à ce compte cumulativement avec celles qui sont applicables aux autres condamnations, et elles ne seront transportées au chapitre des avances, sous le titre de remboursements, qu'après que ces transactions seront définitives.

La décharge du compte des consignations, en ce qui concerne ces nouvelles opérations, sera justifiée pour les applications par l'état n° 101 (ancien n° 81), et, pour les restitutions, par des ordres de dépenses auxquels seront annexées les décisions qui les auront autorisées, avec les quittances des parties prenantes.

Les actes et décisions en vertu desquels les droits ont été constatés doivent toujours faire partie des dossiers.

Lorsque les originaux ne peuvent être rapportés, il doit y être suppléé par des copies ou extraits dûment certifiés.

Dans toutes les affaires où, pour cause d'absence ou d'insolvabilité des prévenus, les condamnations pécuniaires n'auront pu être recouvrées, les certificats d'absence ou d'insolvabilité devront être accompagnés d'une décision de l'Administration autorisant la surséance indéfinie des poursuites.

Les comptables ne pouvant se créer eux-mêmes des titres de justification, aucun extrait ou aucune copie ne devient valable que par la certification de l'Inspecteur ou du Directeur, sauf les extraits ou copies de pièces dont les originaux auraient été précédemment produits et auxquels il serait renvoyé.

(Circulaire de la Comptabilité générale du 31 Décembre 1838, n° 163-35.)

Tous les droits constatés au profit du Trésor, du 1er Janvier au 31 Décembre de chaque année, appartiennent à l'exercice désigné par le millésime de cette année. Les recouvrements effectués sur ces droits dans le cours de cette période et pendant les sept premiers mois de l'année suivante doivent être appliqués au même exercice.

Il sera ouvert, au sommier 74 A, un compte par exercice; ce compte, quant à la constatation des droits acquis, sera arrêté au 31 Décembre de l'année qui donne son nom à l'exercice. Les réalisations et décharges seront additionnées à la même époque, mais on devra y ajouter successivement les recouvrements, les remises et les non-valeurs dont il aura été passé écriture depuis le 1er Janvier jusqu'au 31 Juillet de la deuxième année de l'exercice. Alors le compte des droits constatés sera balancé par le transport, à l'exercice suivant, des droits non réalisés dont il reste à poursuivre la rentrée, soit sur les redevables, soit sur les Receveurs demeurés responsables.

Il ressort de ce qui vient d'être dit que les droits acquis au Trésor doivent être appliqués à l'exercice qui prend son nom de l'année pendant laquelle les droits sont constatés, et qu'on doit porter à la décharge de ces droits les recouvrements, les remises et les non-valeurs qui s'y rapportent et dont il aura été fait écriture depuis l'ouverture de l'exercice jusqu'à sa clôture. La date de l'enregistrement au sommier spécial des droits constatés détermine l'imputation d'exercice.

Il sera fourni un état des droits liquidés 89 et 90 (anciens nos 7 ou 8), appuyé d'un état no 95 (ancien no 103) pour chacun des deux exercices qui se trouvent ouverts pendant la gestion annuelle. Ces divers états seront fournis en double expédition, excepté les états 89 et 90 concernant l'exercice précédent, qui n'offriront de résultats qu'à la récapitulation, où il sera fait reprise des restes à recouvrer au 31 Décembre de la première année de l'exercice.

Les droits dont il restera à poursuivre le recouvrement au 31 Juillet de la seconde année de l'exercice (époque de sa clôture) seront inscrits dans une colonne qui aura pour titre : *Transport à l'exercice suivant des droits restant à réaliser,* de manière à établir la balance entre les droits et les réalisations et décharges.

Les états 90 de l'exercice courant présenteront, à la récapitulation seulement, la reprise des droits dont il restait à poursuivre le recouvrement sur l'exercice précédent, à l'époque de sa clôture. Ils continueront d'ailleurs d'offrir tous les droits liquidés et constatés dans la première année de l'exercice.

(Circulaire de la Comptabilité générale du 31 Décembre 1838, n° 163-35.)

Le montant des amendes prononcées contre des inconnus ne doit pas figurer sur le registre des droits acquis au Trésor.

(Lettre de la Comptabilité générale du 2 Juillet 1837.)

Lorsqu'une contravention a donné lieu à une contestation de droits, et que, par suite de l'insolvabilité du prévenu, l'Administration prescrit de suspendre indéfiniment les poursuites, on doit décharger le compte des droits constatés, sauf à le charger de nouveau lors de la reprise des poursuites. Le maintien en charge de ces droits aurait pour effet de retarder sans utilité l'apurement des comptes.

(Lettre de la Comptabilité générale du 25 Août 1835.)

Toutes les fois qu'une transaction stipule le paiement d'une somme qui comprend une preuve de capture ou des droits de douane, il faut défalquer de la somme offerte le montant de la prime, ainsi que celui des droits, porter la somme à l'article spécial ouvert à cet effet, et les droits de douane au compte du Trésor. Le reste seulement sera inscrit au registre des droits constatés.

( Lettre de la Comptabilité générale du 25 Août 1835.)

Au 31 Juillet de chaque année, les Receveurs établiront sur le modèle série E, n° 71 *bis*, l'état complet des affaires demeurées en souffrance.

Cet état, annoté par l'Inspecteur, sera adressé au Directeur, et celui-ci, après avoir consigné en regard de chaque affaire ses observations et ses propositions, le transmettra à l'Administration sous le timbre du contentieux.

( Circulaire du 22 Janvier 1839, n° 1729. )

Les comptables en exercice verseront immédiatement dans leurs caisses le montant des droits dont ils auront été déclarés responsables ; s'ils sont hors de fonctions, le recouvrement en sera poursuivi contre eux à la diligence de l'agent judiciaire du Trésor public.

( Article 5 de l'ordonnance du 8 Décembre 1832. Circulaire de la Comptabilité générale du 31 Décembre 1838, n° 163-35.)

Quatre sortes de justifications peuvent seules soustraire le comptable à l'effet immédiat de la responsabilité qui, en matière de recouvrements de droits, pèse sur lui. Ces justifications consistent dans la production de décisions administratives qui autorisent la décharge, la modération, la surséance indéfinie ou le transport à l'exercice suivant du droit constaté.

( Circulaire du 22 Janvier 1839, n° 1729. )

Les droits acquis au Trésor devant être appliqués à l'exercice qui prend son nom de l'année pendant laquelle les droits sont constatés, on doit porter à la décharge de ces droits les recouvrements, les remises et les non-valeurs qui s'y rapportent et dont il aura été fait écriture depuis l'ouverture de l'exercice jusqu'à sa clôture.

( Circulaire de la Comptabilité générale du 31 Décembre 1838, n° 163-35. )

Lorsqu'un bureau particulier passe d'une principalité dans une autre, cette dernière est chargée de suivre, jusqu'à leur conclusion, les affaires résultant d'infractions qui ont pris naissance dans ce bureau avant sa translation. Cette circonstance a soulevé la question de savoir laquelle de ces deux principalités devait présenter les affaires en compte.

Bien que la suite en soit déférée à une autre principalité, les affaires ne cessent pas d'appartenir à celle qui a fait l'avance des premiers frais et passé les premières écritures auxquelles elles ont donné lieu. Il est donc convenable que cette principalité rende compte des résultats des affaires dont il s'agit, ce qui est d'ailleurs nécessaire quand les droits qui en dérivent au profit du Trésor y ont été inscrits d'après les règles établies, soit au sommier des droits constatés (série E, n° 71 A) en vertu de jugements ou de transactions, soit en recette au registre 71 B de la même série, pour vente ou remise sous consignation des objets saisis, attendu que l'ordre de la Comptabilité générale exige que les comptes de la recette principale dans laquelle les droits résultant d'infractions ont été pris en charge présentent la réalisation de ces droits, ou justifient de leur non recouvrement.

Il est entendu que les recouvrements et les paiements auxquels les mêmes contraventions auront donné lieu dans la seconde principalité seront transportés par voie de virement dans les comptes de la première.

(Circulaire de la Comptabilité générale du 15 Février 1840, n° 189-36.)

Quand, à l'occasion d'un droit acquis et constaté dans le courant d'un exercice, il y a avant la clôture de cet exercice, mais postérieurement au 31 Décembre, d'une part, *admission en non-valeur* ou *remise du droit*, et, de l'autre, *répartition* d'un produit quelconque ou *ordon-*

*nancement* de frais recouvrables, l'affaire est scindée et figure sur les deux comptes nos 87 et 88 (anciens nos 1 et 1 *bis*) des Receveurs principaux.

Le dossier comptable devant alors accompagner l'état de répartition ou la liquidation des dépenses à la charge du Trésor (*exercice courant*), il en résulte qu'à l'époque où lui parviennent les comptes n° 1, *comprenant les remises, décharges ou non-valeurs*, la Cour des comptes n'a aucun moyen de s'assurer de la régularité des opérations.

Afin que cette Cour puisse exercer, dans les cas de l'espèce, le contrôle qui lui est dévolu, et pour satisfaire à sa demande, il doit être fourni, pour chaque affaire, à l'appui du compte n° 87 (ancien n° 1), une chemise n° 77 (ancien n° 60) sur laquelle on aura soin de consigner toutes les indications exigées; elle devra être accompagnée, suivant la nature et les circonstances de la contravention:

1° D'une copie de la décision administrative terminant l'affaire;

2° Des certificats d'absence ou d'insolvabilité des prévenus ou de la décision qui peut en tenir lieu, conformément à l'arrêté ministériel du 17 Juillet 1855.

(Circulaire de la Comptabilité générale du 26 Novembre suivant, n° 583-67.)

3° D'une copie de la transaction ou de la soumission souscrite par les prévenus.

Le tout sera joint à une chemise récapitulative n° 47 (ancien n° 34).

Ces documents devront parvenir au Ministère avec les bordereaux mensuels n° 4, présentant, dans la première partie du tableau de situation n° 12, les remises ou décharges accordées pendant le mois sur les droits constatés de l'exercice précédent.

(Circulaire de la Comptabilité générale du 20 Mai 1856, n° 597-69.)

## ÉCRITURES DES RECEVEURS PRINCIPAUX.

### Livre-journal.

La comptabilité des Receveurs principaux des Douanes se compose :
De registres d'ordre et de perception ;
D'un livre-journal de caisse et de portefeuille ;
D'un sommier ou livre de dépouillement.

Les registres d'ordre et de perception sont ceux de déclaration, de visite, de recette, etc., etc.

A la fin de chaque journée, tous les registres de recette sont arrêtés. Leurs résultats sont portés par nature de produits (importation, exportation, navigation, etc.) sur le livre-journal de caisse et de portefeuille. Ce livre, qui doit tenir jour par jour au courant — sans transposition, rature ou surcharge — est destiné à retracer toutes les opérations du Receveur principal au fur et à mesure qu'elles ont lieu, et à présenter, à la fin de chaque journée, la situation exacte de sa caisse et de son portefeuille.

( Circulaire du 26 Décembre 1816, n° 230. )

Les journées pendant lesquelles il n'y a pas eu d'opérations doivent être indiquées par le mot *néant*. Quand les opérations de recette et de dépense ne remplissent pas un espace égal, la partie qui reste en blanc doit être barrée au moment où le journal est arrêté, afin que l'on ne puisse y faire aucune intercalation.

( Circulaire du 8 Octobre 1824, n° 883. )

Tout comptable convaincu d'avoir omis ou retardé de de se charger en recette au compte du Trésor public des sommes à lui versées, encourt la destitution avec application des peines portées par les articles 169 et 172 du Code pénal.

( Arrêté du 27 Prairial an X. )

Dans les premiers jours de chaque mois, les Receveurs principaux passent écriture, aux chapitres qu'elles concernent, du montant des perceptions qui ont été effectuées dans les bureaux particuliers de leurs arrondissements pendant le mois précédent.

Il suit de là qu'un Receveur principal qui sort de fonctions le 1er Juillet ne fait figurer dans ses écritures que les sommes qui ont été recouvrées *pendant cinq mois seulement* dans les bureaux particuliers de sa circonscription. Les recettes du sixième mois sont prises en charge par son successeur.

(Lettre de la Comptabilité générale du 21 Mars 1840, et circulaire du 17 Avril 1849, n° 409-53.)

Les perceptions et les recouvrements faits dans les bureaux particuliers pendant le mois de Décembre, dont le versement à la recette principale n'a généralement lieu que pendant le mois de Janvier suivant, appartenant de fait à l'année pendant laquelle ils ont eu lieu, doivent entrer dans le compte relatif à cette période; en conséquence, les Receveurs principaux en feront recette par supplément à cette même année.

Les Receveurs principaux auront soin de constater tout de suite, dans leurs écritures, les redressements auxquels pourront donner lieu la vérification des registres de perception faite par les Inspecteurs pour la formation des états de développement des droits liquidés n°s 90, 91 et 92.

L'exactitude de cette vérification est d'autant plus importante que les états sont transmis à la Cour des comptes comme pièces justificatives des recettes comprises par les Receveurs dans leur compte d'année ou de fin de gestion.

(Instruction pour la tenue du sommier.)

Voici les articles qui figurent le plus souvent au livre-journal.

### Droits et produits de la journée.

|  |  |  | Numéraire | Sans mouvement de valeurs. |
|---|---|---|---|---|
| DOUANES. { Importation..... { | Tabacs................. | 14 16 | | |
| | Sucres étrangers......... | 1090 » | | |
| | Marchandises diverses..... | 698 50 | | |
| Exportation..... | ....................... | 26 46 | | |
| Navigation...... { | Tonnage................ | 580 20 | | |
| | Droit spécial sur les navires américains........ | 3050 10 | | |
| | Expédition.............. | 21 60 | | |
| | Congés................. | 7 20 | | |
| | Passeports.............. | 4 80 | | |
| | Permis................. | 6 » | | |
| Accessoires..... { | Réexportation des entrepôts | 2 10 | | |
| | Timbres................ | 12 » | | |
| | Brevets de francisation des navires................ | » 68 | | |
| | Droit de magasinage...... | 1 12 | | |
| | Recettes accidentelles. ( Remboursement de primes sur des restants de provisions de navires qui ont effectué leur retour de la grande pêche. 1324 k. lard) | 9 44 | | |
| Taxe de plombage { | Produit des taxes.... 2 » | 85 » | | |
| | Vente de vieux plomb 83 » | | | |
| Taxe des sels... { | Pour la consommation..... | 1456 » | | |
| | Soudes brutes dites cendres de warech à 1 fr. 50 c... | 20 10 | | |
| Droits sanitaires. | ....................... | 32 50 | | |
| | | 7117 96 | 7107 96 | 10 » |

|  | Numéraire. | Sans mouvement de valeurs. |
|---|---|---|
| *Escompte sur les droits perçus à l'importation.* — Quittance n° 4.......... | » » | 10 » |
| *Consignations pour l'argenterie des étrangers.* — Restitution de la somme de 410 fr. consignée le 1ᵉʳ Mars 1852 sous le n° 6, par M.      , propriétaire à      , pour assurer le paiement, en cas de non réexportation, des droits d'entrée et de garantie de 17 pièces d'argenterie importées temporairement par le bureau de      ... | 410 » | » » |
| *Dépenses fixes.* — Exercice 185 . A M.      capitaine à      frais de chauffage et d'éclairage des corps de garde de sa capitainerie pour le      trimestre de 18      ...... | 125 » | » » |

|  | Numéraire. | Sans mouvement de valeurs. |
|---|---|---|
| *Masses.* — *Service de santé.* — *Recettes extraordinaires.* — Fait recette d'une somme de 29 fr. 10 c. qui se trouve en dépôt, depuis plusieurs années, aux fonds particuliers de divers, sous le titre de retenues effectuées au profit des hôpitaux. Cette somme étant sans emploi, M. le Directeur a décidé, le 10 du courant, qu'elle serait versée à la caisse des masses.................. | » » | 29 10 |
| *Recouvrements d'avances.* — Régularisation des frais de plombage dans la répartition du produit du mois de     au bureau de     Flans............ 40 35     Ficelle............ 18 30     —————         58 65 | » » | 58 65 |
| *Virements.* — ( Pour le compte du Receveur principal des Douanes à     ( Bordereau n°     du courant. )     *Actif* de masse du Sr     ex-préposé à     nommé en la même qualité dans la direction de     à dater du     .... | » » | 47 20 |
| *Consignations pour assurer l'exécution des transactions.* — Saisie du     constatée au bureau de     Reçu du Sr     prévenu dans ladite saisie..................... | 63 80 | » » |
| *Amendes et confiscations.* — Bureau de     saisie du     constatée au préjudice du Sr     Application à l'amende, double décime compris..................... | » » | 60 » |
| *Recouvrements d'avances.* — Régularisations des frais faits dans la saisie du     ; prévenu     .. | » · | 3 80 |

|  | Numéraire. | Sans mouvement de valeurs. |
|---|---|---|
| *Fonds particuliers de divers.* — Application aux masses (service de santé) d'une somme de 29 fr. 10 c. qui provient de retenues indûment faites dans le temps à des préposés dont on a perdu la trace. Cette somme se rattachant au service médical de la Direction, M. le Directeur a décidé, le 10 du courant, qu'elle devait être versée à la caisse des masses . . . . . . . . . . . . | »      » | 29 10 |
| *Répartition de plombage.* — Bureau de *Répartition* du produit du mois de <br> Frais prélevés sur (Flans . 40 35) <br> le produit brut.) Ficelle. 18 30) 58 65 <br> Parts payées . . . . . . . . . 427 45 <br> ———————— <br> 486 10 | 427 45 | 58 65 |
| *Masses.* — Transfert dans la caisse du Receveur principal à Direction de        l'actif de masse du S<sup>r</sup>         ex-préposé à nommé en la même qualité à à dater du 1<sup>er</sup> du courant . . . . . . . . . | »      » | 47 20 |
| *Avances.* Frais avancés dans la contravention qui a été constatée le au préjudice du S<sup>r</sup> <br> Timbres du procès-verbal . . » 70 <br> Enregistrement  d° . . . . . .  2 40 <br> Timbres de la transaction . . . » 70 <br> ———— <br> 3 80 | 3 80 | »      » |
| *Consignations.* — Application aux amendes et confiscations et aux recouvrements d'avances de la somme consignée le          par le S<sup>r</sup> pour transaction dans la saisie constatée à son préjudice le dernier . . . . . . . . . . . . . . . . . . . . . . . | »      » | 63 80 |

|  | Numéraire. | Sans mouvement de valeurs. | |
|---|---|---|---|
| *Consignations en garantie de droits.* — Reconnaissance n° du .. | 1200 | » | » » |
| *Sommes afférentes.* — Somme versée par les contributions indirectes et revenant aux S<sup>rs</sup> préposés à à l'occasion du procès-verbal qu'ils ont rédigé le à la requête de cette Administration au préjudice du S<sup>r</sup> voiturier à pour circulation de boisson sans expédition de la régie................ | 15 » | » » |
| *Amendes et confiscations.* — Montant du prix des tabacs propres à la fabrication dans la saisie du bureau de ( procès-verbal de classement de la Régie, n° en date du )............. | 19 50 | » » |
| *Primes de capture.* — Prime reçue du service des contributions indirectes pour 2 k. 50 de tabac détruit ( saisie du ). Procès-verbal de classement des contributions indirectes, n° en date du . | » 75 | » » |
| *Recettes accessoires accidentelles.* — Produit net de kilogram. tabac abandonnés en douane et versés dans l'entrepôt des contributions indirectes à suivant procès-verbal de classement n° en date du . | 18 40 | » » |
| *Virements.* — ( Pour le compte du Receveur principal des Douanes à ). Bordereau n° du Somme allouée en son ancienne qualité de Lieutenant à à M. actuellement Capitaine à dans le produit de la contravention qui a été constatée le au préjudice du S<sup>r</sup> ..... | 1 39 | » » |

|  | Numéraire. | Sans mouvement de valeurs. |
|---|---|---|
| *Matériel.*— Exercice 18   Montant des ports de lettres qui ont été adressées à M. le Directeur des Douanes à          pendant le mois de     .. | 9    » | »    » |
| *Matériel.*— Exercice 18   Frais faits à l'occasion du versement qui a été effectué à la recette des finances de          le            ........ | 15   » | »    » |
| *Escompte sur la taxe de consommation des sels.* — Bonifié à M.          négociant à          suivant quittance n°          de ce jour........ | »    » | 21   82 |
| *Primes.* — *Exercice 18* . — Tissus de laine pure. A M.          fabricant à          le montant de la liquidation n°    du          18   . | 511  10 | »    » |
| *Versements aux comptables des finances.* — Versé à la Recette générale des finances de          suivant récépissé de ce jour n°    ........ | 5000 » | »    » |
| *Fonds de subvention.* — Fonds remis au Directeur des postes à          suivant récépissé du          n°   . | 1000 » | »    » |
| *Masses.* — Versé à la Recette générale des finances, à          , le prix de 2000 cartouches à balles et à capsules. (Ordre de paiement n°   ).. | 70   » | »    » |
| *Masses.* — A M.          , propriétaire à          . Loyer du 1er semestre de 18    de la caserne de ( Ordre de paiement n°    du    ) | 150  » | »    » |

|  | Numéraire. | Sans mouvement de valeurs. |
|---|---|---|
| *Recouvrements pour des tiers.* — Montant de la vente faite aujourd'hui d'une embarcation hors de service (       ) appartenant à la brigade de ........ | 5　» | »　　» |
| *Fonds particuliers des comptables.* — Versé dans ma caisse une somme de 2,000 fr. qui m'est nécessaire pour acquitter des dépenses dont le chiffre excède mes recettes............... | 1200　» | »　　· |
| *Recouvrements d'avances.* — Somme reçue du sieur           prévenu dans la saisie du           pour terminer l'affaire. ( Décision administrative du           ).................... | 5　10 | »　　» |
| *Fonds de divers.* — Reçu de divers employés du bureau de           , pour           abonnements aux circulaires imprimées qui seront publiées par l'Administration pendant l'année courante........................ | 50　» | »　　» |
| *Virements.* — Bordereau n° du     . Transfert dans la comptabilité du Receveur de la Douane de Paris, du prix de 50 abonnements aux circulaires imprimées qui seront publiées par l'Administration pendant l'année 18           | »　　» | 50　» |
| *Droits et produits de la journée.* — Importation. Marchandises diverses.................. 2,211 42  Recettes accessoires, timbres................... 4　» | | |
| 　　　　　　　　　　　　　　　　2,215 42 | 15　42 | 2200　» |

|  | Numéraire. | | Sans mouvement de valeurs. | |
|---|---|---|---|---|
| *Dépenses fixes abonnées.*—Exercice 18 . — A M. , propriétaire à , loyer du trimestre de 18 du corps de garde de.................... | 25 | » | » | » |
| *Avances.* — Frais de transport de à , d'une caisse armes à l'adresse du capitaine à.......... | 1 | » | » | » |
| *Masses.* — Au sieur , ex-préposé à , démissionnaire du Rachat de ses armes (ordre n° ) 15 Remboursement de son actif de masse. (Ordre n° ) ....... 25 —— 40 | 40 | » | » | » |
| *Masses.* — Au docteur , de , ses honoraires du trimestre de 18 , en qualité de médecin de la Capitainerie de (ordre n° ). | 120 | » | » | » |
| *Avances.* — Frais de transport de à de barils flans pour le service du plombage du bureau de | 42 | 16 | » | » |
| *Fonds de divers.* — Application aux virements des sommes reçues de divers employés de la Direction de pour abonnements aux circulaires imprimées de 18 ....... | » | » | 50 | » |
| *Consignations.*— Application d'office de deux reconnaissances de consignations pour des sels étrangers ayant servi à la préparation des morues dont les justifications nécessaires pour en obtenir le remboursement n'ont pas été produites dans le délai de 18 mois. (Circulaire lithographiée du 1er Avril 1849.) Reconnaissance n° du 18 . 1500 — n° du 18 . 700 —— 2200 | » | » | 2200 | » |

| *Règlement du compte mensuel d'un Receveur particulier.* | Numéraire. | Sans mouvement de valeurs. |
|---|---|---|
| Recettes du mois de           au bureau particulier de  *Importation.* — Marchandises diverses.................... 2175 42 *Recettes accessoires.*—Timbres.    9 10 *Plombage et estampillage.* — Produit des taxes.......... 29  » Taxe des sels.............. 182 50 <br> 2396 02 | »    » | 2396 02 |
| *Recouvrements d'avances.* — Les fonds de subvention laissés le mois dernier à M.            Receveur particulier à   ...................... | »    » | 118 13 |
| *Virements.* — Pour le compte du Receveur principal des Douanes à Paris. (Bordereau n°     du      courant.) Réserve de la part des chefs supérieurs pour le fonds commun sur les sommes afférentes aux préposés des Douanes dans le produit des contraventions constatées à la requête des autres Administrations pendant l'année 18 — Solde au 31 Décembre de ladite année...................... | »    » | 7 12 |
| *Fonds de divers.*—Fonds reçus en pièces de dépenses du Receveur à à compte de ses perceptions du mois courant. (Récépissé de ce jour n°    ). | »    » | 1800 » |
| *Recouvrements d'avances.* — Frais faits pendant le mois dernier pour le service du plombage................. | »    » | 64 75 |

|   | Numéraire. | Sans mouvement de valeurs. |
|---|---|---|
| *Escompte* bonifié au bureau de sur les droits perçus à l'importation pendant le mois de (Quittances nos à ) | » » | 21 10 |
| *Fonds de divers.* — Application aux droits et produits des sommes reçues de M. Receveur particulier à à compte de ses perceptions du mois dernier.................. | » » | 2481 73 |
| *Avances à régulariser.* — Fonds laissés à titre de subvention au Receveur de .................. | » » | 8 32 |
| *Sommes afférentes.* — Transfert, dans la comptabilité du Receveur de la Douane de Paris, de la réserve destinée au fonds commun dans le produit des contraventions constatées à la requête des autres Administrations, pendant l'année 18 , et formant le solde au 31 Décembre de ladite année. | » » | 7 12 |
| *Versements aux comptables des finances.* — Versé par M. Receveur particulier à à la recette des finances de suivant récépissés ci-après : <br> No du 1000 <br> No du 800 <br> —— <br> 1800 | » » | 1800 » |
| *Répartition de plombage.* — Exercice 18 Mise en répartition du produit recouvré au bureau de pendant le mois de <br> Frais prélevés......... 43 17 <br> Parts payées........... 418 33 <br> —— <br> 461 50 | 418 33 | 43 17 |

|  |  |  | Numéraire. | Sans mouvement de valeurs. |
|---|---|---|---|---|
| *Fonds de divers.*—Fonds reçus en pièces de dépenses du Receveur à à compte de ses perceptions du mois dernier. (Récépissé de ce jour n° ). | | | » » | 4671 70 |
| *Service des pensions civiles* — Retenues effectuées sur les appointements des agents des deux services pour le mois de | | | | |
| Bureaux. { 5 p. % ......... 280 40 <br> 1er mois et 1er 12me  » » <br> Congés .......... » » <br> Brigades. { 5 p. % ...... 1179 19 <br> 1er mois et 1er 12me 174 15 <br> Congés ......... 90 53 | | 1724 27 | » » | 1724 27 |
| *Masses.* — Retenues effectuées sur les appointements du mois de des agents des Capitaineries de | | | | |
| A. | | | | |
| Habillement......... 1563 87 <br> Service de santé..... 331 37 <br> Casernement........ 1240 25 <br> Recette extraordinaire (Dégradations au mobilier des casernes 1 20; infirmerie de la caserne de 10) 11 20 | | 3146 69 | » » | 3146 69 |
| B. | | | | |
| Habillement......... 354 » <br> Service de santé..... 53 70 <br> Casernement........ 158 25 | | 565 95 | » » | 565 95 |
| C. | | | | |
| Habillement......... 557 » <br> Service de santé..... 83 10 <br> Casernement........ 293 10 | | 933 20 | » » | 933 20 |
| *Fonds de divers.* — Retenues opérées sur les appointements des employés de la Capitainerie de C. | | | | |
| Dettes............. 20 » <br> Hôpitaux........... 44 » | | 64 » | » » | 64 » |
| *Fonds de divers.* — Appointements du mois dernier du sieur préposé à      détaché dans la principalité de     .... | | | » » | 24 68 |

TRAITEMENTS D'ACTIVITÉ. — *Appointements des deux services pour le mois de          18*

| BUREAUX ou CAPITAINERIES. | Non payés à défaut d'émargement ou de quittance. | Traitements bruts des emplois vacants. | Net payé. | SERVICE DES PENSIONS CIVILES. | | | TOTAL égal au montant des rôles. | TOTAL des colonnes 3—4—5 et 6. | Numéraire. | Sans mouvement de valeurs. |
|---|---|---|---|---|---|---|---|---|---|---|
| | | | | 5 p. %. | 1er mois et premier douzième. | Congés. | | | | |
| | 1 | 2 | 3 | 4 | 5 | 6 | 7 | 8 | | |
| Direction..... | 116 10 | 44 44 | 1,227 05 | 70 72 | » | » | 1,458 31 | 1,297 77 | | |
| Principalité .. | » » | » » | 3,981 89 | 209 68 | » | » | 4,191 57 | 4,191 57 | | |
| | 116 10 | 44 44 | 5,208 94 | 280 40 | » | » | 5,649 88 | 5,489 34 | 3,586 07 | 1,903 27 |
| | | | | 280 40 | | | | | | |
| Capitainerie de A. | » » | 176 67 | 15,652 85 | 829 48 | 15 84 | 70 21 | 16,745 05 | 16,568 38 | | |
| Capitainerie de B. | » » | » » | 2,540 91 | 136 59 | 51 45 | » » | 2,728 95 | 2,728 95 | | |
| Capitainerie de C. | » » | » » | 3,917 73 | 213 12 | 106 86 | 20 32 | 4,258 03 | 4,258 03 | | |
| | » » | 176 67 | 22,111 49 | 1,179 19 | 174 15 | 90 53 | 23,732 03 | 23,555 36 | 14,497 45 | 9,057 91 |
| | | | | 1,443 87 | | | | | | |

*Dépenses administratives.* — Indemnités pour le mois d          18    aux femmes visiteuses de la principalité ............   33 32   24 99

*Dépenses administratives.* — Exercice 18    . — Secours, en raison de la cherté des subsistances, à divers préposés de la Capitainerie de B..................................         144 32

| | Numéraire. | Sans mouvement de valeurs. |
|---|---|---|
| *Service des pensions civiles.* — Année courante. Retenues opérées sur le produit des contraventions ci-après : | | |

| | 17 p 0/0. | 25 p. 0/0. | Numéraire. | | Sans mouvement de valeurs. | |
|---|---|---|---|---|---|---|
| 2 Avril 1856, prévenu A. | 17 70 | 24 62 | » | » | » | » |
| 19   *id.*        *id.*  B. | 2 83 | 3 46 | » | » | » | » |
| 27   *id.*        *id.*  C. | 14 17 | 17 39 | » | » | » | » |
| | 34 70 | 42 47 | » | » | 77 | 17 |
| | 77 | 17 | | | | |

## 217

AMENDES ET CONFISCATIONS. — *Répartition aux ayants droit dans la répartition du produit des contraventions ci-après ; savoir :*

| Noms des prévenus. | Dates des contraventions. | Frais prélevés sur les produits bruts. | Parts payées || Parts non payées à défaut d'émargement. | Pour mémoire. ||| Prélèvements pour les pensions civiles. || Total égal au montant des états de répartition. | Total des colonnes 1—2—3—8 et 9. | Numéraire. | Sans mouvement de valeurs. |
| | | | aux chefs et aux saisissants. | aux indicateurs. | | Premier 10e au Trésor. | Deuxième 10e au Trésor. | Réservé pour le fonds commun. | 17 p. % | 25 p. % | | | | |
| | | 1 | 2 | 3 | 4 | 5 | 6 | 7 | 8 | 9 | 10 | 11 | | |
| A. | 2 Avril 1856. | » | 53 13 | » | » | 10 42 | 10 42 | 11 71 | 17 70 | 21 62 | 125 » | 92 45 | | |
| B. | 19 id. | » | 8 50 | » | » | 1 67 | 1 67 | 1 87 | 2 83 | 3 46 | 20 » | 14 79 | | |
| C. | 27 id. | » | 42 41 | » | » | 8 34 | 8 34 | 9 35 | 14 17 | 17 39 | 100 » | 73 97 | | |
| | | » | 104 04 | » | » | 20 43 | 20 43 | 22 93 | 34 70 | 42 47 | 245 » | 181 21 | 104 04 | 77 17 |
| | | | | | | 63 79 || | 77 17 || | | | |

###### Sommier.

Le sommier sert à dépouiller, article par article, toutes les opérations décrites au livre journal (à la seule exception de celles qui ont pour objet des conversions de valeurs), à résumer et à classer par nature toutes les recettes et toutes les dépenses, de manière que le Receveur principal puisse en extraire à tout moment sa situation complète, rédiger le bordereau qu'il adresse chaque mois à la Direction de la Comptabilité générale des finances, et établir à la fin de l'année ou de sa gestion, en deux parties, le compte qu'il doit rendre à la Cour des comptes conformément au décret du 6 Juin 1830.

On a placé *pour ordre*, en tête du sommier, un tableau destiné à constater la reprise du résultat au 31 Décembre, qui doit former le premier article du compte de l'année courante. Les Receveurs y inscriront pour première ligne l'excédant des recettes sur les dépenses à cette époque, et le détail des valeurs formant le gage de cet excédant de recette, conformément au procès-verbal n° 4. Si, par suite de la rédaction ou de la vérification du compte annuel, il est apporté quelques modifications à ce résultat ou au détail des valeurs qui le représentent, ils en passeront écriture à leur journal et à leur sommier de l'année expirée, par supplément à cette année, et rectifieront aussitôt, par un article à leur journal de la gestion actuelle, la reprise des valeurs faite le 1er Janvier. Ce dernier article sera relevé au tableau dont il s'agit, de manière à présenter enfin régulièrement le résultat de leur dernier compte tel qu'il sera adressé à la Cour, résultat qui doit être repris invariablement comme premier article du compte de l'année courante.

*Aucune opération* ne doit être rapportée au sommier qu'elle n'ait été préalablement constatée au *livre-journal*.

( Instruction pour la tenue du sommier. )

### Bordereaux mensuels de situation.

Les bordereaux n° 4 ( ancien n° 2 ) des recettes et des dépenses sont fournis en double expédition par les comptables.

Les Receveurs principaux adressent, le 2 de chaque mois au plus tard, à leurs Directeurs, la première expédition de ce document. Ceux-ci la transmettent le 5, après vérification, à la Comptabilité générale.

La seconde expédition est adressée le 3 ou le 4. Elle accompagne les pièces de dépense que les Directeurs envoient, après vérification, à la Comptabilité générale dans les huit premiers jours de chaque mois.

Cependant les Directeurs doivent transmettre directement à l'Administration, dans le même délai, les pièces relatives aux dépenses acquittées avant liquidation, en les accompagnant, suivant les cas, des bordereaux série E, n° 100 *bis*, 100 *ter* et 100 *quater*.

(Circulaire de l'Administration du 14 Novembre 1848, n° 2284.)

Lorsque les Directeurs reconnaîtront, par la vérification des bordereaux, qu'il s'y est glissé des erreurs, ils n'en retarderont point pour cela l'envoi, mais ils indiqueront ces mêmes erreurs à la Comptabilité générale, ainsi qu'au Receveur qui les aura commises, afin que ce dernier puisse modifier ses écritures en conséquence. Ces modifications seront expliquées clairement dans le tableau n° 13 (*Motifs des modifications apportées aux résultats de la comptabilité des mois précédents*) du premier bordereau de situation qui sera fourni.

( Circulaire de l'Administration du 1er Juin 1815, n° 38, et de la Comptabilité générale du 15 Décembre 1824, n° 1.)

Il est recommandé aux comptables de s'assurer que

les expéditions de leurs bordereaux sont parfaitement conformes à la minute qu'ils en conservent.

(Circulaire lithographiée de la Comptabilité générale du 1er Janvier 1839.)

Lorsque des opérations de redressement ou autres ont eu lieu par supplément à la gestion d'un comptable dont les fonctions ont cessé dans le cours de l'année, elles doivent être présentées dans un nouveau bordereau de situation qui doit être transmis à la Comptabilité générale des finances, avec celui qui est fourni par son successeur, pour le mois pendant lequel les opérations supplémentaires ont été constatées, afin qu'il n'y ait pour la Comptabilité générale ni lacune, ni défaut de liaison entre les deux gestions.

(Note du bordereau n° 4.)

Lorsqu'une gestion se termine dans le cours d'une année, il ne doit être produit de bordereau supplémentaire que pour des rectifications d'écriture, c'est-à-dire qu'il n'y a nul inconvénient à ce que les perceptions des Receveurs particuliers et les opérations relatives aux virements de comptes, qui n'ont pu être comprises dans les écritures du Receveur sorti de fonctions, soient décrites dans la comptabilité de son successeur.

(Circulaire de la Comptabilité générale du 17 Avril 1849, n° 409-53.)

Les comptables qui entrent en fonctions dans le cours de l'année doivent indiquer sur leurs bordereaux l'époque à laquelle ont été arrêtés le solde des valeurs en caisse et en portefeuille, et les autres soldes provenant de la gestion précédente.

Le bordereau fourni par l'employé chargé de gérer une recette pour le titulaire absent par congé ou pour cause de service doit toujours porter en titre le nom du titulaire; c'est seulement dans le cas de vacance de la recette que le bordereau est établi au nom de l'employé qui fait l'intérim.

( Note du bordereau n° 4. )

Les recettes et les dépenses effectuées pendant le mois de Décembre dans les bureaux particuliers figurent dans un bordereau qui est établi dans les bureaux principaux par supplément audit mois. Ce document n'est dressé que pour les opérations de l'espèce et celles auxquelles peuvent donner lieu les rectifications d'écritures.

Plusieurs parties des bordereaux ont entre elles certains rapports d'identité ou de concordance dont le défaut dénote des erreurs dans les écritures. Il est donc du devoir des comptables et des employés des bureaux de Direction de vérifier si ces rapports existent, et de s'assurer que les bordereaux ne laissent aucun renseignement à désirer. Pour faciliter cet examen dont les Directeurs doivent lui faire connaître le résultat par la lettre d'envoi des bordereaux, la Comptabilité générale a adressé, le 1er Janvier 1839, la note que nous transcrivons ci-après, qui indique les différents articles sur lesquels l'attention doit se porter. Les Directeurs doivent signaler aux comptables les irrégularités reconnues, afin d'éviter qu'elles se reproduisent.

1. Les soldes de la gestion précédente sont-ils exactement repris tels qu'ils ressortent des comptes de cette gestion ?

1° Au résultat général ;

2° Aux articles 3, 4, 5, 6, 7 et 8 du chapitre Ier des opérations de trésorerie ;

3° Au tableau de développement des avances à recouvrer ou à régulariser ;

4° Au tableau de situation des droits constatés.

2. Le montant des traites admises en paiement de droits, pendant l'année et sur l'exercice précédent, est-il exactement rapporté ?

3. Y a-t-il concordance entre les sommes présentées en recette au chapitre I<sup>er</sup> des contributions et revenus publics, sous le titre de *Quart appartenant au Trésor sur le montant des consignations reçues en garantie de la réexportation des voitures de voyageurs*, et celles portées à l'article 5 du chapitre I<sup>er</sup> des opérations de trésorerie, sous celui de *Trois quarts du tiers de la valeur des voitures*, etc., etc.? La recette des trois quarts au chapitre I<sup>er</sup> de la première partie offre-t-elle un chiffre identique à celui qui est présenté en dépense au premier paragraphe de la première section de l'article des consignations?

4. Les recettes accidentelles au chapitre I<sup>er</sup> de la première partie sont-elles présentées sur chaque bordereau avec les désignations qui en font connaître l'origine et la nature?

5. Le développement des perceptions par bureau est-il concordant? Les bordereaux indiquent-ils exactement la période pendant laquelle ont été effectuées, dans les bureaux particuliers, les perceptions dont le Receveur principal a fait recette au dernier jour du mois pour lequel le bordereau est fourni?

6. Est-il fait exactement reprise en recette des divers prélèvements effectués au profit de la Caisse des pensions civiles? Les chiffres de la recette sont-ils identiques avec ceux des tableaux de développement?

7. Le produit des marchandises non retirées des douanes et vendues sous la réserve des droits des propriétaires est-il immédiatement versé chez le Receveur des finances pour le compte de la Caisse des dépôts et consignations? (Article des *Fonds particuliers reçus de divers*.)

8. Les dates des récépissés des subventions reçues des Receveurs des finances et celles des versements faits chez les mêmes Receveurs sont-elles exactement indiquées? Sont-elles du mois pour lequel le bordereau est

fourni? Leur rapprochement fait-il supposer des mouvements de fonds inutiles?

9. Les dépenses de l'exercice précédent n'ont-elles pas été augmentées ou diminuées après que le chiffre en a été arrêté?

10. Les remboursements divers sont-ils présentés distinctement par nature sur chacun des bordereaux qui les comprennent?

11. Les bordereaux indiquent-ils, au chapitre des dépenses des exercices clos, la nature de ces dépenses et les exercices auxquels elles appartiennent?

12. Les dépenses des articles 3, 4, 5, 6, 7 et 8 du chapitre II des opérations de trésorerie n'excèdent-elles pas les recettes correspondantes réunies aux soldes de la gestion précédente?

13. Les développements des traitements d'activité, des indemnités et gratifications sur le fonds spécial, des indemnités pour tenir lieu de traitement, des répartitions, des amendes et confiscations, sonts-ils en concordance avec les articles qu'ils concernent?

14. Le développement des recettes et dépenses en virement de compte concorde-t-il par section, et pour le total, avec les articles développés? La résidence des comptables, les dates et les numéros des bordereaux de virement de comptes sont-ils indiqués?

15. Le développement des avances et des recouvrements et régularisations d'avances concorde-t-il avec les articles qu'il concerne? Les avances de diverses espèces non prévues sont-elles présentées distinctement par espèce sous des titres qui en fassent connaître l'objet? Sont-elles de nature à être admises?

16. Les recettes en remboursement ou régularisation d'avances n'excèdent-elles pas par nature les avances faites dans l'année réunies aux soldes?

17. Le motif pour lequel il est réservé des fonds en caisse est-il indiqué? La réserve est-elle restreinte dans les limites convenables?

18. Y a-t-il concordance entre le résultat général et le cadre de situation des traites admises en paiement des droits, à l'égard de celles qui restaient à verser, tant au 1er Janvier qu'à la fin du mois pour lequel le bordereau est fourni? Le montant des traites envoyées au caissier central du Trésor est-il exactement rapporté au cadre de situation des traites?

19. Le détail des effets représentant des valeurs réelles est-il donné?

20. Y a-t-il concordance, pour chaque exercice, entre les recouvrements portés à la décharge des droits constatés et les sommes présentées en recette à la deuxième section de l'article 4 du chapitre Ier de la première partie? Les recouvrements et décharges n'excèdent-ils pas le montant des droits?

21. Les comptables ont-ils indiqué les modifications apportées aux résultats des bordereaux du mois précédent? en font-ils connaître le motif? Les modifications ont-elles été régulièrement opérées?

22. En cas de mutation de comptables :

1º Les bordereaux indiquent-ils les époques où commence et finit chaque gestion?

2º Les valeurs remises par le Receveur, sortant de fonctions, à son successeur sont-elles présentées en dépense par le premier et en recette par le second au chapitre des mouvements de fonds? Y a-t-il identité de chiffre entre la remise et la reprise de ces valeurs? Enfin le bordereau du Receveur sortant de fonctions donne-t-il le détail de ces valeurs?

3º Les soldes mentionnés au nº 1, nombres 2, 3 et 4, sont-ils repris tels qu'ils ressortent du dernier bordereau fourni par le prédécesseur du comptable?

23. Les bordereaux supplémentaires sont-ils rédigés de manière à faire ressortir les opérations constatées par supplément dans la colonne timbrée *Pendant le mois?* présentent-ils tous les développements que leur contexture exige?

24. Au résultat général, l'excédant des recettes sur les dépenses concorde-t-il avec le journal de caisse et de portefeuille?

(Note de la Comptabilité générale du 1er Janvier 1839.)

#### Compte d'année.

Les Receveurs principaux des Douanes sont directement justiciables de la Cour des comptes. Ils présentent le compte de leur gestion en leur nom et sous leur responsabilité personnelle.

La gestion des bureaux particuliers rentre dans celle des Receveurs principaux, lesquels reçoivent le compte des premiers, et leur en donnent une décharge provisoire jusqu'au jugement définitif de la Cour.

Le compte est divisé en deux parties : la *première* comprend seulement les recouvrements et les paiements faits pendant l'année courante sur l'exercice précédent. Les comptables ne doivent produire ce document que lorsqu'ils ont reçu l'avis du règlement définitif des opérations de l'exercice expiré.

La *deuxième partie* contient la totalité des recettes et des dépenses de l'année qui vient de s'écouler et la situation du comptable à la fin de la gestion de cette année; mais les opérations relatives à l'exercice précédent n'y sont comprises que par masse, en tête de chaque chapitre; il faut se reporter à la première partie du compte pour en trouver les développements.

Les comptables doivent établir cette seconde partie aussitôt qu'ils ont reçu l'avis que les résultats de leur comptabilité ont été arrêtés, et elle est transmise au Ministère, dans le plus bref délai, par l'intermédiaire des Directeurs.

( Circulaire de la Comptabilité générale du 29 Novembre 1849, n° 422-54, et du 17 Août 1854, n° 551-64.)

Les Receveurs principaux ne sont comptables envers la Cour des comptes que des actes de leur gestion personnelle. En cas de mutation, le compte de l'année, d'un même bureau, est divisé suivant la durée de la gestion des différents titulaires, et chacun d'eux rend compte des opérations qui le concernent.

Les Receveurs principaux doivent avoir rendu leurs comptes dans les trois mois qui suivent l'année. Ils les adressent aux Directeurs qui les vérifient, et, après les avoir certifiés, les envoient à la Comptabilité générale.

Celle-ci les transmet à la Cour des comptes dans les trois mois suivants, en sorte que la Cour les ait toujours reçus six mois après le terme de la gestion annuelle.

La Cour procède de la manière suivante :

1° Elle vérifie l'identité de l'*excédant de recette* qui forme le premier article du nouveau compte, avec le résultat semblable qu'a fait ressortir le compte de l'année précédente.

2° Elle juge les *recettes* et les *dépenses* consommées pendant la période annuelle.

3° Elle établit ensuite la situation du comptable vis-à-vis d'elle : la charge de celui-ci se compose de *l'excédant de recette* de l'année antérieure et de la *recette* de la gestion courante ; sa décharge résulte de la *dépense* admise par la Cour.

4° La Cour *constate* alors l'*excédant de recette* dont le comptable demeure reliquataire à la fin de la gestion annuelle.

5° Et elle *déclare* enfin que, d'après les justifications qui lui sont produites, cet *excédant de recette* est représenté entre les mains du comptable par les valeurs en caisse et en portefeuille, et les *créances à recouvrer* qu'elle désigne dans son arrêt.

Tel est le véritable point de vue sous lequel doivent être considérés les *excédants de recette* qui commencent et terminent les comptes d'année. Ces *excédants de recette* lient les comptes les uns aux autres, et la Cour ne prononce la libération définitive des Receveurs que lorsqu'ils lui ont entièrement compté en *dépenses* admissibles de la totalité de la recette qu'elle a successivement établie à leur charge.

D'après ce qui vient d'être dit, les Receveurs ont à porter en tête de leur compte, comme premier article, et sans le confondre avec les opérations de l'année, l'*excédant de recette* résultant du compte antécédent.

Cet *excédant de recette* est représenté :

1° Par les valeurs demeurées en caisse et en portefeuille entre les mains du comptable à la fin de l'année précédente;

2° Par les créances qui étaient à recouvrer à la même époque.

Les valeurs en caisse et en portefeuille sont le *numéraire*, les *traites* et *obligations*, les soumissions cautionnées et autres valeurs *réalisables* dont l'existence a été constatée par le procès-verbal dressé contradictoirement le 31 Décembre au soir.

Les *créances à recouvrer* se composent des paiements *autorisés*, faits à titre d'avances, qui constituent entre les mains des Receveurs une créance dont ils doivent obtenir le remboursement, et en général de tous les emplois de fonds *également autorisés*, qui ne sont pas de nature à figurer dans le compte comme dépenses faites à titre définitif et admissibles par la Cour des comptes.

Un Receveur peut se trouver en *avance*, à la fin de l'année, pour des dépenses imprévues et urgentes que, dans l'intérêt du service, il aurait acquittées de ses propres deniers. Ce cas arrivera très-rarement, et il est même préférable d'éviter qu'il n'ait lieu. Néanmoins, voici comment on opérera. Le Receveur principal ne saurait se porter en recette, dans le compte à rendre à la Cour, de la somme qu'il s'est versée à lui-même; car il ne doit compter que des recettes provenant des services dont il est chargé. Le compte présentera alors un *excédant de dépense* auquel on fera l'application, mais en sens inverse, des règles précédemment tracées pour les *excédants de recette*. Le Receveur se remboursera de cette avance sur ses recouvrements de l'année suivante, et il en formera le premier article du compte de cette dernière année. Dans l'hypothèse, peu probable, où une *avance* de cette nature existerait au profit d'un Receveur ayant ensuite cessé ses fonctions, il lui en serait tenu compte, soit par son successeur, soit par un Receveur de toute autre principalité. Ce remboursement deviendrait l'objet d'un article spécial de dépense, dans le compte du Receveur qui l'aurait effectué.

Si un Receveur était constitué en *débet*, par des actes de l'Administration, pour déficit de caisse ou pour tout autre motif, ce *débet* serait exprimé par le *résultat final* du compte que le Receveur aurait à rendre à la Cour, des opérations faites par lui jusqu'au jour de son remplacement; lorsque le Receveur aurait soldé ce débet, il produirait à la Cour un dernier compte dans lequel, après avoir repris *pour ordre* le résultat du compte précédent, il inscrirait les opérations matérielles qui ont amené sa libération, et l'arrêt à intervenir prononcerait l'apurement définitif de la gestion de l'ex-comptable.

Les comptes annuels sont liés les uns aux autres par les *excédants de recette* ou *de dépense*, lesquels, après avoir formé le dernier terme du compte d'une année, deviennent le premier terme du compte de l'année suivante. Pour que ces deux points extrêmes soient toujours coïncidents, il est indispensable qu'ils n'éprouvent aucune influence du redressement des erreurs matérielles portant sur les opérations intermédiaires, c'est-à-dire que le *résultat final* d'un compte soit rappelé dans l'arrêt de la Cour, tel que le Receveur lui-même l'aura établi, et que la comptabilité générale le constatera.

Dans ce but, la Cour a adopté depuis long-temps, pour d'autres classes de comptables, des règles dont elle fera également l'application aux comptes annuels des Douanes. Ces règles sont celles qui vont être indiquées.

La Cour ordonne par ses arrêts :

Des *forcements en recette* ou des *radiations de dépense*;

Des *diminutions de recette* ou des *augmentations de dépense*.

Dans chacune de ces deux suppositions, l'une et l'autre espèce d'erreurs qui y sont prévues produisent le même effet pour le comptable vis-à-vis de la Cour.

*Forcements en recette.* — Le Receveur se chargera en recette, par un enregistrement spécial sur ses livres de l'année courante, au moment où le forcement lui sera notifié, de la somme de recouvrements rétablie à sa charge par la Cour sur le compte de l'année antérieure; il versera en même temps dans sa caisse une somme égale à la fin de l'année; le forcement sera porté distinctement dans le compte, soit, selon le cas, au *Service du Trésor public* (Chapitre des droits et produits. Recettes accidentelles), soit aux services particuliers, en l'appliquant sous une désignation spéciale au service qu'il concernerait.

Une copie, dûment libellée et certifiée, de l'article de

recette inscrit sur les registres, sera adressée à la Comptabilité générale qui la produira à la Cour. La Cour, assurée par cette pièce que le Receveur s'est constitué reliquataire, et qu'il lui comptera ultérieurement de la recette qu'elle aurait eue à ajouter à sa charge sur le compte vérifié, maintiendra la recette erronée telle que celle-ci aurait été présentée; et, après avoir fait mention (pour mémoire) de cette circonstance dans son arrêt, elle lèvera la charge imposée au Receveur, sans changer le *résultat final* du compte jugé.

*Radiations de dépense.* — La nature de l'opération est différente, mais le résultat est le même que pour les *forcements en recette*; et comme, dès l'instant où le rejet d'une dépense ne doit avoir aucune influence sur le dernier terme du compte, il faut que le Receveur se constitue de nouveau reliquataire de la somme qui avait été indûment portée à sa décharge, on opérera d'après les indications de l'exemple précédent.

*Diminutions de recette.* — Par le fait de la diminution des recettes qui étaient établies à sa charge, le Receveur se trouve avoir versé de trop, aux caisses du Trésor, une somme égale, ou être présenté *reliquataire* en plus d'une même somme, par le résultat final du compte, ce qui, dans l'une et l'autre hypothèses, constitue à son profit une *avance* dont il doit se rembourser; et comme, d'après ce qui a été dit plus haut, on ne doit réduire ni les versements portés en dépense au compte, ni le solde final de celui-ci, le Receveur ne peut être couvert de l'*avance* que par un prélèvement sur ses recettes courantes, au moment où il a connaissance de l'erreur. A cet effet, le Receveur inscrit sur ses registres la dépense résultant de ce prélèvement, lequel, dans le compte de l'année où il a lieu, est porté distinctement, soit, selon le cas, *aux dépenses publiques* (chapitre des *remboursements et resti-*

*tutions*), soit aux *services particuliers*, en l'appliquant d'une manière spéciale au service qui doit affecter le prélèvement. Une copie régulièrement libellée et certifiée, de l'article de dépense, est transmise, par la Comptabilité générale, à la Cour des comptes qui en fait mention (pour mémoire) dans son arrêt, et maintient la recette erronée sur le compte de l'année antérieure : cette disposition de l'arrêt justifiera le prélèvement dont le Receveur demandera ultérieurement la décharge dans ses comptes des années suivantes.

*Augmentation de dépense.* — L'exemple précédent est entièrement applicable aux redressements des erreurs provenant de sommes omises en dépense ; on ne peut que s'y référer.

Il n'a pas été fait mention ici des erreurs dont le redressement exige seulement la production de pièces ou l'accomplissement de formalités indiquées par la Cour, attendu que les recettes et les dépenses sur lesquelles portent ces sortes d'erreurs sont admises provisoirement, et que, comme il est toujours satisfait aux charges imposées, il ne doit être effectué par les Receveurs ni *reprise*, ni *versement*.

(Circulaire de l'Administration du 9 Mars 1822, n° 742.)

---

### Envoi des pièces comptables.

Les envois mensuels des acquits et pièces justificatives de recettes et de dépenses doivent être divisés en plusieurs paquets faciles à manier, et la même précaution doit être employée à l'égard des envois qui s'effectuent dans l'intervalle lorsqu'ils sont trop considérables.

Chaque paquet, *ficelé à l'intérieur*, doit être couvert de papier fort, être, en outre, *ficelé à l'extérieur*, et scellé de cachets en cire avec empreinte exigés par les instructions de l'Administration des postes.

Les paquets qui sont adressés, *chargés,* à la Comptabilité générale, sous le couvert du Ministre, doivent porter extérieurement, et d'une manière apparente, la désignation de la *Comptabilité générale des finances* et de *l'agent qui fait l'envoi.*

(Circulaire de la Comptabilité générale du 18 Mai 1857, no 624-1.)

Fuite ou décès des comptables.

Lorsqu'un comptable sera en fuite ou décédé, le scellé sera apposé immédiatement, par le Juge de paix, sur tous ses papiers et effets, à la requête du Directeur, afin d'empêcher que les héritiers, les parents ou telle autre personne ne détournent les deniers et effets au préjudice de ce qui sera reconnu être dû au Trésor ou aux services particuliers. Cette formalité aura lieu en présence de l'Inspecteur; il n'en fera excepter que les registres courants qui, après avoir été arrêtés par le même Juge, seront remis au successeur du comptable ou à l'employé chargé de l'intérim.

Lorsque les scellés seront levés, les héritiers du décédé ou les parents du fugitif seront appelés; leur refus d'y assister ou leur absence seront constatés régulièrement.

Ce préalable rempli, le premier soin de l'Inspecteur sera d'établir la situation du comptable ou du fugitif d'après le journal, le sommier, les registres de recette et les différentes pièces de dépenses. Il rédigera un procès-verbal constatant le résultat de cette vérification qui devra être faite avec toute la célérité possible. Il joindra à ce procès-verbal un bordereau offrant, séparément, la nature de chacune des recettes dont le Receveur avait à rendre compte à l'époque de son décès ou de sa fuite. Les dépenses acquittées jusqu'à la même époque seront classées dans un ordre semblable ; il y sera fait mention des fonds qui existaient en caisse.

Si le résumé de ce bordereau présente un débet et s'il s'agit d'un Receveur décédé, ses héritiers qui auront pris qualité et à qui on devra faire signer, à ce titre, le procès-verbal établissant ce débet, afin qu'ils ne puissent le contester, seront sommés de l'acquitter. S'ils ne font pas sur-le-champ les dispositions nécessaires pour y satisfaire, une contrainte, en tête de laquelle on transcrira le procès-verbal, sera décernée et des poursuites dirigées contre eux en vertu de cet acte.

Dans le cas où ces héritiers déclareront ne vouloir agir que comme bénéficiaires, on exigera qu'ils donnent caution bonne et valable de la valeur du mobilier compris à l'inventaire, et de la portion du prix des immeubles non délégués à des créanciers hypothécaires, conformément à l'article 807 du Code civil.

S'il est question d'un comptable fugitif, on cherchera à découvrir le lieu de sa retraite afin de s'assurer de sa personne en employant les voies de droit, c'est-à-dire en décernant une contrainte par corps dont l'exécution ne devra éprouver d'autres délais que ceux fixés par la loi.

Si le Receveur contre lequel il y aura lieu de prendre ces mesures a des immeubles, il sera fait de suite des inscriptions sur ses biens, *au nom de l'agence judiciaire*, et l'on procédera à leur expropriation.

Quant aux effets mobiliers, on en dressera un inventaire à l'instant où on lèvera les scellés. La saisie en sera déclarée, et la vente en sera faite juridiquement.

(Circulaire du 22 Février 1821, n° 639.)

Le successeur ou l'intérimaire d'un Receveur décédé

ou fugitif se chargera des valeurs en caisse et en portefeuille, et des créances à recouvrer qui lui seront remises par l'Inspecteur, suivant procès-verbal, afin qu'il en fasse le premier article de son compte.

Comme dans le premier cas, c'est-à-dire celui de la disparition d'un Receveur, il n'y aura personne pour rendre son compte; car, sa fuite ayant dû avoir été nécessitée par un déficit de caisse ou par des malversations, il est peu probable que des parents veuillent intervenir dans de semblables affaires, il deviendra indispensable que le nouveau Receveur rende le compte de son prédécesseur, mais séparément du sien, afin de ne pas confondre les deux gestions.

Il en sera de même si les héritiers d'un Receveur décédé renonçaient à sa succession, parce qu'on ne pourrait les forcer à fournir un compte auquel ils seraient dès lors entièrement étrangers. Mais les héritiers qui auront pris qualité ne pourront se dispenser de le rendre; et, s'ils s'y refusaient, ils devraient y être contraints par les voies de droit, conformément à l'article 24 du titre 13 de la loi du 22 Août 1791, qui leur deviendront applicables comme représentant le comptable dont ils auront hérité.

(Circulaire de l'Administration du 30 Mars 1822, n° 747.)

### Hypothèques.

La Régie aura privilége et préférence à tous créanciers sur les meubles et effets mobiliers des comptables, pour leurs débets, et sur ceux des redevables pour les droits, à l'exception des frais de justice et autres privilégiés, de ce qui sera dû pour six mois de loyer seulement, et sauf aussi la revendication dûment formée, par les propriétaires, des marchandises en nature qui seront encore sous balle et sous corde. Pareil privilége s'exercera sur les immeubles acquis par les comptables depuis le commencement de leur gestion.

Au cas de l'article précédent, la Régie aura hypothèque sur les immeubles des comptables et des redevables, savoir : à l'égard des comptables, à dater du jour de leur prestation de serment ; et, des redevables, à compter de celui où les soumissions ont été faites sur le registre et signées par eux ou leurs facteurs, pourvu néanmoins que les extraits des registres contenant les soumissions desdits redevables aient été soumis à l'enregistrement dans le délai fixé pour les actes des notaires.

(Art. 22 et 23 du titre 12 de la loi du 22 Août 1791.)

*Sur les biens des comptables :*

Le privilége du Trésor public a lieu sur tous les biens meubles des comptables, même à l'égard des femmes séparées de biens, pour les meubles trouvés dans les maisons d'habitation du mari, à moins qu'elles ne justifient légalement que lesdits meubles leur sont échus de leur chef, ou que les deniers employés à l'acquisition leur appartenaient.

Ce privilége ne s'exerce néanmoins qu'après les priviléges généraux et particuliers énoncés aux articles 2101 et 2102 du Code civil.

( Loi du 5 Septembre 1807, *Collection de Lille*, t. VI, p. 111. )

*Sur les immeubles des redevables de droits :*

L'Administration n'a point cessé d'avoir un privilége sur les immeubles des débiteurs de droits, mais il ne peut s'exercer que par la voie de l'inscription et au rang que sa date lui assigne. Il n'est plus possible de prendre cette inscription lorsqu'une faillite est déclarée ouverte.

( *Collection de Lille*, t. VI, p. 468. )

( *Voir aussi le chapitre des crédits. Effets protestés.* )

Le privilége de l'Administration prime celui des prêteurs à la grosse.

( Arrêt de la Cour d'Aix du 13 Janvier 1823, transmis par la circulaire du 17 Mars suivant, n° 791. )

### Mainlevée des inscriptions hypothécaires.

La mainlevée des inscriptions hypothécaires prises sur les biens des redevables de droits ou des débiteurs d'amendes et réparations pécuniaires doit être accordée quand la créance est éteinte.

Les formes à observer pour opérer ces radiations sont indiquées dans les deux décisions rendues les 9 Septembre 1852 et 28 Avril 1853, par le Ministre des finances, et que nous reproduisons ci-après.

### Décision du 9 Septembre 1852.

La mainlevée totale ou partielle des inscriptions hypothécaires prises, à la requête de l'Administration des Douanes, sur les biens des redevables de droits ou débiteurs d'amendes, restitutions ou condamnations pécuniaires, pourra être donnée par les Receveurs principaux chargés de suivre le recouvrement de ces créances, après avoir obtenu l'autorisation expresse du Directeur de leur circonscription.

Le consentement de ces comptables à la radiation sera fourni par acte passé devant notaire, dans lequel seront relatées l'autorisation ci-dessus ainsi que les causes de la libération, de la réduction ou de l'extinction de la dette.

Les frais de cet acte et ceux de la radiation seront à la

charge de la partie qui aura requis la mainlevée, conformément aux articles 1248 et 2155 du Code Napoléon.

### Décision du 28 Avril 1853.

Le mode établi par la décision du 9 Septembre 1852, pour la mainlevée des inscriptions hypothécaires prises pour sûreté des recouvrements de *droits*, amendes, restitutions ou *condamnations pécuniaires* en matière de douanes, sera appliqué dans tous les cas de *remise*, *réduction*, *acquittement* ou *extinction* de la dette ou obligation, ainsi que dans ceux du transport total ou partiel de l'hypothèque d'un immeuble sur un autre.

### Intérêts sur débets des comptables.

L'article 1996 du Code civil est applicable aux débets des comptables qui doivent en payer les intérêts à 5 pour cent par an.

Lorsqu'il s'agira de soustraction de recette ou de déficit quelconque dans la caisse, au moment où les préposés devront solder leurs comptes, les intérêts commenceront à courir de l'instant où devait se faire le versement.

Pour les erreurs de calcul qui, par leur modicité, ne peuvent être considérées comme des infidélités, les intérêts ne doivent courir qu'à dater du jour de la signification du procès-verbal qui en constatera le montant, déduction faite de celles à la perte du préposé.

Pour les débets par force majeure, tels que vols de caisse, les intérêts ne doivent commencer à courir qu'à dater du jour où la somme volée est mise à la charge du comptable.

Il n'est pas dû d'intérêts pour les débets fictifs provenant de paiements faits par ordre, mais pour un autre service, et dont la régularisation ne peut s'opérer que sur l'ordonnance d'un Ministre, ou résultant de l'inadmission des pièces de dépense, lorsque leur régularisation ne dépend pas du préposé, ou que, si elle en dépend, les intérêts ne commencent à courir que du jour où il a été mis en demeure.

Toutes les contestations qui s'élèveront entre l'Administration et les préposés, tant sur les demandes d'intérêts dont il s'agit, que sur toute autre question relative à leur comptabilité, doivent être soumises à la décision du Ministre des finances, sauf le recours au Conseil d'État.

(Décision du Conseil d'État du 29 Avril 1808. *Collection de Lille*, tom. VI, p. 256.)

---

### Intérimaires.

Lorsqu'il y a lieu à l'intérim d'une recette, et qu'il n'y a pas de Receveur titulaire, le Directeur, et, en cas d'urgence, l'Inspecteur désigne l'employé qui doit être chargé de l'intérim, et ce choix est soumis sur-le-champ à l'approbation de l'Administration. Dans le même cas, l'intérimaire agréé par l'Administration a caractère pour être jugé par la Cour des comptes. Il est recommandé aux chefs locaux de ne désigner, pour les fonctions de comptable par intérim, que des sujets méritant toute confiance, et d'exercer d'ailleurs sur leurs opérations une surveillance toute particulière.

L'intérimaire rendant compte de sa gestion, et étant personnellement responsable, jouit des émoluments attachés à la gestion du Receveur, et qui sont le prix de sa responsabilité; à ce titre, il a droit, pendant toute la durée de l'intérim, au tiers pour cent sur les crédits, de même qu'à la part de plombs et à l'indemnité pour frais de loyer et de bureau.

Les formalités prescrites pour la remise du service par le Receveur sortant à son successeur, ou à l'intérimaire, auront lieu de nouveau pour la remise du service par ce dernier au Receveur entrant. En arrêtant les dispositions qui précèdent, l'Administration a principalement en vue les intérim de quelque durée et dans les Douanes importantes. Si l'intérim n'avait duré que quelques jours et n'avait donné lieu à aucune opération considérable, le Receveur arrivant pourrait, d'accord avec l'intérimaire, faire remonter l'époque de sa gestion au moment où son prédécesseur aurait cessé ses fonctions.

Il est entendu, au surplus, que les règles ici tracées ne sont pas applicables au cas où un Receveur s'absente par congé; le Receveur présente alors un suppléant qui doit être agréé par l'Administration, et celui-ci gère sous la responsabilité du titulaire qui conserve ses droits aux émoluments; mais les Inspecteurs et Directeurs doivent tenir la main à ce que le choix de l'intérimaire porte toujours sur un sujet qui, par son instruction et ses qualités personnelles, présente une garantie à l'Administration comme au Receveur qui l'aura désigné.

(Circulaire de l'Administration du 8 Janvier 1826, n° 963.)

### Inventaire des pièces justificatives de dépenses.

Un inventaire accompagne les pièces justificatives de dépenses que les Receveurs principaux adressent à la Comptabilité générale, au commencement de chaque mois, par l'intermédiaire de leurs Directeurs.

Ce document, qui porte le n° 20 de la série C, est fourni en triple expédition : l'une est transmise à la Comptabilité générale, l'autre reste à la direction, et la troisième est renvoyée au comptable pour sa décharge provisoire après que le Directeur a vérifié les pièces de dépense qui en font l'objet.

Lorsque la Comptabilité générale les a contrôlées, elle

adresse à son tour à l'agent qui les a produites un accusé de réception.

(Circulaire de l'Administration du 5 Février 1821, n° 657, et circulaire manuscrite de la Comptabilité générale du 5 Mars 1825.)

---

Liquidation des dépenses.

Aucune créance ne peut être liquidée à la charge du département des finances que par le Ministre ou par ses mandataires.

Aucun paiement ne pouvant être effectué que pour l'acquittement d'un service fait, la constatation des droits des créanciers doit toujours précéder l'émission des ordonnances ou mandats de paiement.

Cette constatation, opérée sous la responsabilité de l'ordonnateur de la dépense, résulte des rapports de liquidation appuyés de pièces justificatives, que les chefs des services administratifs établissent par trimestre, par mois ou par créancier, pour chaque espèce de dépense ou pour chaque affaire, selon la nature des services et l'exigibilité des créances.

Les rapports de liquidation, lorsqu'ils émanent d'une des divisions de l'Administration centrale du Ministère, sont soumis à l'approbation du Ministre. Ceux qui concernent un service dépendant d'une Administration financière peuvent être approuvés, soit par le Ministre, soit par le Directeur général de cette Administration, selon l'importance et la nature de la dépense, et d'après les bases déterminées par les règlements spéciaux de chaque service.

Les titres de chaque liquidation doivent offrir les preuves des droits acquis aux créanciers de l'État, et être rédigés conformément aux instructions spéciales qui déterminent le mode de liquidation applicable à chaque objet de dépense, la nature et la forme des pièces justificatives, les époques de leur production, ainsi que les divers contrôles auxquels elles sont soumises.

Les justifications relatives aux droits des titulaires de créances, et qui en motivent la liquidation et l'ordonnancement, sont indépendantes de celles qui se rapportent à la régularité du paiement; les unes et les autres consistent dans les titres ou pièces désignés pour chaque service.

Il est procédé aux liquidations de droits acquis, soit d'office pour les créances à l'égard desquelles il existe des bases et éléments de liquidation dans les bureaux de l'Administration des finances, soit d'après les justifications produites par les créanciers eux-mêmes, ou, dans leur intérêt, par les agents administratifs et autres intervenant à cet effet.

( Règlement du 26 Janvier 1846. )

---

#### Mandatement des dépenses.

Aucune dépense ne doit être acquittée pour le compte du budget des finances si elle n'a été préalablement ordonnancée par le Ministre ou mandatée par un ordonnateur secondaire en vertu de délégation de crédit. Il est indispensable que les ordonnateurs secondaires du Ministère des finances se conforment, pour tous les détails de leurs services respectifs, à cette règle générale qui ne peut souffrir d'exception que dans les cas de nécessité évidente. Dans ces cas mêmes, le visa qu'ils peuvent avoir à apposer sur une pièce de dépense, pour la faire payer comptant, doit être ultérieurement régularisé au moyen de mandats délivrés dans la forme ordinaire et dont ce simple visa ne saurait jamais tenir lieu.

Le mandatement des dépenses réclame des ordonnateurs secondaires la même ponctualité et les mêmes diligences que la liquidation. A cet égard, ils doivent toujours avoir soin de faire connaître d'avance à l'Administration les besoins des services qui s'effectuent sous leurs ordres, afin que les crédits nécessaires leur soient délégués en temps utile, et que le mandatement de la dépense suive régulièrement la constatation du droit.

Les mandats de paiement mentionnent, indépendamment de l'exercice, les numéros et titres des chapitres et articles de la nomenclature générale des dépenses auxquels ils se rapportent, et, s'il y a lieu, les numéros et titres des autres divisions de la nomenclature.

Ces mandats sont datés et chacun d'eux porte un numéro d'ordre. La série des numéros d'ordre est unique, par exercice, pour tous les mandats émanés d'un même ordonnateur secondaire.

Les ordonnances de paiement et les mandats doivent désigner le titulaire de la créance par son nom, et, au besoin, par ses prénoms, si sa qualité, qui doit aussi être énoncée, ne suffisait pas pour faire reconnaître l'individualité.

Lorsqu'une même dépense donne lieu à la délivrance de plusieurs ordonnances ou mandats d'à-compte, les marchés ou conventions sont produits à l'appui de la première ordonnance ou du premier mandat; à l'égard des à-comptes subséquents ainsi que du paiement pour solde, il suffit d'annexer aux ordonnances ou mandats le décompte du service fait, de rappeler les justifications déjà fournies, et de faire mention des dates et numéros des ordonnances ou mandats antérieurs, ainsi que du montant détaillé des à-comptes précédemment ordonnancés.

Chaque mandat ne doit comprendre que des dépenses qui sont présentées sur une même chemise.

Le paiement des mandats a lieu jusqu'au 31 Août de la seconde année de l'exercice pour lequel ils sont délivrés; passé cette époque, la dépense doit être ordonnancée sur un autre exercice.

(Règlement du 26 Janvier 1846.)

### Marchandises abandonnées ou retenues.

Le produit net des ventes faites d'office par les employés des Douanes est versé immédiatement.

*Au Trésor :*

1° Quand il y a abandon volontaire de la marchandise de la part de celui à qui elle appartient;

2° Quand, après deux mois de retenue pour défaut de déclaration en détail à l'entrée, cette même déclaration n'a pas été produite.

*A la Caisse des dépôts et consignations* pour y être tenu pendant un an à la disposition des ayants droit :

1° Lorsque l'entrepôt réel n'est pas vidé dans le délai légal ;

2° Lorsque les objets prohibés reçus en dépôt ne sont pas réexportés dans le délai de quatre mois;

3° Lorsqu'il y a abandon de fait dans des cas non spécialement déterminés.

Dans les divers cas spécifiés ci-dessus, s'il résulte des conditions de la vente que les droits dus au Trésor ne doivent pas être payés par l'acquéreur en sus du prix d'adjudication, le produit brut des marchandises, déduction faite des frais à prélever, sera appliqué jusqu'à due concurrence au paiement de ces droits. En conséquence, les Receveurs en feront recette à l'article particulier de chacun d'eux, selon qu'il s'agira de droits d'importation, de magasinage, etc., etc.

Quant au produit net, il sera porté à l'article des

*recettes accidentelles*, si la vente a été faite au profit du Trésor;

Et à l'article des fonds reçus à titre de dépôt, sur une ligne particulière intitulée : *Produit net des marchandises vendues en douane sous réserve des droits des tiers*, si les fonds doivent être effectivement tenus en réserve pendant un an, ainsi qu'il est dit à la page 243.

Dans ce dernier cas, le produit net de la vente devra être versé au Receveur des finances de l'arrondissement pour le compte de la Caisse des consignations, et le préposé des Douanes en fera dépense à l'article des fonds reçus à titre de dépôt, sous le titre de *Versement, à la Caisse des dépôts et consignations, du produit net des marchandises vendues sous réserve des droits des tiers*.

( Circulaires de l'Administration du 6 Septembre 1827 et de la Comptabilité générale du 31 Janvier 1828, n° 12.)

---

### Modifications des écritures.

Le rétablissement en recette ou en dépense de sommes qui auraient été omises ne peut présenter de difficultés.

Relativement aux sommes qui se trouveraient de trop en recette ou en dépense, si l'erreur a eu lieu dans l'année courante, le redressement doit toujours s'opérer par réduction, c'est-à-dire que l'article de dépense fait au journal pour contre-passer un *trop porté en recette* se relève au sommier à la recette, et entre dans les résultats par soustraction : il en est de même de l'article de recette inscrit pour contre-passer un *trop porté en dépense*; il se transporte au sommier à la dépense où il entre aussi dans les résultats par soustraction. Les différents chapitres de recettes et de dépenses sont ainsi amenés à présenter les résultats au vrai. L'observation qui précède ne s'applique pas aux erreurs en plus qui seraient commises dans la liquidation des droits à percevoir et dont la rectification donnerait lieu au remboursement.

Il est essentiel que les articles de redressement soient bien motivés; ils doivent exprimer s'ils ont pour objet de réparer des omissions, d'opérer des réductions, ou enfin de contre-balancer des sommes portées de trop en recette ou en dépense.

(Instructions pour la tenue du sommier.)

## Nomenclature des états à fournir par les Directeurs.

| SÉRIES et numéros des états. | Ancienne SÉRIE F B. | Nombre d'expéditions à fournir. | ÉPOQUES obligées DE L'ENVOI. | CHEFS auxquels les états DOIVENT ÊTRE ADRESSÉS. | TITRES DES ÉTATS. |
|---|---|---|---|---|---|
| | | | | PAR | MOIS. |
| C n° 4. | 2 | 1 | 5 au plus tard. | Pour le Directeur de la Comptabilité générale ........ | Bordereau des recettes et des dépenses effectuées pendant le mois précédent par les Receveurs principaux, accompagné des états n°s 7 et 8, comprenant les opérations des Receveurs particuliers auxquels ils se rapportent. |
| Manuscrit. | » | 1 | 7 | Pour le Receveur général des finances du département. ... | État des opérations de mouvements de fonds qui ont eu lieu pendant le mois précédent entre les Receveurs des Douanes et les Receveurs des finances. État de situation des fonds de retenues pour l'habillement, le service de santé, etc. |
| C 78. | 54 | 1 | | | État des employés arrivés pendant le mois dans les bureaux et brigades de la Direction ; vacances et congés. |
| C 79. | 71 | 1 | 10 | Pour le Directeur de la Comptabilité générale .... ,. .. | Relevé des sommes non réclamées à la fin du mois dans lequel il est fait emploi en dépense des états collectifs qui les comprennent. |
| C 80. | 102 | 1 | | | |
| E 99. | » | 1 | 10 | Pour l'Administration. .... | État des dépenses extraordinaires ordonnancées par les Directeurs. |
| E.100quat. | » | 1 | | | Relevé des bordereaux de dépenses acquittées avant liquidation. |
| E 100. | » | 1 | 10 | Idem. ...... | État des crédits délégués par le Ministre, des droits constatés au profit des créanciers de l'État, etc., etc. |
| C b 144. | » | 1 | 10 | Pour le Ministre des finances. . | État détaillé du *net* des droits constatés pour traitements fixes. |
| C B 197. | » | 1 | 10 | Idem. ....... | État présentant la situation au dernier jour du mois précédent des crédits délégués par le Ministre des finances. |
| | | | | PAR | TRIMESTRE. |
| Manuscrit. | » | 1 | 5 Avril, 5 Janvier, 5 Juill. et 5 Oct. | Pour l'Administration. ..... | État du produit des saisies opérées en vertu du titre VI de la loi du 28 Avril 1816. |
| Manuscrit. | » | 1 | Id. | Pour l'Administration (indiquer le nombre de plombs apposés gratuitement, leur prix total ainsi que le montant des frais auxquels leur apposition a donné lieu ). ........ | État de l'indemnité représentative du plombage gratuit apposé pendant le trimestre précédent. |
| Id. | » | 1 | Id. | Pour l'Administration. ..... | État des dépenses au-dessous de 50 fr. autorisées par le Directeur sur le fonds du boni des masses. |

| | | | | PAR |
|---|---|---|---|---|
| Manuscrit. | » | 1 | 10 Janv. et 10 Juill. | |

**SEMESTRE.**
État indiquant les noms des chefs ayant droit à la répartition des fonds alloués pour indemnités de tournées. Y joindre les rapports sommaires fournis par les Inspecteurs et Sous-Inspecteurs pour le mois qui termine le semestre.

| | | | | PAR |
|---|---|---|---|---|
| Manuscrit. | » | 1 | 1er Janvier. | Pour le Directeur de la dette inscrite. |
| C 86. | 4 | 2 | 1er au 5 Janvier. | Pour le Directeur de la Comptabilité générale des finances. |
| » | » | » | 15 au 20 Janvier. | Idem. |
| Manuscrit. | » | 2 | Id. | Idem. |
| Id. | » | 1 | 1er Février. | Pour l'Administration. |
| C 80. | 102 | 1 | 3 Id. | Idem. |
| Manuscrit. | » | 1 | 1er Mars. | Idem. |
| Id. | » | 1 | 25 Juin. | Pour le Directeur de la dette inscrite. |
| C 89. | 7 | 1 | du 10 au 20 Août. | Pour le Directeur de la Comptabilité générale des finances. |
| C 95. | 103 | 2 | Id. | ( 2 expéditions pour chacun des deux exercices) Idem. |
| C B 209. | » | 2 | 1ers jours de Sept. | 1 expédition pour le Ministre et 1 expédition pour l'Administration. |
| Manuscrit. | » | 1 | Id. | Pour l'Administration. |
| Id. | » | 1 | 15 au 20 Novemb. | Idem. |
| Id. | » | 1 | 1er au 10 Décemb. | Idem. |
| E. | 82 A et 82 B. | 2 | 1er au 15 Décemb. | Idem. |
| C 87. | 1 | 2 | Quand les Receveurs principaux les ont fournis d'après l'invitation de la Comptabilité générale. Id. | Pour le Ministère. |
| C 88. | 1 bis. | 2 | Id. | Idem. |

**ANNÉE.**

État des employés qui ont versé, soit un cautionnement, soit un supplément de cautionnement postérieurement à l'envoi de l'état adressé le 25 Juin précédent.
Procès-verbal de clôture fourni par les Receveurs principaux.
Les divers documents nécessaires pour le règlement des comptes annuels qui ont été adressés par les Receveurs principaux.
Tableau des dépenses faites sur les exercices clos.
État des dépenses de toute nature autorisées sur le matériel avec imputation sur l'exercice précédent qui ne sont pas acquittées au 1er Février.
État des sommes qui, à défaut d'émargements ou de quittances, n'ont pu être payées pendant l'année précédente et qui sont encore dues au 31 Décembre de ladite année.
État des perceptions pour lesquelles il y a eu crédit et escompte.

État des intérêts de cautionnement.

État des droits liquidés et constatés sur produits de douanes pendant l'exercice précédent.

État détaillé des droits acquis et constatés par suite de contraventions aux lois et règlements des Douanes, et des sommes restant à recouvrer sur ces droits.

Relevé individuel des sommes dues ou présumées dues au 31 Août précédent.
Bordereau récapitulatif accompagnant les liquidations de primes afférentes à l'exercice expiré dont le montant n'a pas été payé aux titulaires.
État récapitulatif des dépenses concernant le matériel.
État des fonds de subvention présumés nécessaires pendant l'année suivante.

État des frais de régie.
Compte de gestion des Receveurs principaux ( 1re partie ).

Id.        ( 2me partie ).

## Nomenclature des états à fournir par les Receveurs principaux.

| SÉRIES et numéros des états. | Ancienne SÉRIE F B. | Nombre d'expéditions à fournir. | ÉPOQUES obligées DE L'ANNÉE. | OBSERVATIONS. | TITRES DES ÉTATS. |
|---|---|---|---|---|---|
| | | | | | **PAR DÉCADE.** |
| E 63 bis. | » | 1 (a) | 1er, 11 et 21 de chaque m. | | Bordereau des traites adressées au Caissier du Trésor public. |
| | | | | | **PAR MOIS.** |
| C 74. | 87 | 1 (b) | 1er | Les lettres d'avis du mois de Décembre dans lesquelles sont comprises les perceptions effectuées pendant cette période par les Receveurs particuliers doivent être adressées au plus tard le 4 Janvier. | Lettre d'avis des recettes de chaque mois. |
| E 101 bis. | » | 1 (c) | 1er | | État sommaire des produits. |
| C 4. | 2 | 1 (b) | 1er | | Bordereau des recettes et des dépenses et situation du comptable (1re expédition). Le bordereau rédigé par supplément au mois de Décembre doit être fourni, en double expédition, du 12 au 15 Janvier. |
| C nos 9 ou 10, 11, 15 et 16. | 46 ou 17, 18, 79 et 115. | 1 (d) | 1er | | Copie des rôles d'appointements des bureaux et des brigades, de l'état des indemnités allouées aux femmes visiteuses, aux cavaliers et aux préposés placés dans les grandes villes. |
| C 80. | 102 | 1 (d) | 1er | | Relevé des sommes non réclamées à la fin du mois dans lequel il est fait emploi en dépense des états collectifs qui les comprennent. |
| Manuscrit. | » | 1 (d) | 3 | | Bordereau des primes acquittées par les Receveurs principaux. (Une expédition pour chaque nature de prime et pour chaque exercice.) |
| E 62. | » | 1 (d) | 3 | | Tableau général des crédits. |
| E 90 ter A. | » | 1 (d) | 3 | | Relevé des congés. |
| S 100. | » | 1 (d) | 3 | | Tableau des recettes effectuées sur la taxe de consommation des sels. |
| C 4. | 2 | 1 (d) | 3 | | Bordereau des recettes et des dépenses et situation du comptable (2me expédition). Les extraits du compte mensuel no 107 des Receveurs particuliers accompagnent les bordereaux des Receveurs principaux dans lesquels les opérations faites sont décrites. |
| | | | | | *Idem.* |
| C 8. | 108 | 1 (d) | 3 | | Pièces de dépenses acquittées pendant le mois, accompagnées des chemises qu'elles comportent. |
| » » | » | 1 (d) | 3 | | Inventaire des pièces justificatives de dépenses. |
| C 73. | 17 | 2 (e) | 3 | | Relevé des consignations (*indiquer la nature de l'opération*) dont le montant a été appliqué aux droits et produits pendant le mois de ( fournir un relevé particulier pour chaque espèce d'application ). |
| Manuscrit. | » | 1 (d) | 3 | | |

(a) Pour le caissier du Trésor public. (Adresser sous le couvert du Ministre des finances.)
(b) Pour le Ministère des finances.
(c) Pour l'Administration.
(d) Pour la Direction.
(e) Une pour le Ministère et une pour la Direction. Cette dernière expédition sera renvoyée au comptable après avoir été revêtue d'un accusé de réception des pièces de dépense.

| | | | |
|---|---|---|---|
| Manuscrit. E K. | » | 1 (a) | 3 |
| | » | 2 (a) | 3 |
| C 33 et 34. | 79 et 79 bis. | 1 (a) | du 20 au 25. |
| 35 et 36. | 78 et 78 bis. | 1 (a) | Id. |
| | | | |
| Manuscrit. | » | 2 (a) | 2 au 4. |
| Id. | » | 1 (a) | 4 |
| C 13. | 13 | 2 (a) | Quelques jours avant l'expiration de chaque trimestre. |
| C 14. | 55 | | |
| Manuscrit. | » | 2 (a) | Id. |
| Id. | » | 1 (a) | 5 |
| | | | |
| Manuscrit. | » | 1 (a) | 4 Janvier. On doit se dispenser d'y faire figurer comme accidentelles ou compensant des dépenses matérielles, les indemnités de tournées accordées à des chefs intérimaires, les allocations pour frais de bois et lumière, et les indemnités de déplacement pour cause de service. |
| Id. | » | 1 (a) | Id. |
| Id. | » | 1 (a) | Id. |
| Id. | » | 1 (a) | Id. |
| C 80. | 102 | 1 (a) | 28 Février. |
| Manuscrit. | » | 1 (a) | Id. |

(a) Pour la Direction.
(b) 1 pour l'inspection et 1 pour la sous-inspection.

PAR TRIMESTRE.

État des paiements effectués sur les sommes provenant de retenues pour dettes.
Bordereau des recettes et des dépenses effectuées sur les fonds de masses. ( Y joindre les pièces de dépenses. )
Bordereau des recouvrements faits pour le compte d'autres Receveurs. ( Virements de fonds. )
Bordereau des paiements faits pour le compte d'autres Receveurs. ( Virements de fonds. )

État des recettes effectuées pendant le  trimestre, comparées avec celles de la période correspondante de l'année précédente.
Relevé des perceptions opérées pendant le trimestre écoulé, en exécution des décrets des 19 Mars et 12 Août 1852 ( circulaires nos 18 et 55 ) sur les produits qui y sont désignés.
État des frais de loyer des bureaux et des corps de garde et autres dépenses fixes.
État des frais de chauffage et d'éclairage des bureaux et des corps de garde.
État des personnes qui peuvent être admises au crédit pendant le trimestre suivant.
État des prélèvements effectués sur le fonds de 460,000 fr. alloué pour tenir lieu du prix des plombs apposés gratuitement.

PAR ANNÉE.

État du produit des places.

État de la réserve de la part des chefs supérieurs dans le produit des saisies.
État du produit de la répartition de la taxe de plombage.
État récapitulatif des cessions faites d'objets mobiliers hors de service.
Relevé des sommes non réclamées à la fin du mois dans lequel il est fait emploi en dépense des états collectifs qui les comprennent et qui sont encore dues au 31 Décembre 185 .
Tableau des perceptions pour lesquelles il y a eu bonification de l'escompte, et de celles pour lesquelles le crédit a été réclamé.

| | | | | | |
|---|---|---|---|---|---|
| E 71 bis. | » | 2 (a). | 1er Août. | | État des droits acquis au Trésor public par suite de contraventions aux lois des douanes et qui n'ont pu être recouvrés. |
| C 89. | 7 | 2 (a). | 1er id. | | État des droits constatés qui restaient à recouvrer, présentant les recouvrements faits sur ces droits pendant les sept premiers mois de 18 . |
| C 95. | 103 | 2 (a). | 1er id. | | État détaillé des droits acquis et constatés par suite de contraventions aux lois et règlements de douanes, et des sommes restant à recouvrer sur ces droits. |
| Manuscrit. | » | 1 (h). | 15 au 20 Novemb. | | État des dépenses approximatives du matériel à imputer sur l'exercice suivant. |
| Id. | » | 1 (h). | 30 Novembre. | | État des fonds de subvention nécessaires pour l'exercice suivant. |
| | | | | ÉTATS DE | GESTION. |
| C 86. | 4 | 4 (c). | Avec le bordereau de Décembre. | | Formule de procès-verbal de situation de caisse. |
| C 87. | 1 | 2 (a). | Quand on le demande. | | Compte de gestion. — 1re partie. — (Exercice précédent.) |
| C 88. | 1 bis. | 2 (a). | | Les comptes des Receveurs sortis de fonctions dans le cours de la gestion annuelle doivent être accompagnés d'une déclaration du comptable portant, soit qu'il n'a pas concédé de crédit pendant la période pour laquelle le compte est rendu, soit qu'il ne restait à réaliser, à l'époque où ont cessé ses fonctions, aucun crédit de droits concédés par lui ; soit enfin que les traites ou obligations de crédit qu'il a admises en paiement de droits, et non encore échues à cette même époque s'élevaient : Pour droits de douane, à Pour taxe de consommation des sels, à Avec indication de la dernière échéance de chacune de ces deux sortes de crédits. Cette déclaration sera revêtue du visa du Directeur après que l'Inspecteur de la division en aura certifié l'exactitude. ( C. de la C. G. du 24 Décembre 1841. ) | Idem. — 2e partie. — (Recettes et dépenses effectuées pendant l'année. ) |
| C 90. | 8 | 3 (f). | 12 au 15 Janvier. | | État des droits liquidés et constatés sur produits de douanes. (Bureaux principaux.) |
| C 91 ou 92. | 10 | 3 (g). | Id. | | Idem. (Bureaux particuliers.) |
| C 93. | 30 | 1 (a). | Accompagne le compte de gestion. 2e partie. | | État de développement, par nature de marchandise et par qualité de taxe, des droits perçus à l'importation et à l'exportation. |
| C 94. | 15. | 1 (a). | Id. | | État des réfactions de droits pour cause d'avaries. |

(a) Pour le Ministère.
(c) Deux pour le Ministère, une pour la Direction et une pour le comptable.
(f) Deux pour le Ministère et une pour l'Inspecteur.
(g) Une pour le Ministère, une pour l'Inspecteur et une pour le Receveur principal.
(h) Pour la Direction.

| | | | | | |
|---|---|---|---|---|---|
| C 95. | 103 | 2 (n) | 12 au 15 Janvier. | | État détaillé des droits acquis et constatés par suite de contraventions aux lois et règlements de douanes, et des sommes restant à recouvrer sur ces droits. |
| C 96. | 75 | 3 (i) | Id. | | État de situation des produits d'amendes et confiscations dont il n'a pas été disposé. |
| C 97. | 49 | 1 (a) | Id. | | État des droits liquidés et constatés sur produits de droits sanitaires. |
| C 98. | 11 | 2 (o) | Id. | | État des recettes faites pour divers services particuliers. |
| C 99. | 112 | 2 (a) | Id. | | Relevé des sommes reçues pour parts afférentes aux préposés des Douanes dans le produit des contraventions constatées à la requête des autres Administrations. |
| C 100. | 85 | 2 (b) | Id. | | État de développement des recettes et des dépenses faites sur les consignations. |
| C 101. | 81 | 1 (a) | Id. | | État des dépenses faites sur les consignations. |
| C 102. | 76 | 2 (b) | Id. | | État de développement des opérations faites sur les fonds particuliers reçus de divers. |
| C 103. | 84 | 1 (a) | Id. | | État des dépenses faites sur les fonds particuliers reçus de divers. |
| C 104. | 5 | 1 (a) | Id. | La production de l'état n° 105 ne dispense pas de fournir un exemplaire du modèle n° 104. | État des opérations faites sur les avances à recouvrer et à régulariser. |
| C 105. | 5 bis. | 2 (b) | Id. | | Le même état avec le développement des avances restant à recouvrer ou à régulariser. |
| Manuscrit. | » | 1 (a) | Id. | | Relevé des timbres de commissions avec les états à l'appui. |
| Id. | » | 1 (a) | Id. | | Dossier relatif aux recettes accidentelles à expliquer. |
| Id. | » | 2 (b) | Id. | Le modèle de cet état est joint à la circulaire de la Comptabilité générale du 1er Septembre 1838, n° 156-34. | Bordereau des paiements effectués avec imputations sur le chapitre ouvert pour les dépenses des exercices clos. |
| E 102. | » | 1 (a) | Id. | | État des sommes non payées à défaut d'émargements ou de quittances, et qui sont encore dues au 31 Décembre 18 |

(i) Deux pour le Ministère et une pour la Direction.
(n) Pour le Ministère.
(a) Pour le Ministère.
(o) Une pour le Ministère et une pour l'Inspecteur.
(b) Une pour le Ministère et une pour la Direction.

### Ordonnancement des dépenses.

Les traitements et remises de tous les agents de l'Administration des finances seront portés pour le brut dans les ordonnances ou mandats, et il y sera fait mention spéciale des retenues à exercer au profit de la Caisse des pensions civiles.

Les comptables chargés d'acquitter ces ordonnances et mandats les porteront en dépense, pour leur montant intégral, et ils se chargeront en recette des retenues opérées au crédit d'un compte particulier ouvert, par exercice, à la Caisse des dépôts et consignations. ( Service des pensions civiles. )

( Arrêté ministériel du 28 Octobre 1837, circulaire de la Comptabilité générale du 21 Décembre 1837, no 140-33, et circulaire de l'Administration du 30 du même mois, no 1667. )

Aucune dépense faite pour le compte du département des finances ne doit être acquittée, si elle n'a été préalablement ordonnancée par le Ministre ou mandatée par un ordonnateur secondaire, en vertu de délégation, sauf les exceptions consacrées par le mode d'administration et de comptabilité de divers services.

Les livres officiels de la comptabilité administrative des ordonnateurs secondaires des dépenses sont au nombre de quatre, indépendamment des carnets de détail et des livres et comptes auxiliaires qu'ils ouvrent selon les besoins de leurs services respectifs, savoir :

1º Un livre-journal des crédits délégués ;
2º Un livre d'enregistrement des droits des créanciers ;
3º Un journal général des mandats délivrés ;
4º Un livre de comptes par nature de dépense.

Ces livres sont ouverts *par exercice*. Les opérations qui se rapportent à un même exercice se cumulent sur les mêmes livres jusqu'à l'époque de sa clôture.

Le livre-journal des crédits délégués reçoit l'enregistrement sommaire et en masse du montant des ordonnances ou des extraits d'ordonnances, à mesure et dans l'ordre de l'arrivée des lettres portant avis de délégation des crédits.

Ce livre contient une colonne intitulée *crédits annulés*, dans laquelle sont portées les sommes dont les ordonnateurs secondaires cessent d'avoir la faculté de disposer, soit dans le courant, soit à la clôture de l'exercice.

Les droits acquis aux créanciers du Ministre des finances sont constatés sur le livre destiné à l'enregistrement de ces droits aussitôt après que leur fixation est déterminée par le résultat des liquidations, et lors même que la délivrance des mandats de paiement devrait être ajournée soit en raison de l'absence des titulaires d'emplois, soit en cas de litige ou pour tout autre motif.

Les ordonnateurs secondaires n'arrêtent leurs écritures officielles de chaque mois qu'après y avoir constaté, *pour le personnel*, sous la date du dernier jour du mois, les droits acquis pour ce même mois à la charge du Trésor public.

Le journal général des mandats délivrés est consacré à l'enregistrement immédiat et successif, par ordre numérique, de tous les mandats individuels ou collectifs émis par l'ordonnateur secondaire.

Une colonne de ce journal est réservée pour l'enregistrement des mandats annulés.

Le livre des comptes ouverts par nature de dépense est destiné à rapprocher et à présenter sous un seul aspect, pour chaque division de la nomenclature du budget, les crédits délégués, les mandats délivrés et les paiements effectués.

Il est procédé, à cet effet, pour les deux premiers résultats, au dépouillement du livre-journal des crédits et du journal général des mandats. Quant aux paiements, les ordonnateurs secondaires les constatent sur le livre des comptes, à la fin de chaque mois, d'après les relevés des mandats acquittés qu'ils reçoivent des comptables du Trésor dans les premiers jours du mois suivant.

Dans les premiers jours de chaque mois, les ordonnateurs secondaires extraient des livres de la comptabilité administrative de chaque exercice, jusqu'à l'époque de sa clôture, une situation arrêtée au dernier jour du mois précédent.

Cette situation est le relevé des totaux du livre des comptes ouverts par nature de dépense et de ceux du livre servant à l'enregistrement des droits des créanciers.

Elle présente par chapitre et, s'il y a lieu, par article et paragraphe du budget :

1º Le montant des crédits délégués ;

2º Les droits constatés au profit des créanciers de l'État ;

3º Le montant des mandats délivrés ;

4º Celui des paiements effectués.

Avant de certifier l'exactitude de la situation mensuelle, les ordonnateurs secondaires en contrôlent les résultats généraux, en ce qui concerne les crédits et les mandats, à l'aide du livre-journal des crédits délégués et du journal général des mandats délivrés.

Avant le 10 de chaque mois, ils adressent au Ministre (*Secrétariat-Général, Sous-Direction de l'ordonnancement et de la comptabilité des dépenses du Ministère*) la situation établie au dernier jour du mois précédent.

Les ordonnateurs secondaires adressent, en outre, au Ministre, du 1er au 10 de chaque mois, la déclaration des mouvements survenus dans l'effectif du personnel pendant le cours du mois précédent, lorsque ces mouvements ont eu pour résultat une modification dans la dépense de cet effectif, ou un changement quelconque dans la position d'un agent maintenu néanmoins dans les limites de la même division territoriale.

S'il n'y a eu pendant un mois, dans l'effectif du personnel, aucun mouvement de nature à modifier la dépense des traitements fixes, il est adressé, pour ce mois, un état de *néant*.

Les ordonnateurs secondaires signalent au Ministre, de mois en mois, les absences d'agents du personnel qui ont eu lieu en vertu de congés.

Ils dressent, à cet effet, au commencement de chaque mois, un bulletin indicatif des congés dont il a été fait usage pendant le mois précédent. Ils joignent cette pièce (ou, s'il y a lieu, un état de *néant*) à la situation de leur comptabilité administrative, arrêtée à l'époque du dernier jour du mois expiré.

La rectification de toute erreur de chiffres commise dans l'enregistrement des opérations sur les livres d'un ordonnateur secondaire, et reconnue après l'envoi des situations mensuelles au Ministre des finances, donne lieu à un enregistrement supplémentaire, à la date du jour où l'erreur est reconnue, et, s'il s'agit d'une réduction, cet enregistrement est porté dans la colonne destinée aux annulations. Il n'est procédé, dans aucun cas, par substitution d'une somme à une autre, ni par compensation au moyen de modification en plus ou en moins du chiffre réel des enregistrements ultérieurs.

Toute ordonnance et tout mandat non payés sur un exercice au 31 Août de la seconde année cessant d'être valables, le montant en est, à cette époque, annulé dans les écritures de la comptabilité des dépenses du Ministère et dans celle des ordonnateurs secondaires.

Avant d'arrêter les comptes d'un exercice, les divisions administratives du Ministère et les liquidateurs et ordonnateurs secondaires des dépenses recherchent et constatent le complément des droits à la charge de l'État, qui peuvent être acquis aux créanciers du service confié à leurs soins immédiats sur les fonds de l'exercice arrivé aux termes de sa clôture.

Tous les livres de la comptabilité des ordonnateurs secondaires sont arrêtés, pour chaque exercice, au 31 Août de l'année qui suit celle dont l'exercice porte la dénomination.

Une situation définitive, extraite de ces livres, est établie à ladite époque. Elle est adressée au Ministère des finances, accompagnée de bordereaux présentant, pour les dépenses réunies en un seul article dans la nomenclature sommaire des dépenses de l'exercice, des détails conformes à ceux des états de développement du projet de budget.

Les journaux, livres et registres des ordonnateurs secondaires sont clos, balancés et dûment arrêtés pour chaque exercice, dès que le Ministre a notifié à ces ordonnateurs, chacun en ce qui le concerne, les résultats du compte général et définitif de l'emploi des crédits de délégation ouverts pour ledit exercice.

(Règlement de la Comptabilité générale du 26 Janvier 1846.)

| NATURE des RECETTES OU DES DÉPENSES. | JUSTIFICATIONS À PRODUIRE. |
|---|---|
| | **Contributions et revenus publics.** |
| Exercice précédent. | |
| Amendes et confiscations. | Etats n°s 89 et 95. (Circ. de la Comptabilité générale du 1er Septembre 1838, n°s 156-34.) |
| Exercice courant. | |
| Douanes. | Relevé des recettes établi sur le registre des déclarations de liquidation et de perception, et d'après les écritures courantes du comptable, affirmé par lui et dûment certifié par l'Inspecteur après vérification desdits registres et écritures, et revêtu du visa du Directeur. (Etats n°s 90 et 91 ou 92.) (Circ. de la C. G. du 30 Décembre 1826, n° 9.) État n° 93. (Circ. de la C. G. du 25 Juillet 1830, n° 16.) |
| Navigation. | Même relevé que dessus (Etats n°s 90 et 91 ou 92). |
| Recettes accessoires. | Même relevé ; et, de plus, pour les timbres : états mensuels des timbres de commissions d'emploi, avec un bordereau récapitulatif de ces mêmes états, à joindre à l'état n° 90. (Circ. de la C. G. des 25 Août 1834, n° 70-28 et 15 Décembre 1836, n° 142-31, nomenclature jointe à la circulaire du 1er Janvier 1839.) |

RECETTES ACCIDENTELLES.

*Pour les marchandises vendues en douane.*
Les procès-verbaux de vente et les pièces justificatives des frais à prélever et du décompte du produit net des objets vendus. (Circ. de la C. G. du 22 Janvier 1841, n° 204-37.)

| | *Pour les intérêts payés par les débiteurs de traites en souffrance.* |
|---|---|
| | Fournir, avec le premier bordereau qui présente l'extinction de la créance, le décompte de ces intérêts en double expédition, ou copie de la décision qui en fait remise ou des actes de carence (Circ. de la C. G. du 26 Décembre 1833, n° 59-28. Relativement aux justifications à produire pour *la portion attribuée au Trésor dans la remise sur les crédits, la valeur des marchandises introduites en fraude par transit, et les remboursements de primes pour des marchandises françaises réimportées* Voir aux pages 21, 22 et 23. |
| Amendes et confiscations. | Mêmes états n°s 90 et 91 ou 92; plus état n° 9! annexé à l'état n° 90. (Circ. de la C. G. du 1er Septembre 1838, n° 146-34.) |
| | Voir les justifications à produire pour la répartition. |
| Taxe de plombage et d'estampillage. Vieux plombs. | États n°s 89 ou 90, et, pour les vieux plombs, actes de vente annexés aux états mensuels de répartition. (Circ. de la C. G. du 1er Septembre 1838, n° 156-34.) Voir les justifications à produire pour la répartition. |
| Taxe de consommation des sels. | Le relevé des recettes fourni pour les droits de douanes. (États n°s 90 et 91 ou 92.) |
| Droits sanitaires. | État annuel des droits liquidés, formé et affirmé véritable par le Receveur rendant compte, et revêtu du certificat de l'Administration sanitaire chargée de la liquidation et du contrôle des produits. (Art. 26 du règlement transmis par la circulaire de la C. G. du 27 Décembre 1843, n° 250-40.) |
| Retenues et autres produits affectés au service des pensions civiles. | Décompte des retenues établies sur les mandats de paiement, rôles d'appointements et états de répartition du produit des amendes et confiscations. (Règlement du 26 Janvier 1846.) |
| Reversement pour rejet de dépenses. | Cette recette, qui a lieu pour prévenir les injonctions de la Cour des comptes ou y satisfaire, et qui opère la décharge du comptable, n'est susceptible d'aucune justification. |

## Dépenses publiques.

| | |
|---|---|
| Traitements d'activité. (Chemise n° 37.) | Mandats individuels revêtus de l'acquit des parties prenantes qu'ils désignent, ou mandats |

Indemnités et gratifications.
( Chemise n° 38. )
Dépenses du matériel.
*Constructions, entretien et réparations de bureaux, corps de garde et embarcations.*
*Achat et entretien de poids, balances et ustensiles de bureaux.*
*Frais de transport de fonds, de paquets, ballots et échantillons.*
*Dépenses diverses et imprévues.*
Chemise n° 39, et bordereau n° 100 bis.)

Frais de loyer, de chauffage et d'éclairage des bureaux et corps de garde.
( Chemise n° 40. )

collectifs appuyés d'états d'émargement dûment arrêtés présentant le nom, le grade ou l'emploi, la position de présence ou d'absence, le service fait, la durée du service et le décompte de la somme due en vertu des lois, règlements ou décisions. ( Circ. de la C. G. du 30 Décembre 1826, n° 9. )

Mêmes justifications que ci-dessus.

Mandats de paiement appuyés, indépendamment des liquidations arrêtées par qui de droit, des devis, procès-verbaux d'adjudication ou de marchés en due forme, si les constructions ou fournitures ont été faites par suite ou en exécutions de semblables actes, ce que le mandat doit spécifier; des mémoires ou factures ( sur papier timbré pour les sommes qui excèdent 10 fr.); des quittances ou états de menus frais, le tout revêtu, suivant la nature de la dépense, soit de l'attestation de l'exécution du service, soit du certificat de réception des matières livrées ou des travaux confectionnés, soit enfin de certificats portant que les dépenses concernent un service public. ( Circ. de la C. G. du 30 Décembre 1826, n° 9. )

Toutes les fois qu'il a été inséré dans un devis une clause pénale pour le cas de retard, dans l'exécution des travaux, du service fait ou dans la livraison des fournitures, on doit produire, avec les autres pièces justificatives de la dépense, l'ordre de commencer les travaux, le service ou les fournitures. ( Circ. de la C. G. du 18 Juin 1852, n° 490-59.)

Mandats de paiement appuyés d'états émargés par les parties prenantes dûment arrêtés et visés, conformément aux états de frais de régie, et, de plus, pour les frais de loyer, la copie en due forme des baux qui ont fixé le prix de la location, et, à défaut de ces titres, un certificat du Directeur des Douanes, énonçant la quotité du loyer. (Circ. de la C. G. du 31 Mai 1833, n° 36-25.)

Lorsque les sommes à payer pour frais de loyer s'élèvent à plus de 10 fr., il faut exiger des bailleurs des quittances timbrées; dans le cas contraire, leur émargement pur et simple sur les états suffit.

| | |
|---|---|
| Indemnités de tournées et de déplacement des Inspecteurs et Sous-Inspecteurs divisionnaires.<br>(Chemise n° 41.) | Mandats de paiement appuyés de liquidations arrêtées par l'Administration et d'états quittancés par les parties prenantes. (Circ. de la C. G. du 30 Décembre 1826, n° 9.) |
| Frais de fourrage des brigades de cavalerie.<br>(Chemise n° 41.) | Mandats de paiement appuyés d'états nominatifs dûment arrêtés et certifiés, et des quittances des ayants droit par émargements ou séparées. (Règlement du 26 Janvier 1846.) |
| Indemnités de résidence aux préposés placés dans de grandes villes.<br>(Chemise n° 41.) | *Idem.* |
| Indemnité représentative de la taxe de plombage et d'estampillage dont le commerce est exonéré en matière de cabotage et de mutation d'entrepôt.<br>(Chemise n° 41.) | Mandat de paiement appuyé d'un état de répartition émargé, des pièces justificatives de dépenses et d'un certificat indiquant le nombre de flans apposés. (Circ. de l'Administration du 29 Mars 1852, n° 23. Nouvelle série.) |
| Indemnités de premier établissement aux sous-officiers admis dans le service actif des Douanes.<br>(Chemise n° 41.) | Mandat de paiement appuyé de la décision qui autorise l'allocation et de la quittance des ayants droit. |
| Indemnités aux femmes chargées de concourir au service des visites à la frontière.<br>(Chemise n° 41.) | Mandats de paiement appuyés d'états nominatifs dûment arrêtés et certifiés, des quittances des ayants droit, par émargement ou séparées. (Joindre l'extrait de l'approbation de l'Administration, *lorsque l'allocation annuelle dépasse 400 fr.* (Règlement du 26 Janvier 1846.) |
| Indemnités aux employés blessés.<br>(Chemise n° 41.) | Mandats de paiement appuyés d'arrêtés de liquidation, des copies certifiées par les Directeurs locaux, des décisions qui allouent les indemnités, des mémoires des honoraires de médecins et des fournitures de médicaments et des quittances des ayants droit. (Les mémoires et les quittances doivent être établis sur papier timbré.) Règlement du 26 Janvier 1846. |
| Secours aux veuves et orphelins.<br>(Chemise n° 41.) | Mandats de paiement appuyés des décisions motivées qui allouent les secours, des quittances des ayants droit et des arrêtés de liquidation. |

| | |
|---|---|
| Condamnations judiciaires à la charge de l'État. (Chemise n° 41.) | Expédition (T) (1) ou extrait (T), ou signification (T) du jugement de condamnation; copie de la décision administrative qui a prescrit d'y acquiescer; exécutoire de dépens (T) ou état (T) dûment taxé; quittances (T) des ayants droit. |
| Primes pour arrestation de fraudeurs. (Chemise n° 41.) | Mandats de paiement appuyés de la copie du procès-verbal de saisie et d'un extrait du jugement définitif de condamnation des délinquants; quittances des ayants droit. |
| Frais de saisies non recouvrables. (Chemise n° 41.) | Original ou copie du procès-verbal de saisie; état de frais (T) dûment taxé par le juge ou approuvé par l'Administration, et appuyé des quittances (T) des frais, ou, *à défaut de quittances*, du certificat qui doit en tenir lieu; procès-verbal de vente des objets saisis (T), ou acte constatant, soit la remise autorisée, soit la destruction également autorisée des objets saisis; certificat d'insolvabilité ou d'absence des prévenus, *s'il y a lieu*. Il pourra être suppléé à la production d'un certificat d'absence ou d'insolvabilité des prévenus par la justification d'une décision motivée du Conseil d'administration des Douanes et des Contributions indirectes. (Circ. de la C. G. du 26 Novembre 1851, n° 583-67.) Copie de la décision administrative, portant, *suivant les cas*, approbation de transaction, ou ordre, soit d'abandonner, soit de suspendre indéfiniment les poursuites. (Règlement du 26 Janvier 1846.) |
| A ces trois dernières espèces de dépenses peuvent s'ajouter les honoraires des avocats chargés de la défense des intérêts de l'État. (Chemise n° 41.) | Copie de la décision administrative qui autorise l'allocation; quittance (T) de l'ayant droit. (Règlement du 26 Janvier 1846.) |
| Secours aux agents inférieurs des Douanes en raison de la cherté des subsistances. (Chemise n° 41.) (Joindre à la chemise n° 41 un bordereau n° 100 ter.) | Mandat de paiement appuyé de la copie de la décision qui alloue les secours, et de l'état émargé par les parties prenantes. |

---

(1) La lettre (T) indique que les titres à produire et les quittances qui s'élèvent à plus de 10 fr. doivent être établis sur papier timbré.

Remboursements de droits indûment perçus et de recettes accidentelles. (Chemises nos 42 et 43.)

Admission en non-valeurs de droits réglés en traites et obligations de crédit dont le montant n'a pu être réalisé. (Chemise n° 44.)

Répartition des produits de plombage et d'estampillage. (Chemise n° 45.)

Remboursements, prélèvements et répartitions sur les amendes et confiscations.

Répartition aux ayants droit. (Chemise n° 47.)

Mandats de paiement appuyés de liquidations arrêtées en Conseil d'administration et des acquits (T) des parties prenantes. (Circ. de la C. G. du 30 Décembre 1826, n° 9.)

Mandats de paiement appuyés d'une ampliation de la décision ministérielle qui autorise le comptable à faire dépense à titre de non-valeur (circ. de la C. G. du 30 Décembre 1826, n° 9); état de situation de la créance présentant distinctement le principal et les frais ainsi que la date, la provenance et le montant des recouvrements. (Circ. de la C. G. du 26 Décembre 1833, n° 59-27.)

Mandats de paiement appuyés des états de répartition émargés par les parties prenantes, présentant le décompte du produit net à répartir et accompagnés des pièces justificatives (T) de la dépense (achat de ficelle, frais de transport de flans), etc. (Circulaires de la C. G. du 31 Mai 1833, n° 36-25, et du 21 Décembre 1837, n° 140-33.) Les actes de vente des vieux plombs doivent être annexés aux états de répartition. (Circ. de la C. G. du 1er Septembre 1838, n° 156-34.)

Mandats de paiement appuyés d'états de répartition émargés par les parties prenantes, et de toutes les pièces constatant les contraventions et établissant le décompte de leur produit.

Ces pièces consistent, selon les différentes infractions aux lois de douanes, en celles détaillées ci-après :

1° L'état de répartition approuvé par l'Administration lorsque le produit s'élève à 500 fr. et au-dessus.

2° Le rapport constatant la contravention; s'il s'agit de non rapport d'acquits-à-caution, la contrainte lorsqu'il en a été décerné; dans le cas contraire, une copie de l'acquit-à-caution.

3° Le jugement ou extrait du jugement, significations et autres actes de procédure.

4° La transaction ou l'acte d'abandon des objets saisis; la soumission ou l'acte d'acquiescement au jugement.

5° La décision par suite de laquelle le droit résultant de la contravention a été pris en charge et celle qui termine l'affaire. (Lorsqu'on produit la copie des décisions, il est nécessaire que cette pièce soit visée par l'Inspecteur.)

| | 6° L'ordonnance sur requête portant autorisation de vendre par provisions.
| | 7° L'acte constatant la vente, la remise aux prévenus ou la destruction des objets saisis. (Le procès-verbal d'adjudication (T) doit relater le titre en vertu duquel on procède à la vente; l'acte (T), qui constitue ce titre, doit être enregistré et produit au dossier. (Le procès-verbal d'adjudication doit aussi être enregistré.)
| | 8° L'acte constatant l'absence ou l'insolvabilité des prévenus en cas de non recouvrement de l'amende.
| | (Il peut être suppléé à cet acte par une décision motivée de l'Administration des Douanes. Circ. de la C. G. du 26 Novembre 1855, n° 83-67.)
| | 9° L'état des frais visé par le Directeur et appuyé de pièces justificatives.
| | 10° L'autorisation donnée par l'Administration de répartir le produit de l'infraction et de comprendre l'indicateur dans la répartition. (Circ. de la C. G. des 30 Décembre 1826, 15 Décembre 1836, 1er Septembre 1838, nos 9, 112-31 et 156-34. Voir aussi la chemise n° 77.)
| | *Nota.* — Lorsque le prix d'adjudication comprend les droits d'entrée, le décompte doit en être fait dans l'acte de vente, de manière à faire ressortir la valeur des objets vendus, défalcation faite de ces droits. Les procès-verbaux de vente, dûment enregistrés, doivent être signés par chacun des adjudicataires. Dans le cas où le procès-verbal de vente se rapporterait à plusieurs saisies, l'original, accompagné d'un état de distribution par saisie du montant des adjudications, doit être produit avec la première répartition qui aura lieu, sauf à y suppléer, pour chacune des autres répartitions, par des extraits sur lesquels on indiquera dans quel dossier et dans la comptabilité de quel mois l'original a été produit.
| | Il en sera de même des états de frais généraux de vente, ainsi que des jugements ou arrêts collectifs. (Chemise n° 77.)
Paiements effectués sur les fonds réservés provenant des saisies faites en vertu du titre 6 de la loi du 28 Avril 1816. (Chemise n° 48.) | Ordre de paiement ou d'emploi en dépense délivré par l'Administration et appuyé des acquits des parties prenantes. (Circ. de la C. G. du 30 Décembre 1826, n° 9.)

| | |
|---|---|
| Application de produits au remboursement des frais. (Chemise n° 50.) | *Lorsque le produit est égal aux frais* : le mandat de paiement; la chemise n° 77 renfermant l'état du produit arrêté par le comptable et revêtu d'u[n] certificat de l'Inspecteur, indiquant la date et numéro du journal sous lesquels il en a été fa[it] recette selon la formule inscrite sur les états [de] répartition, et énonçant, en outre, qu'il a été fa[it] reprise en recette au chapitre des avances à titr[e] de remboursement de frais; l'état détaillé d[es] frais appuyé des quittances, et enfin toutes l[es] autres pièces indiquées sur la chemise n° 77, do[nt] la production n'a pas été faite à l'appui de [la] recette. (Circ. de la C. G. du 15 Décembre 1836, n° 112-31.) |
| | *Lorsque les frais excèdent le produit* : le manda[t] de paiement; les certificats de renvoi aux liqu[i]dations des frais tombés à la charge du Tréso[r]. (Circ. de la C. G. du 15 Décembre 1836, n° 112-31[.]) |
| Restitutions. (Chemise n° 51.) | Le mandat de paiement; les copies des décision[s] administratives qui autorisent les restitutions[;] les quittances des parties prenantes, ou, dans [le] cas prévu par le troisième paragraphe de la cir[c.] de la C. G. du 21 Décembre 1835, n° 94-30, le[s] récépissés de versements à la Caisse des dépôts [et] consignations. (Circ. de la C. G. du 15 Décembr[e] 1836, n° 112-31.) |
| Primes à l'exportation. (Chemises n°s 52 et 53.) | Mandats de paiement appuyés de liquidation[s] arrêtées en Conseil d'administration des Douane[s,] des pièces déterminées pour chaque espèce d[e] prime, par les lois et ordonnances, et des acqui[ts] des parties prenantes. (Circ. de la C. G. du 3 Décembre 1826, n° 9.) Y joindre les lettres d'av[is] adressées aux titulaires des primes et les extrai[ts] des expéditions de sortie. |
| Escompte { Sur la taxe de consommation des sels. (Chemise n° 54.) Sur les droits de douanes à l'importation. (Chemise n° 55.) | Mandats de paiement appuyés de quittances. souches portant liquidation et visées par l'In[s]pecteur. (Circ. de la C. G. des 30 Décembr[e] 1826, n° 9, et 4 Mars 1831, n° 17.) |
| Dépenses des exercices clos et des exercices périmés. (Chemise n° 56.) | Liquidation et de plus les mêmes justification[s] qui auraient été exigées pour chaque dépense, [si] elle avait eu lieu avant la clôture de l'exercic[e] auquel elle appartenait. |

## Opérations de trésorerie. — Recettes.

Remboursements faits par la Caisse des dépôts et consignations.

Habillement, santé et casernement des préposés de brigades.

Primes de capture.

Sommes afférentes aux préposés des Douanes, dans les saisies faites à la requête des autres Administrations.

Consignations.
Recouvrements pour des tiers.
Fonds reçus de divers.
Fonds partis des comptables.
Recouvrements et régularisations d'avances.
Fonds de subvention reçus des Receveurs des finances.

Fonds de subvention reçus des Receveurs des contributions indirectes.

Fonds de subvention reçus des Receveurs des Douanes.
Reprise des valeurs provenant de la gestion du prédécesseur du comptable.
Recettes faites par le comptable pour le compte de ses collègues.
(*Virements de fonds.*)
(Chemise n° 71.)

Relevé des recettes établi d'après les écritures courantes du comptable, les registres spéciaux et autres documents, affirmé par lui, dûment certifié par l'Inspecteur et revêtu du visa du Directeur. (Circ. de la C. G. du 30 Décembre 1826, n° 9.)

Comptes spéciaux de ces services appuyés des pièces justificatives. (Circ. de la C. G. du 26 Avril 1832, n° 7-21, et circulaire des Douanes du 2 Mars 1832, n° 1309.)

Relevé des recettes établi d'après les écritures courantes du comptable, etc. (Circ. de la C. G. du 30 Décembre 1826, n° 9.)

Relevé des recettes ( n° 98 avec l'état n° 99 ). ( Circ. de la C. G. du 1er Septembre 1838, n° 156-34.)

Relevé des recettes.    n° 100.
*Idem.*    n° 98.
*Idem.*    n° 102.
*Idem.*    n° 98.
État n° 105.

Récépissés produits à l'appui de la dépense comprise dans les comptes des Receveurs des finances et du caissier du Trésor, sous le titre de : Fonds de subvention fournis aux Receveurs des Douanes. ( Circ. de la C. G. du 30 Décembre 1826, n° 9.)
Talon détaché de l'ordre de subvention.

Talon détaché de l'ordre de subvention. ( Circ. de la C. G. du 16 Décembre 1829, n° 15.)
Procès-verbal de clôture joint au compte de la gestion précédente.

Bordereaux des sommes recouvrées et certificat de l'Inspecteur ( constatant la reprise en recette desdites sommes par le comptable pour le compte duquel a été effectué le recouvrement ) rapportés

| | |
|---|---|
| Recettes en acquits de paiements faits pour le comptable par ses collègues. (Chemise n° 71.) | à l'appui de la dépense qui en est faite à l'arti(cle) des virements de fonds. (Circ. de la C. G. du Décembre 1826, n° 9.) Bordereaux de paiements et récépissés du mo(n)tant des acquits rapportés à l'appui des mêm(es) sommes portées en dépense par les comptab(les) qui ont effectué les paiements. (Circ. de la C. du 30 Décembre 1826, n° 9.) |

## *Opérations de trésorerie.*

### Dépenses.

| | |
|---|---|
| Versements à la Caisse des dépôts et consignations. | Certificat de l'Inspecteur, dûment visé et d(é)livré d'après les écritures courantes du comptab(le) et au vu des récépissés des dépôts. (Circ. de C. G. du 30 Décembre 1826, n° 9.) |
| Habillement, santé et casernement. | Voir le même article en recette. |
| Primes de capture. { Répartitions. (chemise n° 57.) { Restitutions. (chemise n° 58.) | État de répartition émargé par les parties p(re)nantes, dûment arrêté et ordonnancé. (Circ. de C. G. du 30 Décembre 1826, n° 9.) Ordre de remboursement appuyé de la décisi(on) administrative et des acquits des parties p(re)nantes. (Circ. de la C. G. du 30 Décembre 182(6,) n° 9.) |
| Sous-répartition des sommes afférentes aux douanes dans les saisies faites à la requête des autres Administrations. (Chemise n° 59.) | Ordres de dépense qui pourront être inscr(its) au dos des états de sous-répartition. (Voir circ. de la C. G. du 21 Décembre 1837, n° 14(4-)33. Le modèle de ces ordres se trouve joint cette circ.) Répartitions primitives jointes a(ux) sous-répartitions qui seront revêtues du certific(at) exigé pour les amendes et confiscations. (Ci(rc.) de la C. G. du 1er Septembre 1838, n° 156-34.) |
| Consignations. Application aux droits et produits. | Certificat dûment visé, délivré d'après les éc(ri)tures du comptable et les registres spéciau(x). (Circ. de la C. G. du 30 Décembre 1826, n° |
| Consignations. Restitutions concernant : 1° Les voitures des voyageurs, les chevaux, les bêtes de somme et l'argenterie des voyageurs. (Chemises n°s 60, 61 ou 62.) | Ordonnances de remboursement appuyée(s,) indépendamment de la quittance des parties pr(e)nantes, des expéditions de douanes revêtues certificat de réexportation. (Circ. de la C. G. 20 Mai, n° 5 et 12 Novembre 1832, n° 20-22.) *Pour le versement aux préposés des contributio(ns) indirectes du droit de garantie, produire le réc(é)pissé des agents de cette Administration.* |

| | |
|---|---|
| Les garanties de droits. (Chemise n° 63.) | Reconnaissances revêtues d'une décharge. (Circ. de la C. G. du 12 Novembre 1832, n° 20-22.) |
| Les cautionnements pour assurer la destination des marchandises expédiées sous acquits-à-caution. (Chemise n° 64.) | Ordres de restitution appuyés des acquits-à-caution revêtus des certificats de décharge et des quittances des consignataires. (Circ. de la C. G. du 12 Novembre 1832, n° 20-22.) |
| L'exécution des transactions. (Chemise n° 65.) | Ordre de remboursement appuyé de la décision administrative et de l'acquit des parties prenantes. (Circ. de la C. G. du 3 Décembre 1826, n° 9.) En cas d'absence des ayants droit, produire les récépissés de versement à la Caisse des dépôts et consignations. (Circ. de la C. G. du 21 Décembre 1835, n° 94-30.) |
| Le droit de 50 c. établi par l'article 1er de la loi du 23 Novembre 1848 sur les sels étrangers. (Chemise n° 66.) | Ordre de restitution des Directeurs et certificats constatant que les sels pour lesquels les consignations ont été faites étaient ou des sels français ou des sels étrangers ayant déjà supporté le droit spécial. (Circ. manuscrite de l'Administration du 17 Novembre 1849.) |
| ersements sur recouvrements faits pour des tiers. (Chemise n° 67.) | Récépissés. (Circ. de la C. G. du 28 Décembre 1842, n° 228-39.) |
| onds particuliers de divers. | Etat n° 102 et certificats n° 103 dûment visés et délivrés d'après les écritures courantes du comptable au vu des pièces représentées. (Circ. de la C. G. du 30 Décembre 1826, n° 9.) |
| onds particuliers des comptables. | Mêmes justifications. |
| vances à recouvrer et à régulariser. | Etats n°s 104 et 105. |
| Traites et obligations de crédit mises à la charge d'anciens comptables. | Autorisation de dépense appuyée de la décision ministérielle qui a rendu l'ex-Receveur responsable du non recouvrement des traites et obligations de crédit admises par lui en paiement de droits. (Circ. de la C. G. du 30 Décembre 1826, n° 9.) |
| Déficit de caisse constaté à la charge d'ex-Receveurs subordonnés. | Autorisation de dépense appuyée du procès-verbal constatant le déficit. (Circ. de la C. G. du 30 Décembre 1826, n° 9.) |
| ersements aux comptables des finances. (Chemise n° 68.) | Récépissés de ces comptables sur des formules à talons et visés dans les 24 heures par le Préfet ou le Sous-Préfet, ou par leurs délégués accrédités. |

| | |
|---|---|
| Fonds de subvention. (Chemise n° 70.) | (Circ. de la C. G. des 30 Décembre 1826, n° 9, et 31 Mai 1833, n° 36-25.) Ordre de subvention revêtu du récépissé du Receveur à qui les fonds ont été remis. (Circ. de la C. G. du 16 Décembre 1829, n° 15.) |
| Valeurs remises par le comptable à son successeur. | Une expédition du procès-verbal de clôture. |
| Virements de comptes. { Paiements faits par le comptable. (Chemise n° 72.) | Récépissé du montant des acquits transmis au Receveur pour le compte duquel les paiements ont été effectués. (Circ. de la C. G. du 31 Décembre 1826, n° 9.) |
| Application aux services, etc. (Chemise n° 72.) | Déclaration du comptable, dûment certifiée, portant qu'il s'est chargé en recette de la somme recouvrée pour son compte. (Circ. de la C. G. du 31 Décembre 1826, n° 9.) |

Procurations.

Les émargements, acquits ou quittances donnés par des tiers au nom des ayants droit doivent être appuyés de leur procuration; cette procuration devra être jointe au premier émargement, acquit ou quittance pour lequel il en sera fait usage, et il suffira d'y renvoyer pour les émargements, acquits ou quittances subséquents, en indiquant la pièce à laquelle a été annexé le pouvoir, et dans la comptabilité de quel mois figure l'article de dépense à l'appui duquel il a été produit.

Toute procuration doit être timbrée et enregistrée, sauf l'exception faite pour celles données en forme de lettres par les employés et préposés pour leurs traitements et émoluments, et qui sont dispensées du timbre et de l'enregistrement.

(Circulaire de la Comptabilité générale du 30 Décembre 1826, n° 9.)

#### Quittances.

Les paiements et versements effectués aux Receveurs des Douanes doivent donner lieu à la délivrance immédiate de quittances détachées d'un registre à souche.

(Article 8 de l'ordonnance du 8 Décembre 1832.)

Le droit de timbre est de 25 centimes pour les sommes au-dessus de 10 fr. et de 05 centimes pour les autres.

(Art. 19 de la loi du 28 Avril 1816.)

Les quittances de droits sanitaires sont dispensées du timbre.

(Circulaire de l'Administration du 7 Février 1850, n° 2366.)

Les quittances de recettes résultant de contraventions aux lois et règlements des Douanes sont extraites d'un registre qui fait partie de la série E et qui porte le n° 71 B.

Le prévenu qui se libère des condamnations pécuniaires mises à sa charge par un jugement ou par une transaction administrative ne peut rigoureusement être tenu d'acquitter, en sus du montant de ces condamnations, le prix du timbre d'une quittance qu'il lui est en définitive loisible de ne pas relever. Si donc un redevable de cette catégorie ne consentait pas à recevoir sa quittance *timbrée*, la seule, dans tous les cas, qui puisse lui être délivrée, le Receveur devra laisser à la souche, pour justifier le non recouvrement du timbre, la formule de quittance qui n'aura pas été employée, et cette formule sera croisée afin qu'il ne puisse plus en être fait usage. Les Inspecteurs devront spécialement veiller à ce que cette formalité soit ponctuellement remplie par les comptables.

Quant aux quittances des versements opérés dans les caisses des Douanes par les Receveurs d'autres Administrations financières, et notamment par ceux des contributions indirectes pour le prix des poudres et des tabacs provenant de saisies et livrés à la Régie, elles devront être détachées du même registre, série E, n° 71 B, attendu qu'aujourd'hui nulle autre forme de libération ne saurait être admise. Mais, dans ces cas, comme la perception du droit de timbre serait sans objet, puisqu'il s'agit d'une opération entre deux Administrations publiques, les Receveurs des Douanes devront *biffer* le timbre sur les quittances dont il s'agit, et ils annoteront sur la souche que ce droit de timbre n'a pas été recouvré. Ils cesseront d'ailleurs de signer le reçu qui jusqu'ici était inscrit sur le procès-verbal de classement et d'estimation des tabacs.

( Circulaire de l'Administration du 17 Juillet 1838, n° 1699. )

#### Ratures, altérations ou surcharges des pièces justificatives de recette et de dépense.

Les pièces justificatives de recette et de dépense qui présentent des ratures, altérations ou surcharges ne peuvent être admises dans cet état sans des approbations données en marge au moyen de renvois dans la forme suivante :

Pour les ratures : *Approuvé la rature de* ( le nombre en toutes lettres ) *mots*.

Pour les altérations de sommes en toutes lettres : *Bon pour la somme de* ( la répéter et la souligner ).

Dans les autres cas : *Approuvé les mots* ( les écrire ) *altérés ou surchargés*.

Ces renvois doivent être signés par ceux qui ont arrêté les mémoires ou états, par les souscripteurs des quittances et par l'agent administratif qui aura visé les pièces pour contrôle. Il en est de même de tout renvoi ayant pour objet d'ajouter des énonciations omises.

( Circulaire de la Comptabilité générale du 26 Décembre 1833, n° 59-27. )

### Receveurs particuliers.

Les Receveurs particuliers reçoivent les ordres du Receveur principal dans la caisse duquel ils doivent verser la totalité de leurs recettes.

(Circulaire de l'Administration du 30 Janvier 1847, n° 247.)

Ils doivent faire écriture de toutes les sommes qui entrent dans leur caisse.

(Circulaire de la Comptabilité générale du 25 Avril 1834, n° 70-28.)

Ils doivent suivre ponctuellement, pour le bon ordre de la comptabilité, la marche tracée dans l'instruction placée en tête de leur livre-journal des recettes et des dépenses.

(Circulaire de la Comptabilité générale du 20 Novembre 1850, n° 450-56.)

Les sommes consignées en garantie de droits doivent figurer au livre-journal C., n° 2 (ancien F B, n° 14), dans la colonne intitulée : *Recettes diverses autres que celles qui résultent de perceptions*, comme celles qui sont consignées pour assurer le retour en France et à l'étranger des chevaux et bêtes de somme passant la frontière.

(Même circulaire.)

Le livre-journal doit être tenu constamment au courant, sans transposition, rature ou surcharge, additionné à la fin de chaque jour, en réunissant aux opérations de la journée celles des journées précédentes, de manière à présenter à la fin du mois la totalité des recettes et des dépenses constatées pendant cette période.

(Circulaire de l'Administration du 26 Décembre 1816, n° 230.)

Les journées pendant lesquelles il n'y a pas eu d'opérations doivent être indiquées par le mot *Néant*. Quand les opérations de recette et de dépense ne remplissent pas un espace égal, la partie en blanc doit être barrée au moment où le journal est arrêté, afin que l'on ne puisse y faire aucune intercalation.

(Circulaire du 8 Octobre 1824, n° 883.)

Tout comptable convaincu d'avoir remis ou retardé en recette au compte du Trésor public des sommes à lui versées, encourt la destitution avec application des peines portées par les articles 169 et 172 du Code civil.

(Arrêté du 27 Prairial an IV.)

Les versements effectués aux Receveurs principaux par les Receveurs particuliers doivent donner lieu à la délivrance immédiate de récépissés détachés du registre C., n° 83 (ancien F B, n° 57) si les produits concernent des droits de douanes ou de sels, et du registre n° 22 s'ils ont trait à des perceptions effectuées sur les taxes sanitaires.

(Circulaires des 8 Octobre 1824, n° 883 (Administration), et de la Comptabilité générale du 27 Décembre 1843, n° 250-40.)

Les dépenses acquittées pour le compte du Receveur principal, et d'après son autorisation, sont inscrites *comme versement en pièces de dépenses*, à mesure qu'elles sont effectuées, ainsi que l'escompte bonifié, et le montant en est compris dans les récépissés des versements ultérieurs.

(Instruction pour la tenue du livre-journal.)

Les Receveurs particuliers doivent verser chaque mois à la caisse du Receveur principal le montant de leurs perceptions; mais ils sont autorisés à réserver sur leurs recettes les fonds nécessaires pour le paiement de quelques dépenses prévues *autres que les appointements* et pour le remboursement des consignations faites dans les bureaux, afin que le consignataire qui a rempli toutes les formalités voulues n'éprouve aucun retard dans son remboursement. Pour concilier l'exécution de cette mesure avec ce qu'exige l'ordre de la comptabilité, de telle sorte que l'obligation imposée aux Receveurs particuliers de solder, chaque mois, le compte de clerc à maître qu'ils rendent aux Receveurs principaux, ne cesse pas d'être ponctuellement suivie, les dispositions suivantes ont été arrêtées :

Les Receveurs particuliers verseront chaque mois le solde de leurs recettes; mais il leur sera fourni par les Receveurs principaux des fonds subventionnels; c'est-à-dire que les Receveurs particuliers chez lesquels il aura été fait des consignations réserveront sur leurs recettes, de concert avec le Receveur principal sous les ordres duquel ils se trouvent placés, les fonds nécessaires au remboursement de ces consignations. Cependant ils feront dépense, le dernier jour du mois, comme versement, du solde de leurs recettes, de manière à balancer leur comptabilité dudit mois, sauf à faire recette le 1er du mois suivant, sous le titre de *fonds reçus du Receveur principal pour subvenir au remboursement des consignations*, des sommes ainsi réservées qu'ils porteront dans la colonne de leur journal intitulée *Recettes diverses*. Cette recette figurera, sous le même titre, sur leur compte mensuel n° 6. Ils feront dépense des remboursements de consignations comme des autres paiements qu'ils effectuent pour le compte du Receveur principal à qui ils remettront les acquits comme valeurs de versement. Il est bien entendu qu'ils auront préalablement fait recette et compté du montant des consignations faites en leur nom.

(Circulaires de la Comptabilité générale du 20 Mai 1826, n° 5, et du 26 Novembre 1855, n° 583-67.)

Il arrive quelquefois que les Receveurs principaux remettent, le 1er de chaque mois, aux capitaines ou lieutenants, des mandats tirés sur les Receveurs particuliers pour le paiement du montant net des appointements des préposés sous leurs ordres. Ces mandats, qui sont détachés d'un registre à souche qui est conservé à la principalité, doivent être renvoyés par les Receveurs particuliers, aussitôt leur acquittement, avec les pièces justificatives des dépenses *autres que les appointements* que ces mandats peuvent avoir pour objet de faire acquitter. Il leur est délivré en échange de leur versement un récépissé extrait du registre C, n° 83 (ancien F B, n° 57).

Les Receveurs particuliers peuvent être rangés en deux catégories :

Première catégorie, ceux qui font moins de recettes qu'ils n'ont de dépenses à acquitter pour le compte du Receveur principal ;

Deuxième catégorie, ceux dont les recettes sont supérieures aux dépenses.

Dans le premier cas, les Receveurs particuliers satisfont aux dépenses à l'aide de fonds de subvention qu'ils inscrivent en recette aussitôt qu'ils les reçoivent ; puis, après avoir appliqué ces fonds de subvention ainsi que leurs propres perceptions, ils font un versement mensuel au Receveur principal en pièces de dépenses acquittées pour son compte. On continuera à opérer de la même manière ; mais le Receveur principal fera suivre les fonds de subvention d'un récépissé détaché du registre à souche C, n° 82 (ancien F B, n° 110), récépissé que le Receveur particulier lui renverra immédiatement après l'avoir signé : en fin de mois, son versement en pièces de dépenses sera accompagné du compte mensuel n° 6 ; en échange de ce versement, il recevra un récépissé C, n° 83.

Dans l'hypothèse où les fonds de subvention n'auraient pas été complètement employés, le compte du Receveur particulier présenterait un excédant de recette sur les dépenses. Si cet excédant est versé chez le Receveur principal, nulle difficulté ne peut exister, puisque le Receveur particulier fait un versement en numéraire qui sera constaté de la même manière que les autres dans les écritures; si, au contraire, l'excédant est conservé chez le Receveur particulier, celui-ci le reprend en recette le premier jour du mois suivant, à titre de fonds de subvention.

Des fonds de subvention ne devant être envoyés par les Receveurs principaux qu'en prévision des besoins du service, et ces prévisions ne devant jamais comprendre le paiement des appointements ou indemnités, les excédants de recette, s'il en existe, ne devront jamais être que de faibles sommes.

A l'égard des agents de la deuxième catégorie, c'est-à-dire de ceux dont les dépenses sont moindres que les perceptions, des fonds de subvention ne sont pas nécessaires : c'est, au contraire, le Receveur principal qui peut trouver opportun, dans l'intérêt du service et afin d'éviter le transport inutile des espèces, de tirer des mandats sur les Receveurs particuliers, soit pour le paiement des appointements, soit pour d'autres dépenses, telles que frais de loyer, de chauffage, etc., etc., comprises dans des états collectifs qui ne doivent pas être scindés dans ses écritures. Il est indispensable alors que le Receveur particulier renvoie, le plus tôt possible, le mandat tiré sur lui, après avoir rempli le bordereau de versement qui le termine, et l'accompagne des acquits des parties prenantes et autres pièces justificatives. Il fait en même temps dépense, sous le titre *versements à compte* (colonne *dépenses diverses* de son journal), de la totalité du versement, c'est-à-dire :

1º Du montant des appointements qui sont portés sur le mandat et dont les émargements ou quittances ont été remis au Receveur principal, le premier du mois, par le capitaine ou le lieutenant de brigades;

2° Du total des diverses dépenses dont il adresse les justifications.

Si l'abondance des perceptions nécessite de nouveaux versements, dans le courant du mois, de la part du Receveur particulier, celui-ci établit un bordereau de versement dans la forme de celui qui est placé au bas du mandat dont il vient d'être question, et il est procédé comme ci-dessus dans les écritures.

(Circulaire de la Comptabilité générale du 26 Novembre 1855, n° 583-67.)

Les Receveurs particuliers doivent délivrer des fonds de subvention au Directeur des postes de leur résidence lorsqu'ils en sont requis.

Les instructions de la Comptabilité générale, rappelées à la page 143, doivent être également suivies par eux; mais comme les formules de demande de fonds et de récépissé dont on se sert actuellement ont été imprimées au nom des Receveurs principaux, il faudra avoir le soin de les rectifier à la main, en spécifiant que l'opération qu'elles constatent est faite par..... *pour le compte* du Receveur principal appelé à présenter la dépense dans sa comptabilité. Les Receveurs particuliers devront lui adresser immédiatement le récépissé remis par le Directeur des postes, après en avoir préalablement détaché le talon destiné à l'Inspecteur des postes du département.

(Circulaire lithographiée de l'Administration du 23 Mai 1849.)

Lorsque les Receveurs des Douanes sont dans l'impossibilité de satisfaire aux demandes formées par les Directeurs des postes, ils doivent l'attester par écrit.

(Circulaire de l'Administration du 10 Juillet 1852, n° 47. Nouvelle série.)

Les Receveurs particuliers ne sont pas responsables du non paiement des effets de crédit.

Cette responsabilité pèse tout entière et exclusivement sur les Receveurs principaux, puisque les Receveurs particuliers sont tenus de leur soumettre préalablement les effets qui leur sont présentés en garantie.

( Circulaire de l'Administration du 27 Mai 1820, n° 570. )

Les Receveurs particuliers participent, dans la proportion d'un tiers, aux remises accordées sur les crédits, lorsqu'ils concourent à la réception des traites.

Le Receveur principal tient compte, de la main à la main, à chaque Receveur sous ses ordres, de la somme qui lui est attribuée.

( Circulaire de l'Administration, n° 65, du 30 Septembre 1852, transmissive de l'arrêté du Ministre des finances du 25 du même mois. )

Les Receveurs particuliers adressent, le 1er de chaque mois, au Receveur principal dont ils dépendent, une expédition de chacun des documents ci-après :

1° Compte mensuel C. n° 6 ( ancien F B, n° 6 ), des recettes et des dépenses effectuées pendant le mois précédent ;

2° Extrait de ce compte ( C. n° 7 ) ( ancien F B, n° 107 ).

Afin que les bordereaux n° 4 que les Receveurs principaux établissent par supplément au mois de Décembre ne présentent pas des opérations qui ne seraient reprises que l'année suivante sur le compte n° 6 des Receveurs particuliers, ceux-ci devront former un compte supplémentaire n° 6, lequel ne présentera bien entendu que les dépenses devant figurer nécessairement au bordereau supplémentaire des Receveurs principaux. Ce compte sera transmis à la principalité dans les premiers jours de Janvier, dès que les mandats tirés par le Receveur principal auront été acquittés. Il sera accompagné des pièces justificatives de dépenses et de l'extrait n° 7.

Les Receveurs particuliers fournissent encore à la principalité:

Le 6 Janvier, l'état, en triple expédition (C. n°s 91 ou 92) (ancien F B, n°s 9 ou 10), des droits liquidés et constatés sur produits de douanes ;

Le 20 Février, l'état manuscrit (en simple expédition) des perceptions pour lesquelles le crédit a été réclamé, et de celles pour lesquelles il y a eu bonification de l'escompte.

―――

### Saisies-arrêt et oppositions.

Les comptables devront verser d'*office*, chaque mois, à la Caisse des dépôts et consignations, la portion des traitements d'activité frappée d'opposition (1). Ils feront dépense de la partie du traitement payée et de la portion saisie dont ils auront effectué le versement. Cette double dépense sera justifiée par la production de la quittance de l'ayant droit et par le récépissé de versement.

Il sera également fait dépense au compte du Trésor, avec l'imputation qui leur appartient, des versements faits à titre de dépôt, des créances grevées d'oppositions et qui n'auraient pas pour objet un traitement d'activité. Les comptables rapporteront à l'appui de cette dépense

―――

(1) Quand une opposition au paiement des appointements d'un employé a été suivie, *dans le mois de sa signification*, d'un jugement qui ordonne au détenteur des fonds de payer le créancier saisissant jusqu'à concurrence du montant des causes de la saisie ; le comptable peut et doit même alors payer directement et par ses mains.

(Circulaire de l'Administration du 4 Août 1838, n° 1703.)

le récépissé de versement, outre le mandat de paiement et la liquidation appuyée des pièces justificatives d'après lesquelles elle a été établie.

Les versements seront effectués chez les Receveurs des finances, qui en délivreront récépissés, en leur qualité de préposés de la Caisse des dépôts et consignations.

Le dépôt, dans tous les cas, devra être accompagné d'un extrait certifié de chacune des oppositions et significations existantes et frappant les sommes déposées: cet extrait contiendra les noms, prénoms, qualités et demeures du saisissant et du saisi, l'indication du domicile élu par le saisissant, le nom et la demeure de l'huissier, la date de l'exploit et le titre en vertu duquel la saisie a été faite, la désignation de l'objet saisi et la somme pour laquelle la saisie a été formée.

Les Receveurs des douanes auront soin de se faire délivrer, en même temps que le récépissé, un reçu constatant la remise des extraits d'oppositions et significations joints au dépôt. Ils conserveront ces deux pièces pour y avoir recours au besoin.

(Circulaire de la Comptabilité générale du 21 Décembre 1837, n° 140-33.)

Nous donnons ci-après *in extenso* l'arrêté pris par le Ministre des finances, le 24 Octobre 1837, relativement aux saisies-arrêt et oppositions.

ART. 1er. La partie saisissable des appointements ou traitements civils et militaires (1) et des sommes qui en

---

(1) Les appointements des employés sont garantis de toute saisie arbitraire. Leurs créanciers ne peuvent faire opposition au paiement de leur traitement qu'en vertu d'un titre légal et dans la proportion suivante : un cinquième sur les premiers 1,000 fr., un quart sur les 5,000 fr. suivants, un tiers sur la partie excédant 6,000 fr.

(Loi du 21 Ventôse an IX, circulaire du 17 Germinal an IX, et décret du 18 Août 1807.)

tiennent lieu, saisie entre les mains des Payeurs, agents et autres comptables chargés d'en effectuer le paiement à la décharge de l'État, sera versée d'office, et chaque mois, à la Caisse des dépôts et consignations par lesdits Payeurs, agents et autres comptables.

Aucun autre dépôt des sommes ordonnancées ou mandatées sur leur caisse et grevées d'oppositions ne pourra être effectué que dans les cas suivants :

1º Lorsque le dépôt aura été autorisé par une loi ;

2º Lorsqu'il aura été prescrit par un jugement ou une ordonnance du Président du Tribunal ;

3º Lorsqu'il aura été autorisé par acte passé entre l'Administration et ses créanciers (1).

ART. 2. Le dépôt, dans tous les cas, devra être accompagné d'un extrait certifié de chacune des oppositions et significations existantes, et frappant les sommes déposées.

Cet extrait contiendra les noms, prénoms, qualités et demeures du saisissant et du saisi, l'indication du domicile élu par le saisissant, le nom et la demeure de l'huissier, la date de l'exploit et le titre en vertu duquel la saisie a été faite, la désignation de l'objet saisi et la somme pour laquelle la saisie a été formée (2).

ART. 3. Le récépissé, qui sera délivré par la Caisse des dépôts ou par ses préposés, devra toujours être accompagné d'un reçu particulier constatant la remise des extraits d'oppositions et significations jointes au dépôt.

Pour les versements faits à Paris, le reçu des pièces sera remis au Conservateur des oppositions, au Ministère des finances.

ART. 4. Le Conservateur des oppositions au Ministère des finances, et tous les Payeurs et autres comptables

---

(1) Article 1er de l'ordonnance du 16 Février 1837.
(2) Article 2 de la même ordonnance.

ou agents du Trésor ou des Administrations de finances, devront, dans le plus bref délai, remettre à la Caisse des dépôts, sur son reçu, un extrait, dans la forme établie par l'article 2, des oppositions et significations faites entre leurs mains ou celles de leurs prédécesseurs, et frappant sur des sommes qui auraient été déjà déposées, lorsque, d'ailleurs, le dépôt n'aura pas été accompagné dudit extrait.

Art. 5. Le Conservateur des oppositions au Ministère des finances, et tous les Payeurs et autres comptables du Trésor et des Administrations de finances, ouvriront des registres sur lesquels ils porteront, par ordre de date et de numéro, toutes les saisies-arrêt, oppositions, significations de cession ou transport, et tous autres actes ayant pour objet d'arrêter le paiement des sommes dues par l'État, qui auraient été ou seraient faits entre leurs mains depuis la publication de la loi du 9 Juillet 1836, ou qui, ayant été faits antérieurement à ladite loi, auraient été renouvelés dans l'année de sa publication, conformément à l'article 15 de la loi précitée.

Art. 6. Au fur et à mesure que lesdites oppositions et significations acquerront cinq années de date sans avoir été renouvelées, elles seront rayées du registre conformément aux articles 14 de ladite loi du 9 Juillet 1836 et 4 de l'ordonnance du 16 Septembre 1837, et ne seront pas comprises dans les états qui seront délivrés conformément à l'article 8 ci-après.

Art. 7. Toutes les oppositions et significations qui auraient été faites antérieurement à la publication de la loi du 9 Juillet 1836, et qui n'auraient pas été renouvelées dans l'année de la publication, conformément à l'article 15 de ladite loi, et après que les formalités prescrites par l'article 4 ci-dessus auront été remplies, seront rayées des registres dans lesquels elles auront été inscrites, et les comptables et autres agents qui les auront reçues en seront déchargés.

A l'égard des oppositions et significations qui auraient été renouvelées dans l'année, ou qui auraient été formées depuis la publication de la loi précitée, ou qui le seraient à l'avenir, bien que les extraits en aient été remis à la Caisse des consignations à l'appui de dépôts effectués, elles n'en resteront pas moins sur le registre prescrit par l'article 5, et n'en seront rayées que dans le cas et dans le délai portés en l'article 6, lesdites oppositions devant assurer les droits des créanciers sur les sommes qui pourraient être ultérieurement ordonnancées au profit de leurs débiteurs.

Art. 8. Le Conservateur des oppositions, et tous les Payeurs et autres comptables entre les mains desquels il aura été fait des oppositions ou significations ayant pour objet d'arrêter le paiement de sommes dues par l'État, devront, lorsqu'ils en seront requis par la partie saisie, par l'un des créanciers opposants, leurs représentants ou ayants cause, délivrer extrait ou état desdites oppositions ou significations, à la charge par la partie de fournir le papier timbré nécessaire (1).

Sont toutefois dispensés du timbre les extraits ou états délivrés sur la demande et dans l'intérêt de l'Administration (2).

Art. 9. Toute opposition et signification devra rester déposée, pendant vingt-quatre heures, au bureau ou à la caisse où elle sera faite, et devra être visée sur l'original par le Conservateur ou par le comptable (3).

---

(1) Articles 14 de la loi du 19 Février 1792, 7 et 8 de décret du 18 Août 1807, et §§ 9 et 12 de l'article 12 de la loi du 13 Brumaire an VII.

(2) § 2 de l'article 16 de la loi du 13 Brumaire an VII.

(3) Articles 9 de la loi du 19 Février 1792, 3 du décret du

Art. 10. Lesdites oppositions et significations devront contenir les noms, qualités et demeures du saisissant et du saisi, la somme pour laquelle la saisie est faite, et la désignation de la créance saisie.

Elles devront, en outre, contenir copie ou extrait du titre du saisissant, ou de l'ordonnance du juge qui a autorisé la saisie; faute de quoi, elles ne seront ni visées, ni reçues, et resteront sans effet (1).

Dans ce cas, le Conservateur ou comptable mentionnera et motivera son refus en marge de l'original.

L'opposition n'ayant d'effet que pour la somme pour laquelle elle est formée (2), les Payeurs et comptables devront payer au créancier tout le surplus de la somme ordonnancée et non saisie.

Art. 11. L'Administration ne pouvant, en aucun cas, être appelée en déclaration affirmative, les Payeurs et autres comptables ou agents de l'Administration délivreront, lorsqu'ils en seront requis par le saisissant ou autre créancier opposant, un certificat constatant les sommes ordonnancées sur leur caisse et restées dues à la partie saisie (3).

Art. 12. Toutes dispositions contraires aux présentes sont et demeurent abrogées.

---

1er Pluviôse an XI, 5 du décret du 18 Août 1807, et 561 du Code de procédure.

(1) Articles 8 de la loi du 19 Février 1792, 1er de la loi du 30 Mai 1793, 2 et 5 du décret du 1er Pluviôse an XI ; 1er, 2 et 3 du décret du 18 Août 1807.

(2) Articles 2 du décret du 30 Mai 1793; 4 du décret du 1er Pluviôse an XI, et 4 du décret du 18 Août 1807.

(3) Articles 6, 7 et 8 du décret du 18 Août 1807, et 569 du Code de procédure.

Lorsque des considérations de service exigeront que des dépenses imputables sur la caisse d'un Receveur soient payées par un autre Receveur de la même direction, le Directeur ne devra délivrer l'ordre de paiement sur la caisse de ce dernier comptable qu'après s'être assuré qu'aucune opposition n'a été formée entre les mains du premier.

( Circulaire de l'Administration du 9 Mars 1838, n° 1676. )

---

Sommes non payées à défaut d'émargements ou de quittances.

Les rôles et les autres états collectifs présenteront toujours le décompte des sommes revenant à chaque ayant droit, et, pour avoir la somme à porter en dépense, on défalquera du total de la colonne *net à payer* les parts dont le paiement n'aura point eu lieu au moment où l'on passera écriture de ces dépenses. Les sommes qui alors n'auront point été réclamées pourront être ultérieurement payées, jusqu'au terme de la prescription, sur l'ordre des Directeurs, et seront portées en dépense, selon leur nature, aux chapitres qui leur sont ouverts dans les comptes ; celles qui seront imputées sur les crédits législatifs seront admises en compte sur la production d'un mandat de paiement et d'un certificat dont le modèle est à la suite de la présente, sous le n° 1er, et les paiements relatifs aux opérations de trésorerie seront appuyés d'un certificat analogue, modèle n° 2, portant ordre de paiement.

( Circulaire de la Comptabilité générale du 25 Août 1834, n° 70-28.)

*Modèle nº 1.*

Le Directeur des Douanes soussigné certifie que le sieur            figure en qualité de
à

sur {
Le rôle des traitements d'activité du mois d
principalité ou capitainerie de
compris dans la comptabilité du mois d
L'état arrêté le            portant répartition du
produit de la contravention constatée le
au bureau de                   principalité
d            et compris dans la comptabilité
du mois d
L'état des frais de loyer du (*désigner la période pour laquelle l'état est formé*) compris dans la comptabilité du mois d
L'état de répartition de la prime d'arrestation de fraudeurs (saisie du            ) compris dans la comptabilité du mois d
etc., etc.,
}

pour une somme de            qui ne lui a pas encore été payée. (*Indiquer le motif.*)

A            le            18

---

*Modèle nº 2.*

Le Directeur des Douanes soussigné certifie que le sieur            figure en qualité de            à

sur {
L'état de répartition de la prime d'arrestation de fraudeurs. (*Comme au modèle ci-dessus.*)
L'état de répartition du produit de la taxe de plombage, etc., etc.,
}

\* pour une somme de                    qui ne lui a
pas encore été payée. (*Indiquer le motif.*)

En conséquence, le Receveur principal à
est autorisé à payer au sieur           ladite somme
de                 qui sera allouée en compte audit
Receveur en rapportant le présent dûment acquitté.

    A          le              18

Toutes les quittances des paiements partiels effectués sur un état collectif, dans le mois où la dépense qui en fait l'objet aura été mise en paiement, seront annexées à cet état ; après quoi aura lieu la défalcation des parties qui, à la fin du même mois, n'auront pas été payées à défaut d'émargements ou de quittances, de sorte qu'il ne soit présenté comme paiements ultérieurs que ceux qui auront été effectués après l'expiration du mois dans la comptabilité duquel il a été fait emploi des états collectifs.

(Circulaire de la Comptabilité du 1er Septembre 1838, n° 156-34.)

Les sommes non réclamées à la fin du mois dans lequel il est fait emploi en dépense des états collectifs qui les comprennent doivent figurer sur l'état C n° 80 (ancien n° 102), qui est fourni chaque mois à la Direction.

Les sommes de l'espèce qui sont encore dues au 31 Décembre doivent faire l'objet d'un état à dresser sur la même formule. Cet état est établi en simple expédition.

De leur côté, les Directeurs transmettent à la Comptabilité générale, en même temps que les pièces de dépenses, un état indiquant individuellement, par principalité et par nature, toutes les sommes comprises dans les états collectifs qui n'auront point été payées par quelque motif que ce soit; ils auront soin de faire connaître celles qui ne l'auront point été pour cause d'opposition. A la fin de chaque année, un état semblable donnera le développement des sommes restant à rembourser au 31 Décembre.

(Circulaire de la Comptabilité générale du 25 Août 1834, n° 70-28.)

#### Soumissions cautionnées.

Le régime des soumissions cautionnées prescrit par l'Administration pour donner au commerce la faculté de disposer de sa marchandise immédiatement après la vérification et avant la liquidation des droits, est établi dans les bureaux où les négociants admissibles au crédit préfèrent ce mode à celui des consignations en espèces.

Ces soumissions devant être assimilées à de véritables crédits et conséquemment se trouver soumises aux mêmes règles (lettre de l'Administration du 2 Mai 1827), les Receveurs principaux sont tenus d'adresser, tous les trimestres, à leur Directeur, par l'intermédiaire de l'Inspecteur, la liste, en double expédition, des redevables dont ils croient pouvoir admettre les soumissions, et de leurs cautions, avec l'indication des sommes auxquelles ils estiment que le crédit peut s'élever pour chacun d'eux, d'après ses facultés notoirement connues, conformément aux dispositions de l'article 5 de l'arrêté du Ministre des finances du 9 Décembre 1822.

L'autorisation d'enlever les marchandises est habituellement donnée à la suite du certificat de visite. Toutefois, si les carnets des vérificateurs présentent des relevés qui permettent de reconnaître avec facilité la valeur approximative des droits, et par conséquent de s'assurer que cette valeur est inférieure aux sommes garanties par les soumissions, l'autorisation peut être donnée après le seul examen de ces relevés, et c'est sur le permis de débarquement ou de sortie d'entrepôt qu'elle doit être délivrée afin de ne pas multiplier le nombre des expéditions.

(Lettre de l'Administration du 6 Août 1827.)

Le délai d'un mois concédé par les soumissions pour le règlement des droits en traites ou en numéraire n'est accordé que par exception à la règle générale; on ne doit pas le rendre applicable aux bureaux où il n'est pas reconnu nécessaire à la suite des opérations; mais c'est celui de vingt jours fixé par l'arrêté ministériel du 8 Ventôse an IX, pour toutes les douanes où l'Administration juge utile d'autoriser l'usage des soumissions cautionnées, qu'il convient de préciser, en stipulant seulement que ce terme ne peut s'étendre d'un mois sur l'autre.

(Lettre de l'Administration du 6 Août 1827.)

Les droits dus au Trésor doivent être acquittés en numéraire ou en effets de crédit dans le délai fixé par la soumission. Après l'expiration de ce délai, qui court de la date du certificat de visite, l'escompte n'est plus dû.

(Lettre de l'Administration du 30 Juin 1849.)

Le montant des acquits de paiement délivrés en vertu des soumissions cautionnées est enregistré journellement au livre-journal dans la colonne ouverte à cet effet.

Si les droits sont acquittés le même jour, il n'y a pas lieu à enregistrement au journal, puisque ce n'est qu'à la fin de la journée que l'enregistrement se fait.

Tout ce qui est liquidé le dernier jour du mois ne figure pas aux acquits soumissionnés; ce serait un travail inutile, puisque le crédit doit être soldé dans le mois même; autrement il faudrait décerner contrainte le 1er du mois suivant.

Une décision ministérielle du 2 Mars 1831, rendue spécialement pour la Douane du Hâvre, à la demande de la Chambre de commerce de cette ville, a autorisé la perception d'un dixième de centime par franc sur les soumissions cautionnées destinées à tenir lieu de la consignation des droits en numéraire pour les opérations sur lesquelles le commerce entend se réserver la concession de l'escompte. Pour les mêmes motifs qui l'avaient fait prendre à l'égard du commerce du Hâvre, cette mesure a été étendue à la Douane de Marseille; mais elle ne reçoit et n'est susceptible de recevoir aucune application ailleurs.

( Lettre de l'Administration du 21 Mai 1844. )

---

### Timbre des quittances.

Lorsqu'elles s'élèvent à plus de 10 fr., les quittances fournies à l'État doivent être établies sur papier timbré. Le timbre est à la charge de ceux qui reçoivent les fonds.
( Loi du 13 Brumaire an VII. )

### EXCEPTIONS.

1º Les médecins attachés près des brigades des Douanes peuvent donner leur acquit pur et simple au pied des ordres de paiement qui sont établis par les Directeurs.
( Lettre de l'Administration du 14 Février 1843. )

2º Les quittances délivrées par les Receveurs des hospices pour le montant des journées dues par les préposés traités dans ces hospices doivent être considérées comme émanant d'agents administratifs et par conséquent être exemptées du timbre.
( Lettre de l'Administration du 14 Février 1833. )

3º Le récépissé des frais de transport donné au dos de l'acquit-à-caution qui accompagne les envois de flans à plomber peut se trouver affranchi du timbre, par application des dispositions des lois de 1791 et 1816 en ce qui concerne la circulation des matières transportées pour le compte de la Régie.

(Lettre de l'Administration du 4 Janvier 1857.)

### Vérification des caisses.

Les Receveurs s'assureront très-fréquemment, et surtout à la fin du mois, qu'ils ont en caisse et en portefeuille les valeurs qui doivent s'y trouver d'après l'arrêté du livre-journal.

(Circulaire de l'Administration du 24 Décembre 1816, n° 230.)

Les Inspecteurs sont tenus de vérifier, au moins une fois par mois et toujours à l'improviste, la situation de chaque Receveur principal de leur division, et de se faire représenter et compter toutes les valeurs en caisse. Le résultat de cette vérification sera constaté par un arrêté mis sur le registre-journal.

Les Inspecteurs s'assurent de la fidélité des recettes faites par les comptables, de la régularité des dépenses, de l'existence réelle dans leurs caisses de tous les fonds qui doivent s'y trouver. Ils doivent prendre à temps toutes les mesures nécessaires pour assurer le recouvrement des débets qu'ils viendront à reconnaître. Il leur est expressément recommandé de vérifier si les résultats des bordereaux adressés par les Receveurs principaux sont parfaitement d'accord avec les registres sommiers, et si le montant des valeurs qui y sont indiquées comme restant en caisse et en portefeuille à la fin du mois existe réellement et se trouve identiquement conforme avec le solde des mêmes valeurs à l'époque correspondante sur le livre-journal.

A l'égard des Receveurs principaux qui sont placés hors de la résidence d'un Inspecteur, il peut arriver que, pendant le cours d'un mois, ce chef se trouve dans l'impossibilité de vérifier la caisse de quelqu'un d'eux. Dans ce cas, il pourra donner, par écrit, sa délégation au Sous-Inspecteur établi près du bureau principal. Cette délégation sera spéciale pour chaque opération de l'espèce, et le Sous-Inspecteur qui l'aura reçue devra la représenter au Receveur principal qu'il est appelé à vérifier.

(Circulaires de l'Administration des 31 Décembre 1806, 5 Octobre 1810, 25 Janvier 1815, 15 Décembre 1817 (no 352), 14 Juillet 1820 (no 586), et de la Comptabilité générale du 26 Novembre 1855, no 583-67.)

Les Inspecteurs qui, soit par faiblesse ou négligence, soit par des égards mal entendus pour d'anciens comptables, laissent des abus s'introduire dans la manutention des caisses de l'Administration, manquent à l'un de leurs premiers devoirs; ils deviennent, aux termes des instructions contenues dans les circulaires des 31 Décembre 1806, 5 Octobre 1810 et 25 Janvier 1815, responsables des débets qu'ils n'ont pas découverts ou relevés en temps utile, et s'exposent de plus à perdre leur emploi.

(Circulaire de l'Administration du 14 Juillet 1820; no 586.)

Les renseignements qui sont dus aux Inspecteurs des finances ne se bornent pas à la simple représentation des valeurs en caisse et du livre de caisse. Ils comprennent les livres auxiliaires, les pièces de dépense, les états, bordereaux et généralement tout ce qui est nécessaire pour examiner et juger si les Receveurs ont bien et fidèlement encaissé toutes leurs recettes, s'ils ont régulièrement soldé toutes leurs dépenses, effectué leurs versements aux recettes des finances, et enfin s'ils ont compté de tout exactement et selon les instructions.)

(Circulaire de l'Administration du 24 Mai 1820, no 567.)

### Versements à la Caisse des dépôts et consignations.

Le produit net des ventes faites d'office par les employés des Douanes est versé *immédiatement* à la Caisse des dépôts et consignations dans les cas ci-après :

1º Lorsque l'entrepôt réel n'est pas vidé dans le délai de rigueur ;

2º Lorsque les objets prohibés reçus en dépôt ne sont pas réexportés dans le délai de quatre mois ;

3º Lorsqu'il y a abandon de fait dans des cas non spécialement déterminés.

( Circulaires de l'Administration du 6 Septembre 1827, nº 1059, et de la Comptabilité générale du 31 Janvier 1828, nº 12. )

On verse encore à la Caisse des dépôts et consignations :

*Chaque mois,* la portion des traitements d'activité frappée d'opposition.

( Arrêté du Ministre des finances du 24 Octobre 1837. )

*Chaque année, dans les quinze derniers jours de Décembre,* toutes les sommes dont la recette remonterait au moins au 30 Novembre de l'année précédente, et qui, à cette époque, n'auraient pas été retirées par les ayants droit, à l'exception toutefois de celles qui proviendraient de retenues au profit de créanciers. Le versement de celles-ci n'aura lieu qu'à la fin de l'année qui suivra celle dans laquelle elles auront atteint le chiffre des dettes qui les avaient motivées. Le versement devra être effectué au nom des employés qui les auront subies, avec indication des créanciers au profit desquels elles auront été effectuées.

( Circulaire de la Comptabilité générale du 28 Décembre 1842, nº 228-39. )

*A la fin de l'année* qui suit celle dans laquelle le préposé aura été rayé des contrôles d'activité, toutes les sommes concernant des actifs de masse d'habillement des préposés qui auront cessé d'être compris dans les cadres pourvu que l'autorisation de remboursement ou la radiation des contrôles soit antérieure au 1er Décembre de l'année précédente.

(Circulaire de la Comptabilité générale du 28 Décembre 1842, n° 228-39.)

*A la fin de l'année* qui suit celle dans laquelle le remboursement aura été autorisé, les sommes reçues par suite de contraventions aux lois et règlements sur les Douanes et sur l'impôt du sel, et qui, par suite de l'absence des ayants droit, n'ont pu leur être restituées (1).

(Circulaire de la Comptabilité générale du 28 Décembre 1842, n° 228-39.)

Les versements seront effectués chez les Receveurs des finances qui en délivreront récépissé en leur qualité de préposés de la Caisse des dépôts et consignations.

Les récépissés devant être produits à l'appui des comptes, il conviendra que les Receveurs des Douanes se fassent délivrer, en même temps que ces pièces, une déclaration de versement qui restera entre leurs mains pour être jointe aux demandes ultérieures de remboursement.

(Circulaire de la Comptabilité générale du 21 Décembre 1835, n° 94-30.)

(1) Cette disposition n'est pas applicable aux remboursements sur produits d'amendes et confiscations dont le montant n'aurait pu être payé à cause de l'absence des ayants droit. Comme il s'agit alors de créances qui se rattachent aux dépenses publiques, ces créances doivent être inscrites sur les relevés mensuels des sommes non payées. — Formule n° 80, ancien n° 102. — (Circulaire de la Comptabilité générale du 20 Novembre 1850, n° 450-56.)

Le dépôt des sommes saisies devra être accompagné d'un extrait certifié de chacune des oppositions et significations existantes et frappant les sommes déposées ; cet extrait contiendra les noms, prénoms, qualités et demeures du saisissant et du saisi, l'indication du domicile élu par le saisissant, le nom et la demeure de l'huissier, la date de l'exploit et le titre en vertu duquel la saisie a été faite, la désignation de l'objet saisi, et la somme pour laquelle la saisie a été formée.

Les Receveurs des Douanes auront soin de se faire délivrer, en même temps que le récépissé, un reçu constatant la remise des extraits d'oppositions et significations joints au dépôt. Ils conserveront ces deux pièces pour y avoir recours au besoin.

(Circulaire de la Comptabilité générale du 28 Décembre 1842, n° 228-39.)

---

Vol de deniers publics.

Tout receveur, caissier, dépositaire, percepteur ou préposé quelconque, chargé de deniers publics, ne pourra obtenir décharge d'aucun vol s'il n'est justifié qu'il est l'effet d'une force majeure, et que le dépositaire, outre les précautions ordinaires, avait eu celle de coucher ou de faire coucher un homme sûr dans les lieux où il tenait ses fonds, et, en outre, si c'est au rez-de-chaussée, de le tenir solidement grillé.

(Arrêté du Ministre des finances du 8 Avril 1802.)

Les fonds doivent être tenus constamment réunis, sinon dans le même coffre, ce qui n'est pas toujours possible, du moins dans la même pièce.

(Circulaires du Ministre des finances du 26 Septembre 1821, et de l'Administration du 12 Octobre suivant, n° 678.)

Toutes les fois que les fonds d'une caisse des Douanes auront été spoliés par force majeure, le Receveur devra, dans l'instant même, ou au moins dans les vingt-quatre heures, faire constater le délit par les juges, les officiers de police ou les agents des communes les plus prochaines. Le procès-verbal qui en sera dressé devra contenir le détail de toutes les fractures faites aux portes, fenêtres, coffres, armoires, etc. Il donnera la description des lieux et celle des moyens employés par les voleurs pour s'introduire; les dépositions des témoins, tant à charge qu'à décharge, y seront également relatées, et le comptable sera tenu, dans le même délai, d'y consigner sa déclaration, appuyée d'un bordereau signé de lui, présentant ses recettes et dépenses, depuis l'arrêté de son dernier compte, les fonds qu'il avait en caisse et ceux manquant.

Si, après la clôture du procès-verbal, le Receveur voulait ajouter, par un acte subsidiaire, à la déclaration des fonds enlevés de son domicile, il ne pourrait y être admis, parce que les comptables doivent toujours être en état de faire connaître la situation de leur caisse, et qu'ici leur affirmation tenant lieu de preuve, on ne peut apporter trop de précaution pour s'assurer qu'elle est exacte. Un employé supérieur assistera, autant qu'il sera possible, à la rédaction de ces actes et les signera.

Si le vol était commis avec attroupement et à main armée, on devra invoquer la loi du 10 Vendémiaire an IV, relative à la responsabilité des communes, dont les dispositions ont été développées dans la circulaire de l'Administration du 6 Pluviôse an VI. (*Collection de Lille*, t. II, p. 378.)

Il est essentiel que la Comptabilité générale connaisse sur-le-champ et directement les enlèvements et pertes de fonds, ainsi que les déficits reconnus dans la caisse des Receveurs ou dans les marchandises saisies dont ils sont dépositaires. Les Directeurs doivent lui transmettre sans retard deux copies des procès-verbaux constatant les faits dont il s'agit, avec tous les détails nécessaires à leur appréciation.

(Circulaire de la Comptabilité générale du 26 Décembre 1833, n° 59-27.)

Les procès-verbaux originaux doivent être adressés immédiatement à l'Administration.

(Lettre de l'Administration du 6 Juin 1835.)

FIN.

# TABLE DES MATIÈRES.

### A.
| | Pages. |
|---|---|
| Abonnement aux circulaires | 153 |
| Absence des redevables | 153 |
| Accusés de crédit | 154 |
| Achat de poids, balances et ustensiles de bureaux. | 57 |
| Acquits | 154 |
| Acquittement des droits | 155 |
| Actif de masse des préposés qui changent de direction | 104 |
| Admission en non-valeurs de droits réglés en traites ou en effets de crédit | 80 |
| Altération des pièces justificatives de recette et de dépense | 276 |
| Amendes et confiscations | 7-23 |
| Application de produits de saisies au remboursement des frais | 95 |
| Arrêts de la Cour des comptes | 156 |
| Avances à recouvrer et à régulariser | 131 |

### B.
| | |
|---|---|
| Baux | 64 |
| Bon de masse | 103 |
| Bordereaux mensuels de situation | 249 |

### C.
| | |
|---|---|
| Cautionnement des employés des Douanes | 158 |
| —— des entrepreneurs de travaux | 53 |
| Certificats de non paiement | 294 |
| Cession de sommes dues par l'État | 158 |
| Cession d'objets mobiliers hors de service | 124 |
| Chauffage et éclairage des bureaux et des corps de garde | 69 |
| Clôture des exercices | 168 |

|   | Pages. |
|---|---|
| Condamnations et frais judiciaires à la charge de l'Etat. | 78 |
| Consignations. | 114 |
| Constructions des bureaux, corps de garde et embarcations | 51 |
| Contestations. | 169 |
| Contrats | 69 |
| Crédits | 170 |

### D.

|   |   |
|---|---|
| Débets à la charge des Receveurs | 134 et 190 |
| Décès des comptables. | 232 |
| Décime additionnel des droits. | 193 |
| Décisions administratives. | 194 |
| Deniers publics. | 194 |
| Dépenses sur crédits extraordinaires. | 79 |
| Dépenses diverses et imprévues. | 62 |
| Dépenses des exercices clos. | 99 |
| Dépenses des exercices périmés non frappés de déchéance | 100 |
| Dépenses fixes | 62 |
| Devis. | 45 |
| Distribution du fonds commun { Plombage | 90 |
| { Amendes | 93 |
| Droits accessoires. | 15 |
| Droits constatés. | 194 |
| Droits à l'exportation. | 8 |
| Droits à l'importation. | 8 |
| Droits de navigation. | 12 |
| Droits sanitaires. | 27 |

### E.

|   |   |
|---|---|
| Ecritures des Receveurs particuliers | 277 |
| Ecritures des Receveurs principaux. | 202 |
| Entretien des bureaux, corps de garde et embarcations. | 54 |
| Entretien de poids, balances et ustensiles de bureaux. | 57 |
| Envoi de pièces comptables | 231 |
| Envois directs au Caissier central du Trésor de traites et obligations de crédit. | 142 |
| Escompte. { Droits de Douanes à l'importation | 98 |
| { Taxe de consommation des sels | 98 |
| Etats à fournir { par les Directeurs. | 246 |
| { par les Receveurs particuliers. | 283 |
| { par les Receveurs principaux. | 250 |

## F.

| | Pages. |
|---|---|
| Faillites. | 188 |
| Fonds particuliers des comptables. { Recette. | 130 |
| { Dépense. | 130 |
| Fonds consignés à la Caisse des dépôts et consignations. | 103 |
| Fonds particuliers de divers { Recette. | 128 |
| { Dépense. | 128 |
| Fonds de subvention reçus des Receveurs des finances. | 137 |
| Fonds reçus des Receveurs des finances. (Traites ou obligations protestées.) | 142 |
| Fonds de subvention { fournis aux Receveurs des contributions indirectes. | 144 |
| { reçus des id. id. | 144 |
| Fonds de subvention { fournis aux Receveurs des Douanes. | 146 |
| { reçus des id. id. | 146 |
| Fonds de subvention fournis aux Directeurs des postes. | 143 |
| Frais de fourrage des brigades de cavalerie. | 71 |
| Frais de loyer des bureaux et des corps de garde. | 62 |
| Frais de saisies non recouvrables. | 78 |
| Frais de transport de fonds, de paquets, ballots, échantillons, etc. | 59 |
| Fuite des comptables. | 232 |

## G.

| | |
|---|---|
| Gratifications. | 44 |

## H.

| | |
|---|---|
| Héritiers des employés décédés. | 41 |
| Honoraires des Architectes chargés de la direction des travaux faits pour le compte de l'Administration. | 55 |
| Hypothèques sur les biens { des comptables. | 234 |
| et immeubles. { des redevables. | 235 |

## I.

| | |
|---|---|
| Indemnités. | 44 |
| Indemnités aux employés blessés. | 75 |
| Indemnités aux femmes visiteuses. | 75 |
| Indemnités de premier établissement aux sous-officiers admis dans le service actif. | 72 |
| Indemnité représentative de la taxe de plombage et d'estampillage. | 72 |

20

|                                                                                          | Pages |
|---|---|
| Indemnités de résidence                                                                  | 71 |
| Indemnités de tournées et de déplacement des Inspecteurs et Sous-Inspecteurs divisionnaires | 70 |
| Injonctions de la Cour des comptes                                                       | 157 |
| Insolvabilité des redevables                                                             | 153 |
| Intérêts sur débets des comptables                                                       | 237 |
| Intérimaires                                                                             | 238 |
| Inventaires { des meubles et ustensiles                                                  | 50 |
|            { des pièces justificatives de dépenses | 239 |

### J.

Justifications des recettes et des dépenses. . . . . . 263

### L.

Liquidation des dépenses . . . . . . . . . . . 240
Liquidation des droits . . . . . . . . . . . . 8
Livre-journal (voyez écritures des Receveurs.) . . . 202
Loyer des bureaux et des corps de garde . . . . . 62

### M.

Mandatement des dépenses . . . . . . . . . . 241
Marchandises abandonnées ou retenues . . . . . 243
Mémoires des fournisseurs . . . . . . . . . . 45
Modifications des écritures . . . . . . . . . . 244
Modifications des rôles d'appointements . . . . . 36

### O.

Opposition au paiement des sommes revenant aux employés . . . . . . . . . . . . . . . 284
Ordonnancement des dépenses . . . . . . . . . 258

### P.

Paiements d'à-comptes . . . . . . . . . . . . 54
Paiements effectués sur les fonds réservés provenant des saisies faites en vertu du titre VI de la loi du 28 Avril 1816 . . . . . . . . . . . . . . 93
Paiements postérieurs à l'emploi en compte des états collectifs . . . . . . . . . . . . . . . . 290
Perception de la taxe des lettres et paquets . . . . 123
Plombage et estampillage. (Recettes) . . . . . . 25
Prélèvement sur le produit des ventes pour compléter les primes . . . . . . . . . . . . . . . 106

307

| | | Pages. |

Primes pour arrestation de fraudeurs { imputées sur les dépenses administratives.. 78
reçues des prévenus. 106-109
reçues du service des contributions indirectes. 106-109

Primes reçues des Préfets pour arrestation de déserteurs.. 108
Primes reçues du service des contributions indirectes pour saisie de tabac non propre à la fabrication. 106-109
Primes à l'exportation.. 96
Priviléges sur les biens et immeubles.. { des comptables. 235
des redevables. 235
Procurations. 43-274

### Q.

Quittances . 275

### R.

Ratures des pièces justificatives de recette et de dépense.. 276
Recettes accessoires. 15
Recettes accidentelles. 21
Recettes à classer. 128
Recouvrements pour des tiers. { Recette 122
Dépense. 122
Recouvrements sur traites et obligations. 127
Recouvrements et régularisations d'avances. 134
Réfaction de droits. 9
Remboursement de droits mal à propos perçus et de recettes accidentelles. 84
Répartition sur les { amendes et confiscations. 91
primes de capture. 109
Répartition des produits de plombage et d'estampillage. 83
Reprise des valeurs provenant de la gestion du prédécesseur du comptable. 147
Responsabilité des comptables en matière de recouvrement de droits. 5
Restitutions { sur les amendes et confiscations. 95
sur les primes de capture. 109
Retenues pour les pensions civiles. 30
Reversements sur dépenses publiques. 31

## S.

| | Pages. |
|---|---|
| Saisies-arrêt sur les sommes dues aux employés | 284 |
| Secours aux agents inférieurs des Douanes en raison de la cherté des subsistances | 77 |
| Secours aux veuves et orphelins | 75 |
| Sommes afférentes. { Recette | 110 |
| { Dépense | 111 |
| Sommes non payées à défaut d'émargements ou de quittances | 290 |
| Sommier (voyez écritures des Receveurs principaux) | 218 |
| Soumissions cautionnées | 293 |
| Surcharge des pièces justificatives de recette et de dépense | 276 |

## T.

| | |
|---|---|
| Taxe des sels | 27 |
| Terrains vendus à l'Etat | 55 |
| Timbre des quittances | 295 |
| Traitements d'activité | 32-43 |
| Traitements des employés décédés | 44 |
| Traitements des emplois vacants | 33-35 |

## V.

| | |
|---|---|
| Valeurs remises par le comptable à son successeur | 147 |
| Vente de marchandises { prohibées | 127 |
| { sujettes à dépérissement | 130 |
| { sous réserve des droits des tiers | 127 |
| Vérification { du bordereau n° 4 | 221 |
| { des caisses | 296 |
| { des écritures | 221 |
| Versements à la Caisse des dépôts et consignations | 298 |
| Versements aux comptables des finances | 138 |
| Virements de fonds | 149 |
| Visa pour timbre des lettres de voiture et connaissements | 122 |
| Vol de deniers publics | 300 |

www.ingramcontent.com/pod-product-compliance
Lightning Source LLC
Chambersburg PA
CBHW071415150426
43191CB00008B/923